筑摩選書

森 公章

Mori Kimiyuki

地方豪族の世界

古代日本をつくった30人

地方豪族の世界

古代日本をつくった30人

目次

Ⅱ　古代国家の成熟と転換　121

地方豪族の世界

古代日本をつくった30人

はじめに

　歴史に限らず、物事には中心と周辺・周縁があり、それぞれが役割を果たしながら全体が成り立つという構造である。古代日本についていえば、三世紀中葉に畿内ヤマトに誕生した倭《わ》王権は、都を飛鳥、奈良、そして京都へと遷移しつつ、長らくこの列島の中心となってきた。各時代の王・大王・天皇の権威や王権・朝廷による統治のあり方を解明することが歴史の流れを理解する基軸になっている。

　とはいうものの、中央は中央の人的・物的資源だけで存立していたわけではなく、地方からの労働力・人材の糾合や徴税などが重要な基盤であったことも事実である。倭王権の統合を象徴する前方後円墳も、九州から瀬戸内・山陰のさまざまな喪葬《そうそう》儀礼を総合しながら完成したもので、都鄙《とひ》の文化的な交流も歴史を作る大きな原動力であった。六世紀初に畿外《きがい》の北近江《きたおうみ》・越《こし》を基盤とするヲホド王（継体《けいたい》天皇）が倭の五王の系譜を引く皇女と結婚して倭王権を継承し、その間に生まれた欽明《きんめい》以降は確実に「万世一系」の王統が続くことになる。「継体」などの漢字二文字の漢風諡号は八世紀中葉に一括して定められたものであるが、「継体」の称号は彼の歴史的役割を充分に理解した上での命名といえよう。継体はまた、尾張・近江などの豪族とも婚姻関係を有しており、倭王権の基盤を畿内《きない》周辺にまで拡大し、中央集権的な支配体制構築に踏み出す転換点であったことも重要であり、地方の勢力が歴史の流れを変えるという大きな役割を果たしている。

歴史とは「現在と過去の対話」と簡潔に述べた人もいるが、その対話を可能にするのは文献史料・考古資料などであり、歴史の復元にはこうした材料が不可欠である。考古資料は日々の発掘調査により増加し、遺跡は列島全域に各時代のものが存在している。一方、文献史料は、出土文字資料である木簡《もっかん》などは増加が期待されるが、既存の伝来史料は限られており、上述のように政治・社会の中心となってきた中央の動向に関するもの、中央の視点で記されたものが多くを占めている。

私は地方支配の歴史的変遷を研究課題の一つの柱としており、律令制下の地方統治の基盤となった郡・郡司、十世紀以降の国衙機構や在庁官人の動向、また地方官衙《かんが》遺跡出土木簡などの検討から、地方支配の機構的解明を試み、地方行政の具体的な運営方法などを含めて、中央中心の史料に依拠しながらも、立体的な地域史の復元を模索してきた。千年以上も前の事柄を理解するためには、まずその当時のしくみを明らかにすることが不可欠の作業で、その構造的把握が重要であると考えた次第である。

私はまた、飛鳥時代の通史的把握や遣唐使の全体的理解に関連して、人物叢書『天智《てんち》天皇』（二〇一六年）、『阿倍仲麻呂《あべのなかまろ》』（二〇一九年）、歴史文化ライブラリー『天神様の正体　菅原道真《すがわらのみちざね》の生涯』（二〇二〇年）を刊行しており（いずれも吉川弘文館刊）、人物を通じてその時代の歴史を描く面白さに魅了されるところである。そこで、構造的把握に加えて、地方の人びと、といっても史料的制約から豪族クラスの人物の活動に光を当てて、地方の動向や中央との関係を通時的に描くことができないかと思うようになった。

人物叢書の刊行に関連してはまた、一〇〇冊刊行記念として肖像、二〇〇冊では書跡、そして三〇〇冊では日本歴史学会編『人物叢書別冊　人とことば』（吉川弘文館、二〇二〇年）として、人物像と著名なことばの場面・背景などが紹介されている。その他、大隅和雄《おおすみかずお》他編『知っておきたい日本の名言・格言事典』（吉川弘文館、二〇〇五年）、同『知っておきたい日本史の名場面』（吉川弘文館、二〇〇八年）なども刊行されており、日本史上の人物が発した名言・格言、日本史の出来事に関わる背景や歴史的意義などを探りつつ、日本史の流れを把握できるようになっている。私も『人とことば』と『名場面』には拙文を寄させていただくことができた。

そこで、各時代ごとに、この場合は私の専門である古代史のなかで、通時的により多くの人物の活動、人物像やことば、出来事の場面などをさらに詳細に紹介することはできないかと思うところである。いわば「人とことばと名場面で綴る日本古代史」のようなものが期待されるが、既に新古代史の会編『人物で読む日本古代史』全三巻（吉川弘文館、二〇二二年）のような協業の成果が呈示されており、私も第三巻（平安時代編）に「藤原秀郷《ひでさと》」を執筆させていただいている。この全三巻には地方の人物も取り上げられているが、やはり学校教育の歴史の教科書でおなじみの面々、中央の人物が多いのはやむを得ないところで、地方豪族が躍動する姿はなかなか周知されない。

今回執筆の機会を頂戴し、私が専門とする地方支配・地方豪族の様相の探究をふまえて、これまでの名言・名場面や人の動向ではほとんど取り上げられていない人物を選んで、中央と地方の関係、古代国家の地方支配の歴史的変遷などを通時的に把握できるものを構成してみた。「I　古代国家の形成と展開」は神話・伝承の時代から奈良時代末まで、「II　古代国家の成熟と転換」が平安時代末までで、それぞれ一五人の人物を選び、キャッチフレーズをつけて、古代史のなかでの注目点を示してみた。

地方豪族が主題なので、坂東武士のような中央からの土着者は対象外とした。ただ、西日本では古墳時代以来の歴史的支配を基層とした郡司氏族、在庁官人が武士になる事例も多く、第二部にはそうした人物が含まれている。また空海《くうかい》や円仁《えんにん》を地方豪族の枠組みで掲げると困惑されるかもしれないが、彼らは讃岐や下野《しもつけ》の地方豪族出身者で、そうした逸材が中央、さらには海外にまで飛躍し、仏教界を革新するところには、彼らを育んだ地方社会の奥深さがうかがわれ、地方豪族の躍動の一例と位置づけたところである。

人類の半数は女性であり、女性の活躍・役割も重視せねばならないが、中央ではなく、地方となると、中央における女性の活躍以上に不明の部分が大きい。特に第二部の平安時代は中央での女性文学者の活動はよく知られているが、地方に居住する女性の事例はなかなか的確なものがなく、黒々とした面々になってしまった。奈良時代には藤原不比等の妻で、光明《こうみょう》皇后の母である橘《たちばなのみ》三千代《ちよ》のように、長らく後宮に出仕し、天皇や貴族を動かす政治力を秘めた存在も知られ、地方豪族の妻にも男性を凌ぐ敏腕経営者がいた。このあたりは女性も輝かしい活躍を見せる平安時代の実相、同じく律令国家と把握される奈良時代と平安時代の相違として、今後の検討課題とせねばならない。

まずは通常の古代史ものではあまりお目にかからない人物の存在や生き様を知り、古代史のもう一つの主役としての地方豪族の躍動ぶりにも目配りいただければ幸いである。

I

古代国家の形成と展開

1　八東水臣津野命――国引きから国造りへ

八東水臣津野命《やつかみずおみつののみこと》は『古事記』上巻では淤美豆奴《おみずぬ》神と記され、神統譜では天皇家の祖神となるアマテラスの弟スサノヲが出雲《いずも》でヤマタノオロチを退治した後、妻に迎えたクシナダヒメとの間に生まれた子孫、四世孫にあたり、その孫が大国主神《おおくにぬしのかみ》（大穴牟遅《おおあなむぢ》、葦原色許男《あしはらしこお》なども）になる。(1)

『出雲国風土記』意宇郡《おうぐん》条(2)

国引き坐《ま》しし八東水臣津野命詔《の》りたまひしく、「八雲立つ出雲国は、狭布《さぬの》の堆《つも》れる国在《な》るかも。初国は小さく作れり。故、作り縫はむ」と詔りたまひて、「栲衾志羅紀《たくぶすましらき》の三埼《みさき》を国の余《あまり》有りやと見れば、国の余有り」と詔りたまひて、童女《おとめ》の胸鉏《むなすき》取らして、大魚《おおうお》のきだ衝き別けて、はたすすきほふり別けて、三身《みつみ》の綱打ち挂《か》けて、霜黒葛《しもつづら》くるやくるやに河船のもそろもそろに、国々来々《くにこくにこ》と引き来縫ひたまひし国は、去豆《こず》の折絶《たえ》よりして、八穂米支豆支《やほしねきずき》の御埼《みさき》なり。此《ここ》を以て、堅め立てたまひし加志《かし》は、石見国《いわみのくに》と出雲国との堺有《な》る、名は佐比売山《さひめやま》、是なり。亦、持ち引きたまひし綱は、薗《その》の長浜、是なり。（下略）

出典は『出雲国風土記』意宇郡条冒頭部分で、国引き詞章の一部である。出雲はもと小さな国

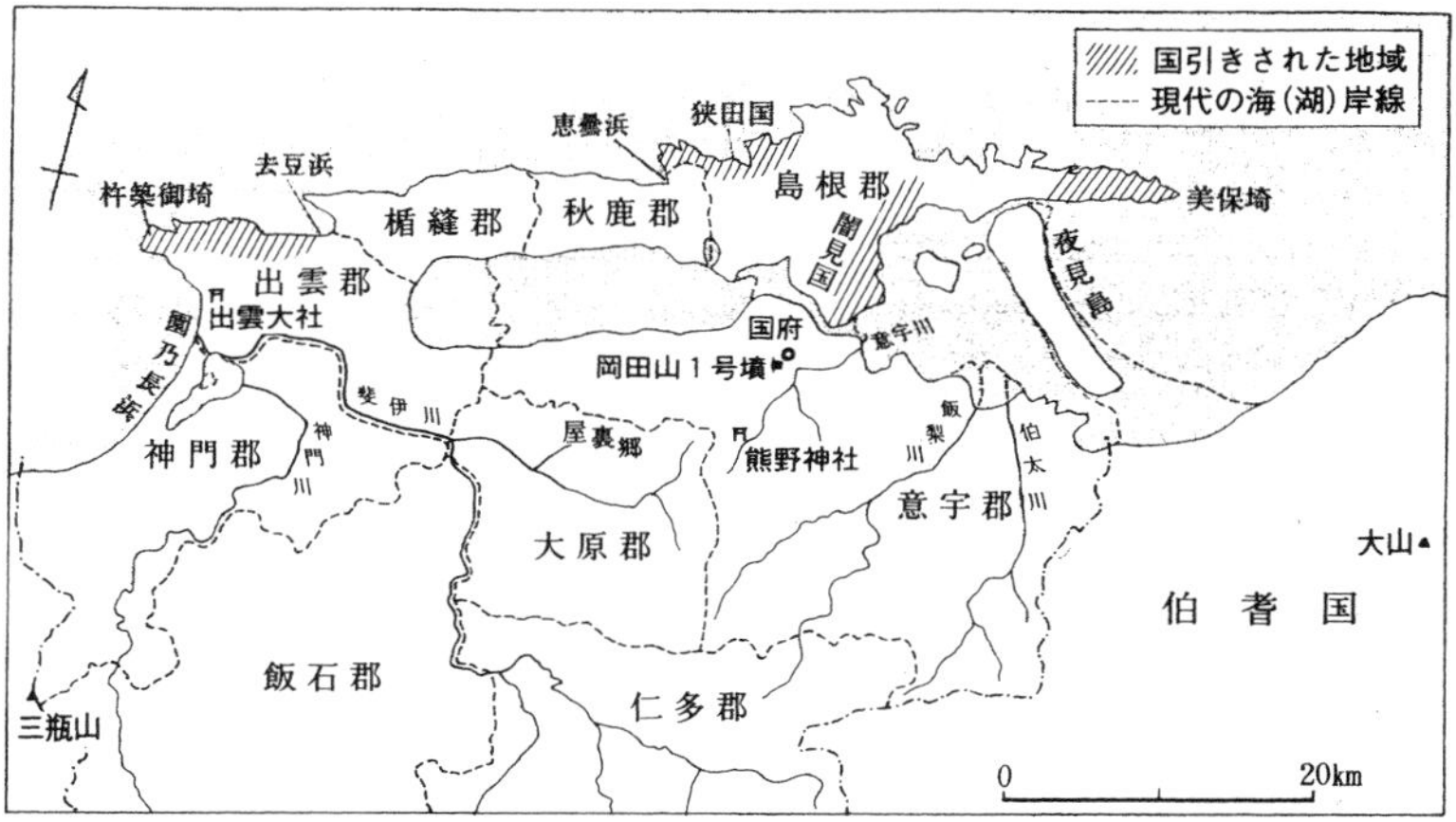

図1－1　出雲国略図（森公章「出雲地域とヤマト王権」〔『新版古代の日本』4、角川書店、1992年〕154頁）

であったといい、オミツノは「国引き坐しし」と冠称されるように、所々の土地を縫い合わせて出雲国の形を作る様子が描かれている。「志羅紀」は朝鮮半島の新羅《しらぎ》で、その海に臨む岬部分に余分の土地がないかと探り、魚を取るのに鰓《えら》に鉾《ほこ》を突き刺すように、幅広い鋤《すき》を土地に突き刺して切り離し、三本を縒《く》り合わせた丈夫な網でたぐりたぐりして、そろりそろりと、土地よ来い、土地よ来いと引いて来て縫い合わせたのは、去豆浜（島根県出雲市小津）から杵築御《きづきのみ》埼《さき》（出雲市大社町日御崎《たいしやまちひのみさき》）の地域である。この土地を引っ張る網をかけるために堅くしっかり立てた杭は、石見国と出雲国の堺にある佐比売山（三瓶山《さんべさん》）、使用した網は薗の長浜（神門《かんど》郡の北部海岸丘陵地）であるという。

下略部分には、同様にして、「北門」の佐伎《さき》之国《のくに》（隠岐《おき》郡海士町崎《あまちょうさき》か）からは狭田《さだ》之国（松江市上佐陀《かみさだ》・下佐陀町《しもさだちょう》）、良波《えなみ》之国（松江市島根町野波か）からは闇見之国《くらみ》（松江市本庄町新庄のクラミ谷）を引いて縫い合わせる。また高志《こし》（越）の都都乃《つつの》三埼（珠洲《すず》）からは三穂之埼《みほの》（松江市美保関町）の地域を引き寄せ、その際に用いた網は夜見島《よみのしま》（弓ヶ浜）、杭は伯耆国《ほうきのくに》の火神岳《ひのかみのたけ》（大山《だいせん》）であった。国引きは出雲国の日本海岸、島根半島とその根元の出雲地域を中心とした地の形成に関わる壮大な物語といえよう。

　オミツノはこれらの作業をふまえて、「国引きの仕事は終わった」として、意宇社《おうのもり》に杖を衝き立てて「おゑ」（神が活動を止めて鎮座しようとする意）と述べたという。意宇社は出雲国の国府が所在し、出雲地域の最有力豪族である出雲国造《くにのみやつこ》出雲臣《いずものおみ》が大領《たいりょう》を兼帯する意宇郡家《ぐうけ》の東北辺の田の中にある周囲八歩（一歩＝三六平方尺〔一・〇八平方メートル〕、九・六四平方メートル）ほどの社で、その上に繁った木が一本あるとあり、これが杖の変じたものと伝承されていたのであろう。この「おゑ」が意宇郡の名称の由来である。オミツノはまた、『出雲国風土記』冒頭にも「八雲立つ出雲国」と述べたとあり、この「八雲立つ」（雲が湧き立って出る意、勢いのある様子）、あるいは『古事記』中巻・景行段《けいこう》のヤマトタケルによるイヅモタケル討伐の際の歌謡に見える「やつめさす」、『日本書紀』崇神《すじん》六十年七月己酉条に記された「玉萎《たまも》」、水草や海藻が繁茂する様子などが「出雲」の語源と考えられる。

　ともあれ、オミツノが古代出雲国の形成に重要な存在とされていたことはまちがいない。国引き詞章ではまず新羅との関係が言及されているが、曩祖《のうそ》スサノヲは高天原《たかまがはら》での濫行により追放された時、新羅国、ないしは韓郷之島《からくにのしま》に下降し、その後に出雲に到来したとする伝承もあり（『日本書紀』神代上・宝剱《ほうけん》出現段第四・五の一書）、北海（日本海）を挟んだ山陰道、また北陸道の地域

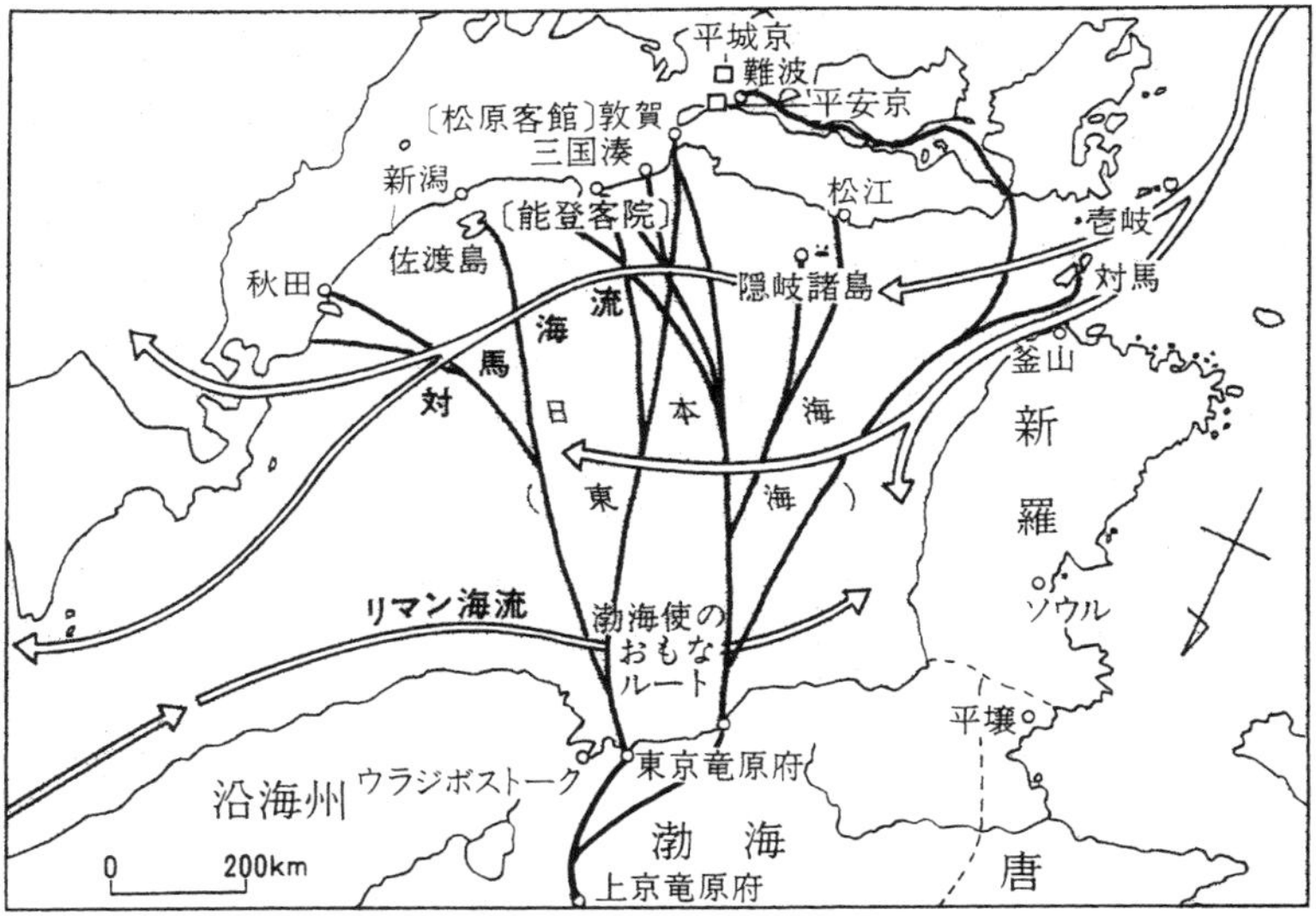

図1－2　大陸から見た8世紀の日本の地図（森公章『東アジアの動乱と倭国』〔吉川弘文館、2006年〕255頁）

は大陸と相対する位置にあったことがわかる。実際にも高句麗《こうくり》・渤海《ぼっかい》の使節や新羅人など朝鮮半島の人びとが日本海岸諸国に来着・漂蕩《ひょうとう》する例は多く、出雲にも何度か到来例がある（『日本書紀』持統《じとう》三年（六八九）正月壬戌条、『日本後紀』弘仁五年（八一四）十一月辛巳条、『類聚国史《るいじゅこくし》』巻百九十四天長二年（八二五）十二月乙巳条、『日本三代実録』貞観《じょうがん》三年（八六一）正月二十日条、元慶《がんぎょう》元年（八七七）正月十六日条、『日本紀略』寛平《かんぴょう》四年（八九二）正月八日条など）。有史以来、日本海も有力な交流の道の一つであったのである。[3]

スサノヲはまた、アマテラスとの誓約で世界文化遺産に登録されている「宗像《むなかた》・沖《おき》ノ島と関連遺産群」の沖ノ島などに奉祀される宗像三女神《じょしん》を生んでおり（『日本書紀』神代上・瑞珠《ずいしゅ》盟約段）、オミツノの後裔である大国主命《みこと》は奥津宮《おくつみや》のタギリヒメと婚姻関係にあったという（『古事記』上巻、『先代旧事本紀』地祇本紀）。さらに後代の出雲地域の首長が筑紫と交流する話（『日本書紀』崇神六十年七月己酉条）、奈良時代にも「向越前《えちぜん》国筑紫《つくし》桅師」が出雲を経由する例が存しており（天平六年〔七三四〕度出雲国計会帳、『大日本古文書』一―五九六頁）、筑紫―出雲―越のルートが利用されている。この越との関係は、国引き詞章にも越中の珠洲とのつながりが看取され、大国主命の越の沼河比売《ぬなかわひめ》との婚姻譚（『古事記』上巻）、『出雲国風土記』神門郡古志郷・狭結駅《さようのうまや》条の古志人の到来と開発への従事など、実際にも日本海岸の諸地域が古くから交流を重ねていたことを反映していると思われる。(4)

オミツノによる出雲地域の確立の後に、『出雲国風土記』や『播磨国《はりまのくに》風土記』に「所造天下《あめのしたつくらしし》大神《おおかみ》」と冠称される大穴持命《おおあなむちのみこと》（大国主命）が葦原中国《あしはらのなかつくに》を形成し、伝承の世界では記紀神話に描かれた国譲り交渉を経て、天孫降臨となり、倭王権につながる勢力が列島の中心になっていくのである。出雲は環日本海地域圏の中で揺籃・展開していくのであり、(5)列島内の各地域も様々な交流を通じて確立・発展したと考えられる。その担い手としての地方豪族の力に着目しつつ、以下、彼らの躍動する姿を見ていきたい。

註

（1）オミツノは『日本書紀』神代上には登場しないが、宝剱出現段第二の一書では大己貴命がスサノヲの六世孫とされており、同様の神統譜が存したと考えられる。

(2) 島根県古代文化センター編『出雲国風土記』(八木書店、二〇二三年)。
(3) 拙稿「交流の道」(『日本古代交流史入門』勉誠出版、二〇一七年)。
(4) 拙稿「交流史から見た沖ノ島祭祀」(『「宗像・沖ノ島と関連遺産群」研究報告』Ⅲ、二〇一三年)。
(5) 拙稿「出雲地域とヤマト王権」(『新版古代の日本』四、角川書店、一九九二年)。

2　野見宿禰——相撲と埴輪のはじまり

野見宿禰《のみのすくね》はスサノヲとの誓約の際にアマテラスが生んだ五男神の一番目である天穂日命《あめのほひのみこと》（一番目は天皇家につながる天忍穂耳尊《あめのおしほみみのみこと》）の子孫、出雲臣の同族で、土師連《はじのむらじ》の祖となる人物である。記紀神話では何度か行われた国譲り交渉の最初に派遣されたのが天穂日命で、大国主命に佞眉《ねいび》してしまったが、国譲り後は杵築大社《きづきたいしゃ》の奉祀に与ったという。出雲国造出雲臣が奏上する神賀詞《かんよごと》では、天穂日命が大国主命を「媚鎮《こばいしづめ》」して国譲りが成就したとあり（『延喜式』巻八祝詞）、その功績が強調されている。

『日本書紀』垂仁《すいにん》三十二年（A．D．三?）七月己卯条(1)

（上略）是に、野見宿禰、進みて曰さく、「夫《そ》れ君主《きみ》の陵墓《りょうぼ》に、生人《いきたるひと》を埋み立つるは、是不良《さがな》し。豈《あに》後葉に伝ふること得む。願はくは今便事《たよりなること》を議《はか》り奏さむ」とまうす。則ち使者を遣して、出雲国の土部《はじべ》壹《いち》百人を喚し上げて、自ら土部等を領ひて、埴《はにつち》を取りて人・馬及び種種の物の形を造作りて、天皇に献《たてまつ》りて曰さく、「今より以後、是の土物《はに》を以て生人に更易《か》へて、陵墓に樹てて、後葉の法則《のり》とせむ」ともうす。（下略）

野見宿禰といえば、まずはわが国における相撲《すまい》の元祖としての活躍が著名である。『日本書紀』垂仁七年七月七日条には次のような試合の模様が描かれている。なお、垂仁七年は『日本書紀』の紀年（皇紀）では紀元前二三年になるが、『日本書紀』の六世紀以前の部分には年次・記事内容ともに様々な問題があり、批判的に考究することが必要で、西暦年次はあくまでも参考としておきたい(2)。相撲の起源であるが、畿内ヤマトの当麻邑《たいまのむら》に当麻蹶《け》速《はや》という人があり、強力で堅い角を手で割り、鉤《かぎ》状の武器を手で伸ばすことができるほどで、常に衆人に対してどうにかして自分と匹敵するような強力者と生死を懸けて対戦したいと吹聴していたという。この風聞が天皇の耳に届き、天皇は彼に匹敵する力士がいないかどうか群臣に尋ねたところ、出雲国の勇士で野見宿禰という者がいることがわかった。

図2－1　力士埴輪の写真（今城塚古代歴史館所蔵）

そこで、倭直《やまとのあたい》の祖長尾《ながお》市《ち》を派遣して野見宿禰を召して対戦させることになる。現代の興行的な大相撲とは異なり、古代の相撲は実戦的な格闘技、武芸の基本となる体術であり(3)、二人は互いに足を挙げて蹴り合っている。当麻蹶速の「蹶速」はこの足技の素早さからつけられた呼称であろう。対戦は野見宿禰が当麻蹶速のあばら骨を折り、腹を踏み砕いて殺してしまうという形で終了した。

勝利した野見宿禰には当麻蹶速の土地が与えられ、この当麻邑には腰折田《こしおれだ》があるという。野見宿禰は垂仁の宮廷に留まり、仕えることになった。以上の話は七月七日の出来事とされているが、これは九世紀前半まで相撲の儀礼が七月七日、つまり七夕の行事の一つとして挙行されていたことによるのであろう。ちなみに、式日は天長三年（八二六）に平城《へいぜい》天皇の国忌《こっき》（天皇の命日）にあたるため、七月十六日になり、その後、大月（一カ月が三十日の月）は七月二十八日または二十九日、小月（一カ月が二十九日の月）は七月二十七日または二十八日になった。(4)

垂仁二十八年（紀元前二?）十一月に天皇の弟倭彦王《やまとひこのおおきみ》を身狭桃花鳥坂《むさのつきさか》に埋葬した時、この頃は、まだ近習者を殉葬する風習があり（魏志倭人伝の倭国女王卑弥呼《ひみこ》死去の際に奴婢《ぬひ》百人を殉葬したとする事例も参照）、凄惨な光景が繰り広げられていた。これに心を痛めた天皇は殉死者の埋葬を止めるように指示したが、上掲の垂仁三十二年七月に皇后日葉酢媛命《ひばすめのみこと》が薨去した際にも、群臣たちは慣例通りの埋葬を進言したという。

ここで活躍するのが野見宿禰で、彼は殉死者に代えて埴で作った形象、つまり埴輪を墳墓に立てることを提案している。そして、野見宿禰は出雲から土部百人を喚び、人・馬や種々の形を作ったとある。これは形象埴輪の始まりを示す物語である。

そもそも前方後円墳は九州、瀬戸内地域や山陰地方など、西日本各地の喪葬儀礼・墳墓のあり方を集成して、畿内ヤマトで共通の墳丘墓として完成したものとされており、前期（三世紀中葉～四世紀）、中期（五世紀）、後期（六世紀）の三区分では、前期古墳の時期は吉備の特殊器台から発展した円筒埴輪が使用され、形象埴輪が出現するのは中期古墳の時期である。(5)前方後円墳という形式が確立した後にも、各地の喪葬方式が随時取り入れられたことは充分に考えられる。出雲地域では五世紀中葉の松江市石屋《いわや》古墳から人物・動物埴輪群が検出されており、これは全国的に見ても大型・定型化した初期の形象埴輪であるとされる。出雲出身の野見宿禰が形象埴輪を導入したという伝承にも一定の所以があるといえよう。

野見宿禰は埴輪作りや喪葬儀礼を担当する土師連（宿禰《すくね》）の祖となった。土師氏は奈良時代に

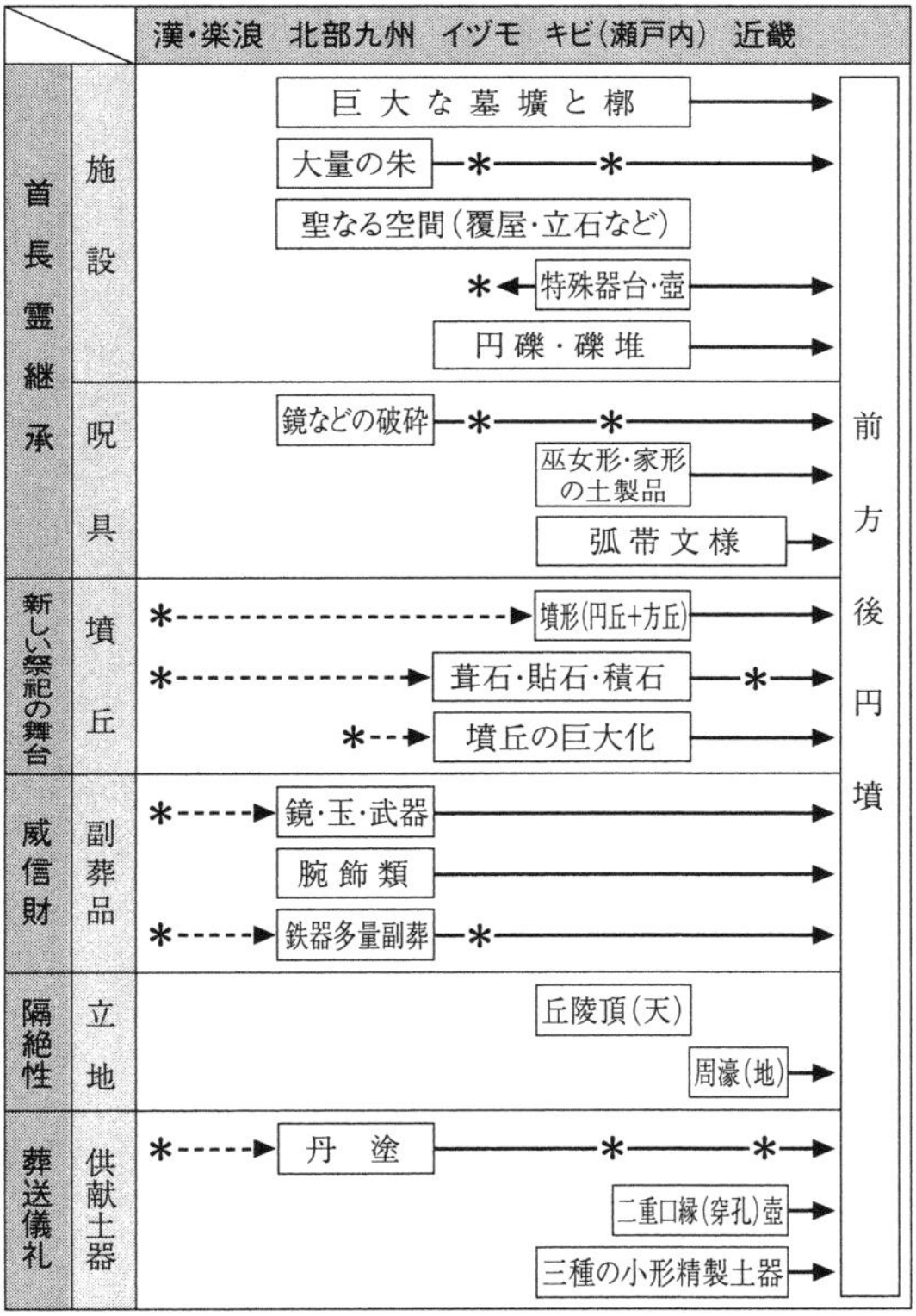

図2－2　前方後円墳への過程（寺澤薫『日本の歴史』02〔講談社、2000年〕265頁）

なっても負名氏《なおいのうじ》として喪葬儀礼を担当する特異な律令官人として存続していたが、奈良時代の終わりに至って、居地に基づく菅原、秋篠《あきしの》、大江などに改姓し、一般官人への転換の道を模索することになる。「天神様」「学問の神」として知られる菅原道真は野見宿禰の末裔である。(6)

なお、『播磨国風土記』揖保《いぼ》郡立野《たちの》条には、野見宿禰が出雲との往来の途次にこの地で死去したこと、出雲国人が到来して礫《れき》で墓山を造営し、その墓所が立野に所在することが記されている。他に照合し得る史料がなく、これが事実か否かは不詳とせねばならないが、出雲からの土部招聘など、野見宿禰が出雲にも勢威を残しつつ、畿内ヤマトと往還していたとすれば、なお地方豪族としての存在形態をとりながらの仕奉《しぶ》であったことになり、地方豪族の活躍例として言及した次第である。

註

(1) 以下、『日本書紀』の引用は日本古典文学大系『日本書紀』(岩波書店、一九六五・六七年)により、新編日本古典文学全集『日本書紀』①・②・③(小学館、一九九四・九六・九八年)の訳注なども参照した。
(2) 那珂通世「上世紀年考」(『史学雑誌』八の八・九・一二、一八九七年)。
(3) 新田一郎『相撲の歴史』(山川出版社、一九九四年)、『相撲 その歴史と技法』(日本武道館、二〇一六年)、野口実「相撲人と武士」(『中世東国史の研究』東京大学出版会、一九八八年)など。
(4) 大日方克己「相撲節」(『古代国家と年中行事』吉川弘文館、一九九三年)、荻美津夫「相撲儀式と楽舞」(『古代文化』三一の一二、一九七九年)、関根奈巳「摂関期相撲節における勝敗」(『日本古代史研究と史料』青史出版、二〇〇五年)、染井千佳「相撲の部領使について」(『人間文化創成科学論叢』一二、二〇一〇年)、山本佳奈「相撲儀礼の転換」(『九州史学』一五六、二〇一〇年)、吉田早苗「平安前期の相撲節」(『国立歴史民俗博物館研究報告』七四、一九九七年)、「平安前期の相撲人」(『東京大学史料編纂所研究紀要』七、一九九七年)、

「『中右記部類』と相撲」（『東京大学史料編纂所研究紀要』八、一九九八年）など。なお、諸国相撲人のあり方については、西別府元日「日田大蔵氏の祖・大蔵永季について」（『日本古代地域史研究序説』思文閣出版、二〇〇三年）、拙稿「『因幡国伊福部臣古志』と因幡国の相撲人小考」、「古代土佐国・讃岐国の相撲人」、「古代常陸国の相撲人と国郡機構」（『在庁官人と武士の生成』吉川弘文館、二〇一三年）、「真上勝岡異見」（『東洋大学文学部紀要』史学科篇四四、二〇一九年）、「諸国相撲人一覧稿〔第二版〕」（『「郡的世界」から国衙の支配への歴史的変遷に関する基礎的考察』平成二十六年度～平成三十年度科学研究費補助金（基盤研究（C））研究成果報告書〔研究代表者・森公章〕、二〇一九年）、「武蔵国の国衙と在庁官人・武士・相撲人」（『海南史学』六〇、二〇二二年）、「「郡的世界」から国衙の支配へ――讃岐国の事例を中心に――」（『東洋大学文学部紀要』史学科篇四九、二〇二四年）などを参照。
（5）大阪府立近つ飛鳥博物館編『埴輪群像の考古学』（青木書店、二〇〇八年）。
（6）拙著『天神様の正体 菅原道真の生涯』（吉川弘文館、二〇二〇年）。

3　上毛野君の祖荒田別――海外への雄飛

上毛野君《かみつけののきみ》は現在の群馬県域を拠点とする有力豪族で、当地には多くの古墳が存し、「群馬《くるま》」（古くは「車」と表記）の名称の通り、馬牧が広がり、先進技術である馬の飼育が盛んであった。『日本書紀』崇神四十八年（紀元前五〇?）正月戊子条には崇神天皇が二人の皇子豊城入彦命《とよきいりひこのみこと》と活目入彦五十狭茅尊《いくめいりひこいさちのみこと》（垂仁）に夢占による皇嗣決定を告げ、兄である豊城入彦命は御諸山《みもろ》（三輪山《みわやま》）に登り東に向かって槍・刀をそれぞれ八回振り廻す夢を見た。弟活目尊は縄を四方に張って粟を食む雀を逐う夢を見たといい、兄は東国の統治、弟には皇位継承を割り当てたとある。この豊城入彦命が上毛野君・下毛野君《しもつけののきみ》の祖で、荒田別《あらたわけ》は上毛野君の祖として活動がわかる最初期の一人である。

『日本書紀』神功《じんぐう》四十九年（二四九?）三月条
荒田別・鹿我別《かがわけ》を以て将軍とす。則ち久氐《くてい》等と、共に兵を勒《ととの》へて度《わた》りて、卓淳国《とくじゅんこく》に至りて、将《まさ》に新羅を襲はむとす。（中略）是を以て、百済《くだら》の王及び荒田別・木羅斤資《もくらこんし》等、共に意流村《おるすき》〈今、州流須祇《つるすき》と云ふ〉に会ひぬ。相見て欣感す。礼を厚くして送り遣す。唯し千熊長彦《ちくまながひこ》と百済《くだら》の王と子とのみ、百済国に至りて、辟支山《へきのむれ》に登りて盟《ちか》ふ。（下略）

『日本書紀』の対外関係記事は中国・朝鮮の史料に依拠して作成されたものも多く、神功紀では三十九年（二三九）条に魏志倭人伝《ぎしわじん》の景初三年（二三九）の卑弥呼の通交、四十年・四十三年条にも同様、六十六年（二六六）条には晋起居注《しんききょちゅう》を引用した泰初二年（二六六）の倭女王（壱与《いよ》か）の西晋との通交記事が引用されている。朝鮮諸国との関係、特に百済との通交では百済系史料、百済三書に依拠した様子が看取でき、四・五世紀は「百済記」、五世紀後半の一時期に「百済新撰」、六世紀には「百済本記」が利用されている。百済三書は原史料は古く遡るかもしれないが、倭王権に齎されたのは白村江《はくそんこう》戦（六六三年）の敗北による百済の完全な滅亡後で、亡命百済人により七世紀後半に整えられたものと見られる(1)。

百済系史料は干支で年次が記されており、それを利用した『日本書紀』神功四十六年（『日本書紀』の紀年では二四六年）条の南部加耶《かや》諸国の卓淳《とくじゅん》国を介在した百済との関係の端緒や同五十二年（二五二）条の七支刀《しちしとう》の記事は、干支二運、つまり一二〇年を加える（紀年を修正する、修正紀年）と、中国・朝鮮の史書や金石文《きんせきぶん》と年代が合致する場合が多いことが知られている(2)。記事によってはさらに六〇年の加算、干支三運を下げるべきものもあるが、こうした形で『日本書紀』の記事を中国・朝鮮側の史料と照合できるのは、百済系史料の有用性を示すものである。

さて、表題の荒田別であるが、彼は新羅討伐の将軍として登場する。ここでは荒田別の系譜は記されていないが、応神十五年（二八四＋一二〇＝四〇四？）八月丁卯条には上毛野君の祖と見えている。新羅討伐に至る経緯としては、神功四十七年四月条に百済と新羅から貢物献上があり、

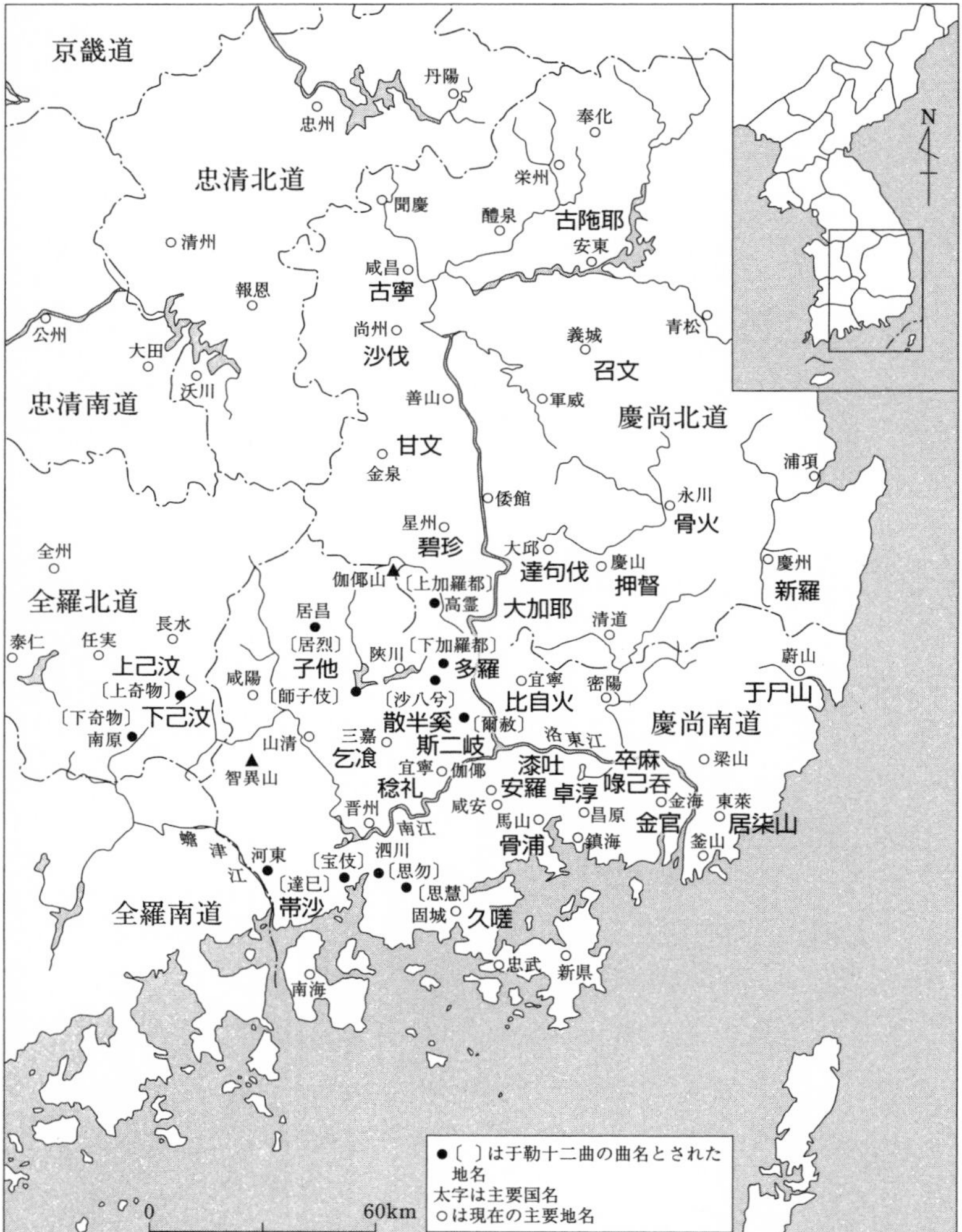
京畿道
忠清北道
忠清南道
全羅北道
全羅南道
慶尚北道
慶尚南道
丹陽
忠州
奉化
栄州
聞慶
醴泉
古陁耶
安東
清州
咸昌
古寧
報恩
公州
尚州
沙伐
大田
沃川
青松
義城
召文
善山
軍威
甘文
金泉
倭館
浦項
永川
星州
碧珍
骨火
大邱
達句伐
慶山
押督
慶州
新羅
全州
伽倻山
〔上加羅都〕
高霊
大加耶
居昌
長水
清道
泰仁
任実
〔居烈〕
陝川
〔下加羅都〕
多羅
蔚山
上己汶
子他
〔上奇物〕
咸陽
〔師子伎〕
比自火
宜寧
密陽
于尸山
〔沙八兮〕
〔下奇物〕
下己汶
散半奚
〔爾赦〕
慶尚南道
南原
山清
三嘉
斯二岐
洛東江
乞飡
卒麻
梁山
智異山
宜寧
伽倻
漆吐
稔礼
安羅
卓淳
喙己呑
咸安
金海
東萊
晋州
昌原
南江
馬山
金官
居柒山
蟾津江
泗川
骨浦
鎮海
釜山
河東
〔宝伎〕
〔達巳〕
〔思勿〕
〔思慧〕
帯沙
固城
久嗟
忠武
新県
南海
N
●〔　〕は于勒十二曲の曲名とされた地名
太字は主要国名
○は現在の主要地名
0
60km

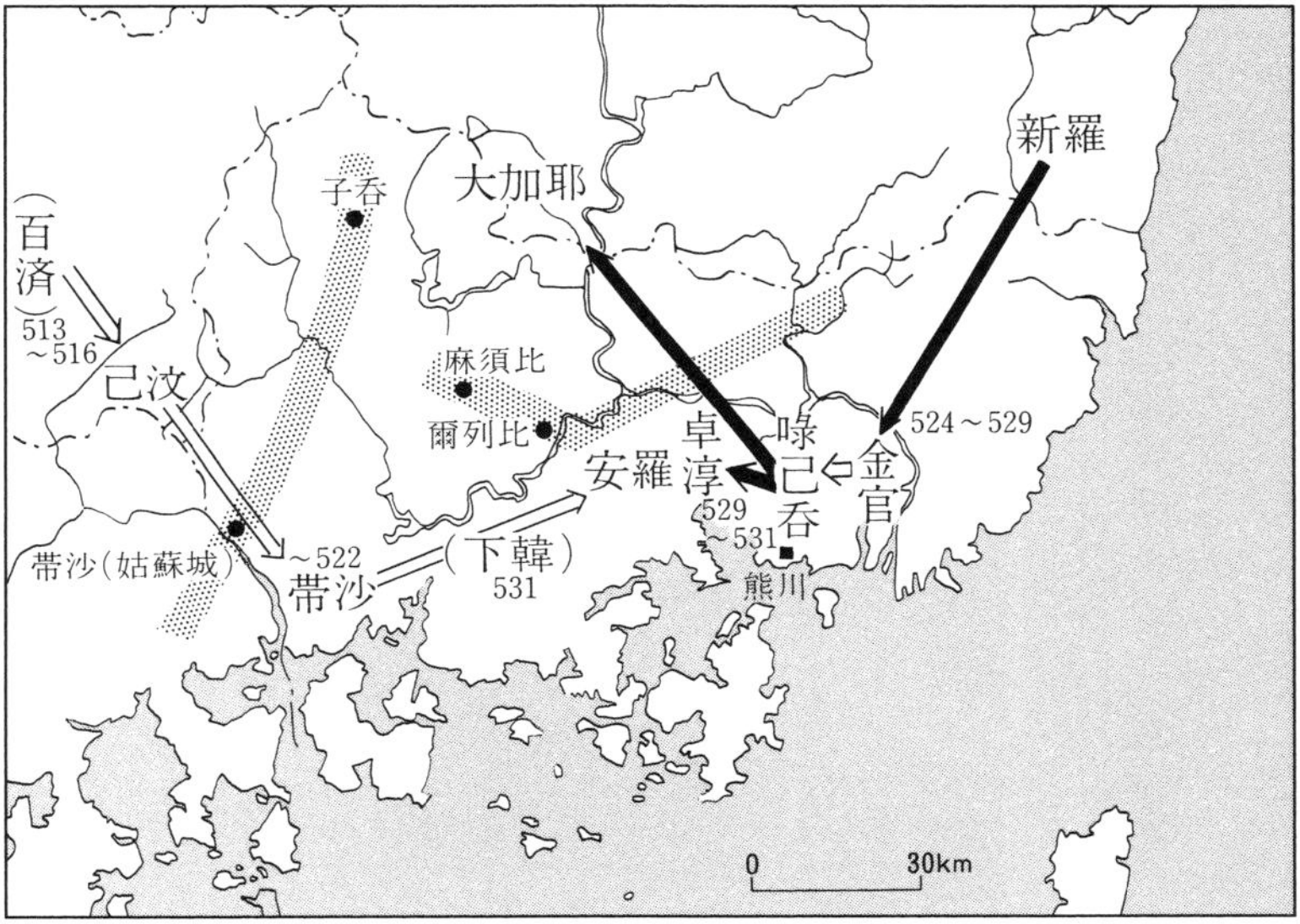

図3－1　加耶諸国（右頁）と百済・新羅の加耶侵攻（森公章『倭の五王』〔山川出版社、2010年〕81頁、『東アジアの動乱と倭国』〔吉川弘文館、2006年〕139頁）

その際に新羅使が百済使の貢物を奪って、これを自国の貢物として献上するという出来事があり、問責のために千熊長彦（「百済記」には「職麻《しくま》那々加比跪《ななかひこ》」とある）を新羅に派遣するという状況であった。中略部分には卓淳国を拠点に新羅を攻撃しようとするが、兵士が少なかったので、百済人と思しき沙白蓋盧《さはくこうろ》という者を奉上して軍士増援を求め、百済の武将木羅斤資らの到来を得て、新羅を撃破することができたとある。

ただ、新羅討伐の様子は具体性に欠け、むしろこれにより比自㶱《ひしほ》・南加羅《ありひしのから》（金官国《きんかんこく》）・喙国《とくのくに》・安羅《あら》・多羅《たら》・卓淳《とくじゅん》・加羅などの加耶地域の七国を平定し、さらに忱彌多礼《とむたれ》（耽《たん》羅《ら》、済州島《チェジュド》）を屠《ほふ》り、これらを百済

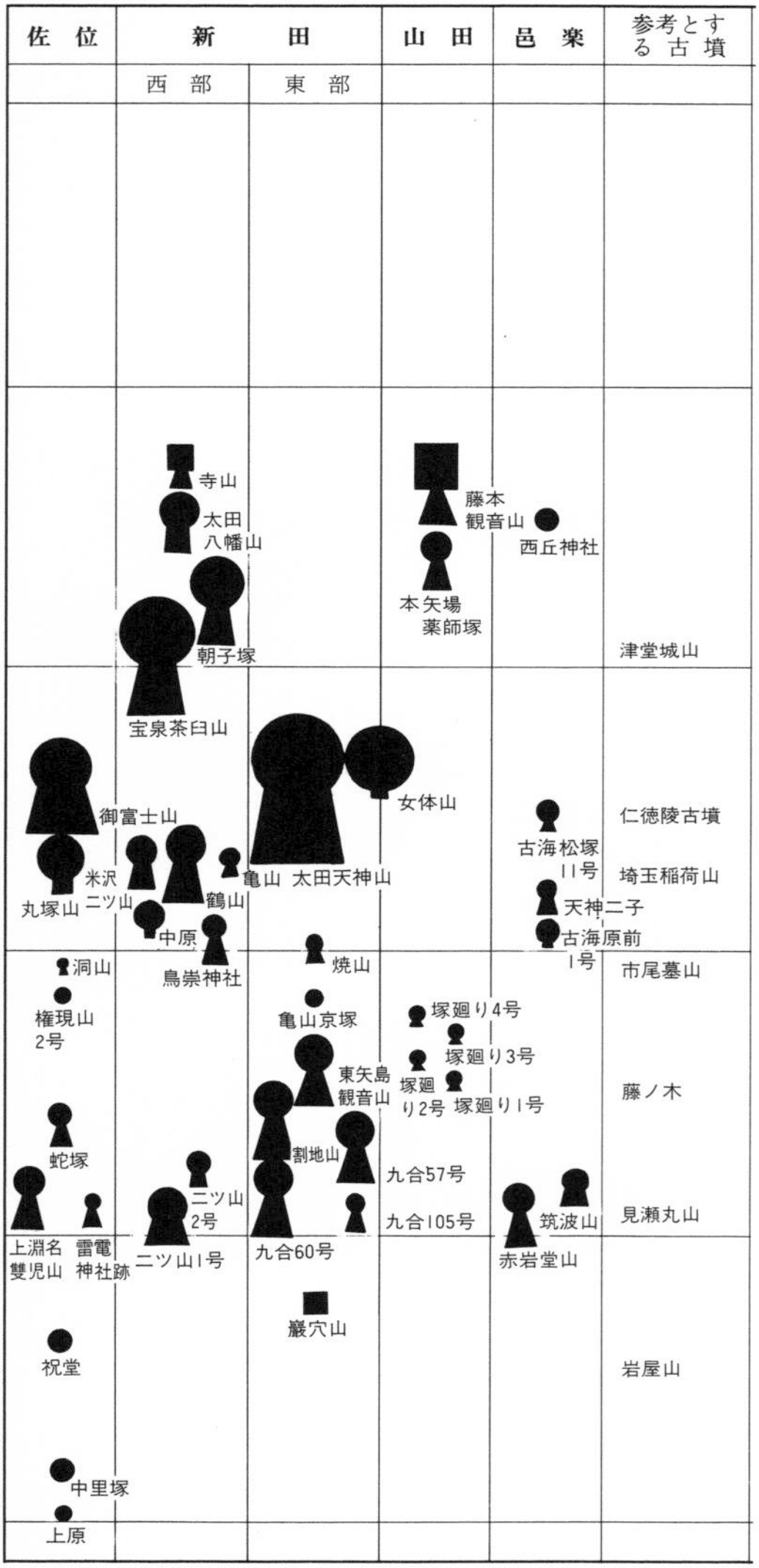

に賜与したという経緯が活写されている。忱彌多礼は「南蛮」とあり、これは百済からの視点で、この記事が百済系史料に依拠したものであることを窺わせる。年紀は干支二運または三運を加えて修正紀年を確定することができるかといえば、神功四十九年条については難しい。耽羅が百済に服属するのは五世紀末～六世紀初のことであり、当の卓淳国まで含まれる加耶地域の七国に関しても、六世紀前半に百済と新羅が侵攻して併呑《へいどん》を争う国々が挙げられており、結局は新羅によ

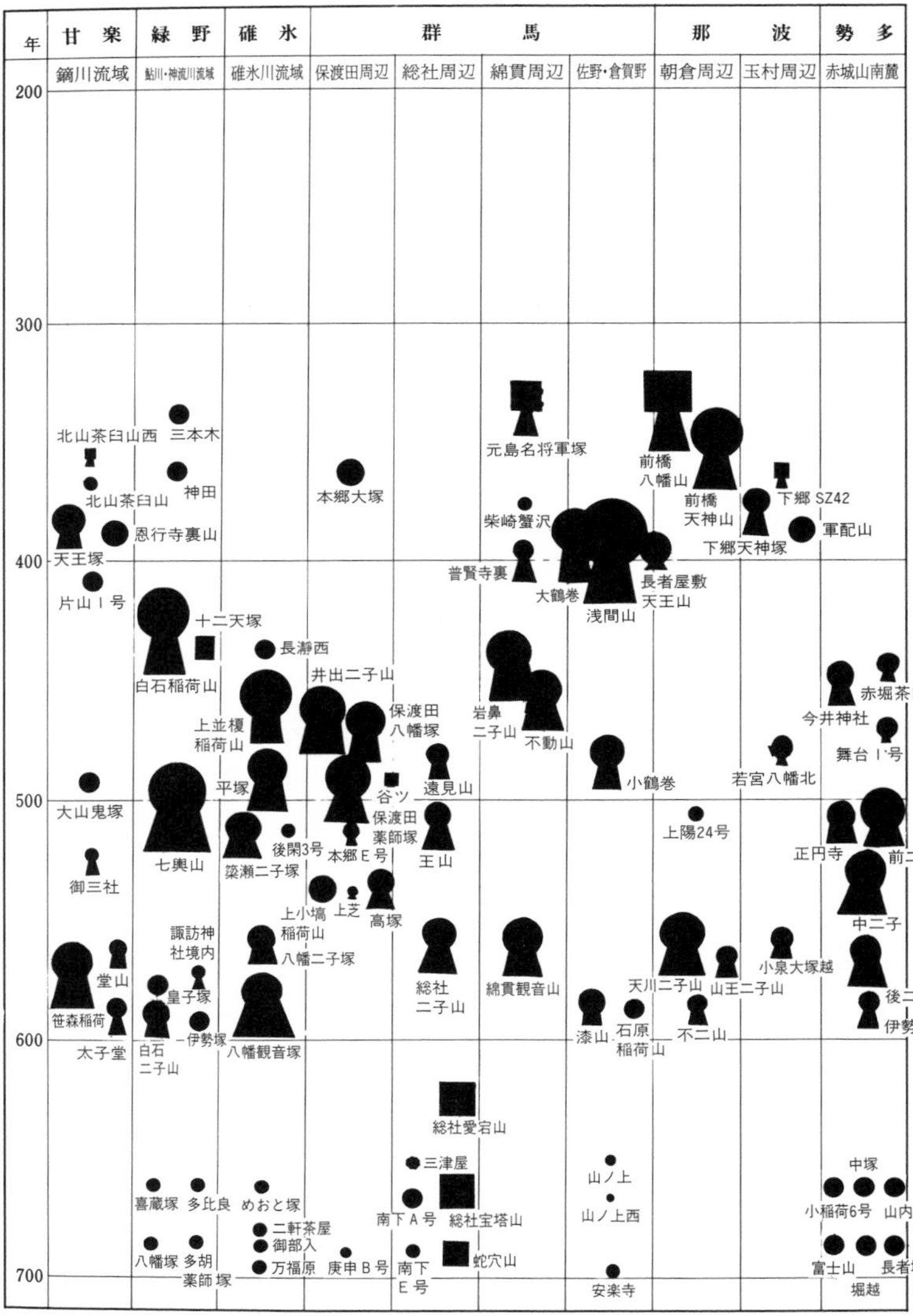

図3－2　上毛野地域の古墳分布と編年（石野博信編『全国古墳編年集成』〔雄山閣出版、1995年〕168-169頁）

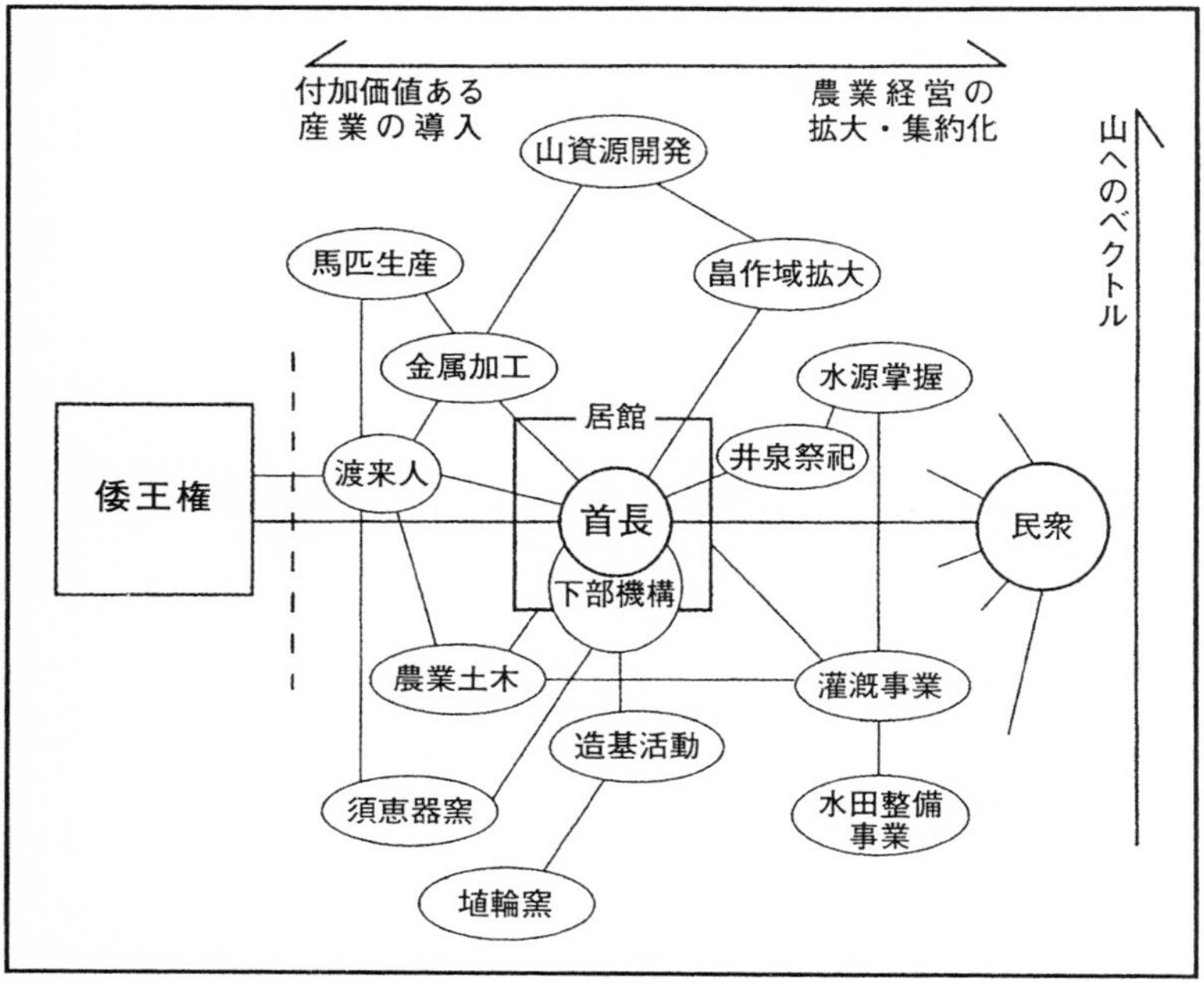

図3－3　三ッ寺Ⅰ遺跡の首長による地域経営モデル（森公章『古代豪族と武士の誕生』〔吉川弘文館、2013年〕48頁）

る加耶諸国併呑に帰結する（五六二年）という過程を反映したもので、当該地域への侵攻を進める百済の願望を示す記事と位置づけるのがよいであろう。[3]

　上述のように、荒田別は応神紀でも活躍している。ここでは百済から到来し、太子菟《う》道稚郎子《じのわきいらつこ》の師となった阿直岐《あちき》が、自分よりも優れた博士で王仁《わに》という者がいると述べたので、上毛野君の祖荒田別・巫別《かんなぎわけ》を百済に派遣し、王仁を招聘したとある（『続日本《しょくにほん》紀《ぎ》』延暦九年〔七九〇〕七月辛巳条も参照）。王仁は有力な渡来系氏族西文氏《かわちのふみうじ》の祖で、

『古事記』中巻・応神段では『論語』と『千字文《せんじもん》』を伝えたといい、わが国における学問・文筆の鼻祖《びそ》として名高い。ここには前方後円墳体制に参画し、倭王権の一員として先進文物の導入、海外との通交にも活躍する地方有力豪族の姿が看取される。

中期古墳の時期には上毛野地域でも大型前方後円墳が造営され、いくつかの地域に有力者が割拠・拮抗する状況であった。五世紀後半～六世紀初のものであるが、群馬県高崎市三ッ寺Ⅰ遺跡や北谷《きたやつ》遺跡では豪族居館が発掘されており、基幹産業である農業を中心に、鉄などの金属加工や紡織・須恵器《すえき》、また飼馬などの先進技術を掌握していた様子が知られる。そして、周辺の五世紀代の遺跡では積石塚《つみいしづか》、韓式土器（軟質土器）、金銅製飾履《かざりぐつ》などの金工品も見つかっているので、渡来人の居住と技術の担い手の存在が看取される。(4) これらは『日本書紀』の始祖伝承を裏付けるものといえよう。

なお、仁徳《にんとく》五十三年（三六五？）五月条には上毛野君の祖竹葉瀬《たかはせ》と弟田道《たじ》が登場し、新羅の欠貢を問責して討伐、四邑の人民を捕虜として帰朝する話が記されている。荒田別らの次の世代の活動で、やはり対外関係への従事や渡来人の招聘への関与が窺われる。仁徳五十五年条ではまた、蝦夷《えみし》の叛乱と田道の派遣、伊峙水門《いしのみなと》（上総国夷灊《いすみ》郡説と陸奥国《むつのくにお》牡鹿《しか》郡石巻説がある）における田道の死去、そして田道墓から大蛇が出て来て、蝦夷が蛇毒で多数死亡するという奇恠《きかい》な話がある。上毛野君は地方豪族には珍しく君子部《きみこべ》（吉弥侯部）という部民を有しており、君子部は関東・東北地方に分布し、これは上毛野君がその地理的位置から東北経営を担っていたためと考えられている。

時代はさらに下るが、舒明《じょめい》九年（六三七）是歳条にも蝦夷の叛乱と大仁《だいにん》（冠位十二階の第三位）上毛野君形名《かたな》を将軍とする討伐、当初の敗北と妻の鼓舞による再起で逆戦し、討伐を完遂する話がある。孝徳《こうとく》朝の渟足柵《ぬたりのき》（六四七年）・磐舟柵《いわふねのき》（六四八年）設置による国家的な版図拡大事業の展開以前には、上毛野君の人びとが東方地方との関係を支えていた状況が看取され、これも上毛野君氏の倭王権における存在感を大きくする要素であったと見なされる。

註

（1）山尾幸久「百済三書と日本書紀」（『朝鮮史研究会論文集』一五、一九七七年）、「『日本書紀』と百済系史料」（『立命館文学』五〇〇、一九八七年）、仁藤敦史「『日本書紀』編纂史料としての百済三書」（『国立歴史民俗博物館研究報告』一九四、二〇一五年）など。
（2）那珂通世「上世紀年考」（『史学雑誌』八の八・九・一二、一八九七年）。
（3）拙著『東アジアの動乱と倭国』（吉川弘文館、二〇〇六年）。
（4）若狭徹『古墳時代の地域社会復元 三ッ寺Ⅰ遺跡』（新泉社、二〇〇四年）、右島和夫「多胡碑の成立とその背景」（土生田純之・高崎市編『多胡碑が語る古代日本と渡来人』吉川弘文館、二〇一二年）など。

4　上道臣田狭――吉備氏の力

上道臣田狭《かみつみちのおみたさ》は吉備《きび》氏一族を構成する代表的勢力、上道臣・下道臣《しもつみちのおみ》のうち、後代の備前国《びぜんのくに》上《かみつ》道郡《みちぐん》を拠点とする地方豪族である。東国の上毛野君に対して、西国の有力地方豪族の活動を紹介していく。吉備は律令制下には美作《みまさか》・備前・備中《びっちゅう》・備後《びんご》の四国になっており、現在の岡山県と広島県東部、および香川県の小豆島《しょうどしま》を含む地域である。倭王権が中国・朝鮮半島と通交する際、北部九州に至る瀬戸内海の交通路を扼《やく》する位置にあり、広大な平野に依拠した農業生産力とともに、瀬戸内の塩、中国山地の鉄など、有用な資源にも富んでいた。

二世紀末頃には全長八三メートル、双方中円形の楯築《たてつき》墳丘墓（岡山県総社《そうじゃ》市）のような巨大な墳丘墓が造営されており、円筒埴輪の原型となる特殊器台や呪術的な弧帯文《こたいもん》などを創出し、いちはやく前方後円墳体制に参画している。初代神武天皇が日向《ひゅうが》から大和に移動する神武東征伝承でも、吉備国の高嶋宮《たかしまのみや》（岡山市中区高島）に三年間滞在し、一気に畿内に入ったといい、古くから重要な拠点であったことが窺われる。吉備氏は『日本書紀』では孝霊《こうれい》天皇の子稚武彦命《わかたけひこのみこと》が吉備臣の祖といい、『古事記』では同じく孝霊天皇の子大吉備津日子命《おおきびつひこのみこと》が上道臣、若日子建吉備津日子命《わかひこたけきびつひこのみこと》が下道臣・笠臣《かさのおみ》の祖で、播磨を拠点に吉備国を平定したという伝承を有している。(1)

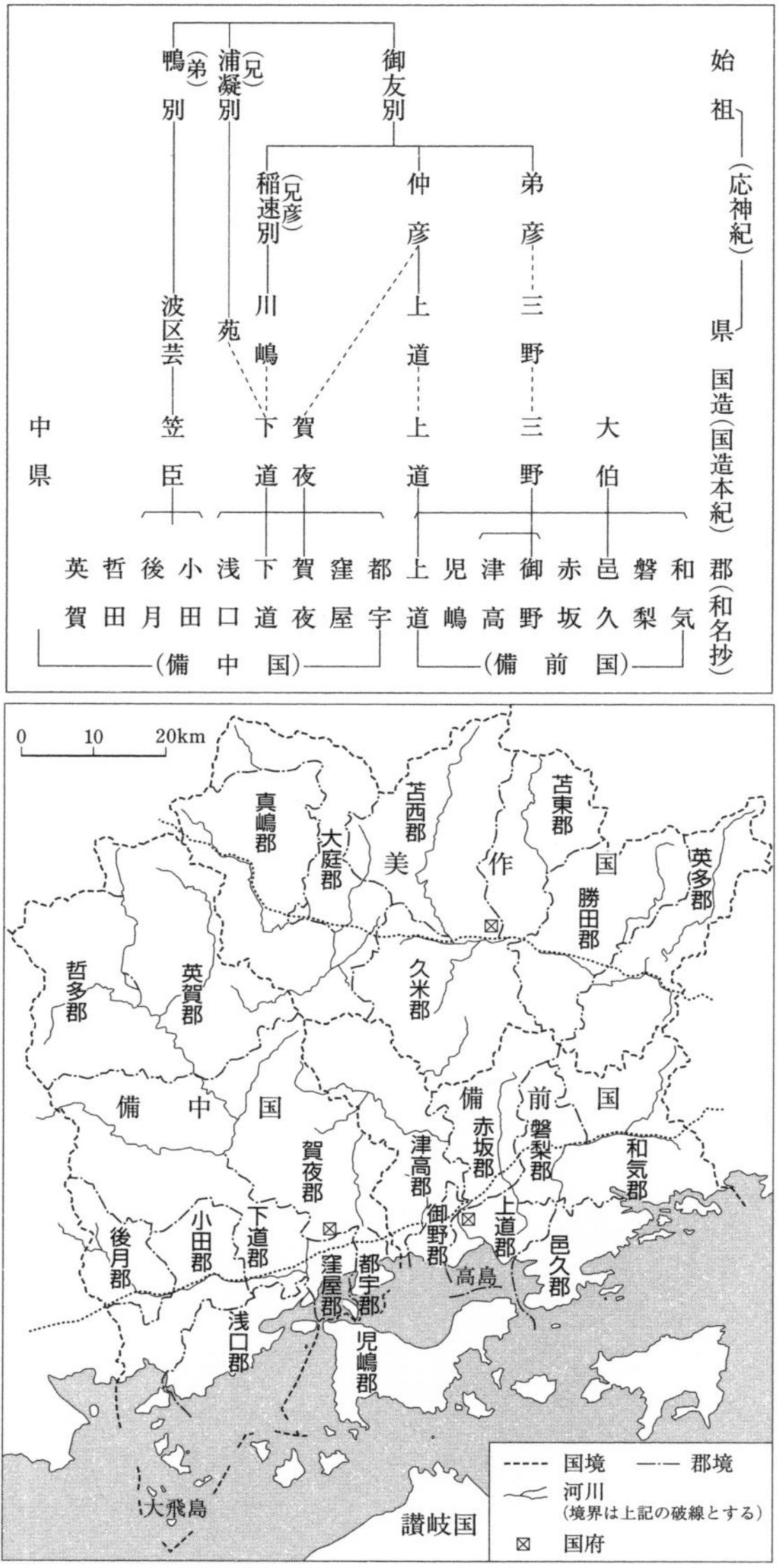

図4－1　吉備地域の国造の系譜と勢力範囲（上）、古代吉備（律令制下）の行政区画（森公章『倭の五王』〔山川出版社、2010年〕44頁）

『日本書紀』雄略《ゆうりやく》七年（四六三）是歳条

吉備上道臣田狭、殿の側に侍りて、盛に稚媛《わかひめ》を朋友に称《ほめかた》りて曰はく、（中略）天皇、耳を傾けて遙に聴《きこ》しめして、心に悦びたまふ。便ち自ら稚媛を求《ま》ぎて女御としたまはむと欲す。田狭を拝して、任那《みまな》国司にしたまふ。（中略）任那国司田狭臣、乃ち弟君《おとぎみ》が伐たずして還ることを喜びて、密に人を百済に使りて、弟君に戒めて曰はく、「（中略）吾が児汝は、百済に跨《こ》え拠《よ》りて、日本にな通ひそ。吾は、任那に拠り有《たも》ちて、亦日本に通はじ」といふ。（下略）

『日本書紀』の構成では、まず雄略七年八月条に吉備下道臣前津屋《さきつや》の誅殺が描かれている。その膝下から倭王権に上番していた吉備弓削部虚空《きびのゆげべのおおぞら》という者が、一時帰郷した際に前津屋に留使され、召還を命じる使者とともに復命した際に、前津屋が倭王を凌駕するような呪法を行っていることを報告する。そこで、倭王権は物部《もののべ》兵士三〇人を派遣して、前津屋と一族七〇人を処断したという。ここには地域の有力者と倭王権の両方に仕える者の存在、いわば二重身分的奉仕形態が看取され、彼らを一元的に王権側に組み込むことができるか否か、綱引きが行われていた段階であることがわかる。

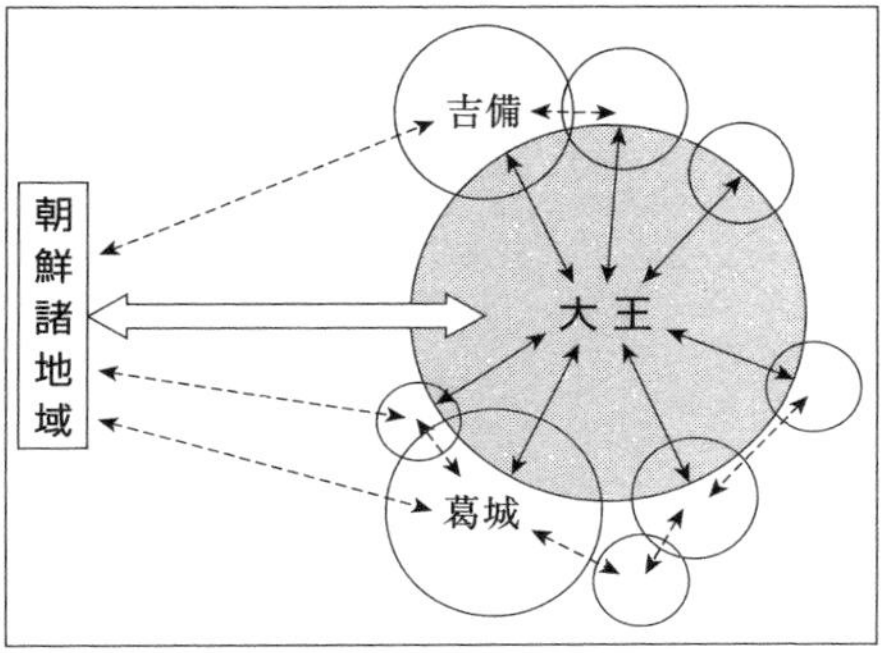

図4－2　二重身分・多元的通交の概念図（森公章『倭の五王』〔山川出版社、2010年〕46頁）

そこで、吉備上道臣田狭である。田狭は雄略に近侍していたとあり、地域の首長一族も倭王権に上番していたことが知られる。田狭が同僚に妻の稚媛の美貌を自慢していたところ、雄略は田狭を「任那国司」として朝鮮半島に赴かせ、その間に稚媛を奪取してしまう。「国司」は古訓をクニノミコトモチといい、倭国が朝鮮半島南部を領土としていた事実はないので、この場合もミコト＝王言を携えて、

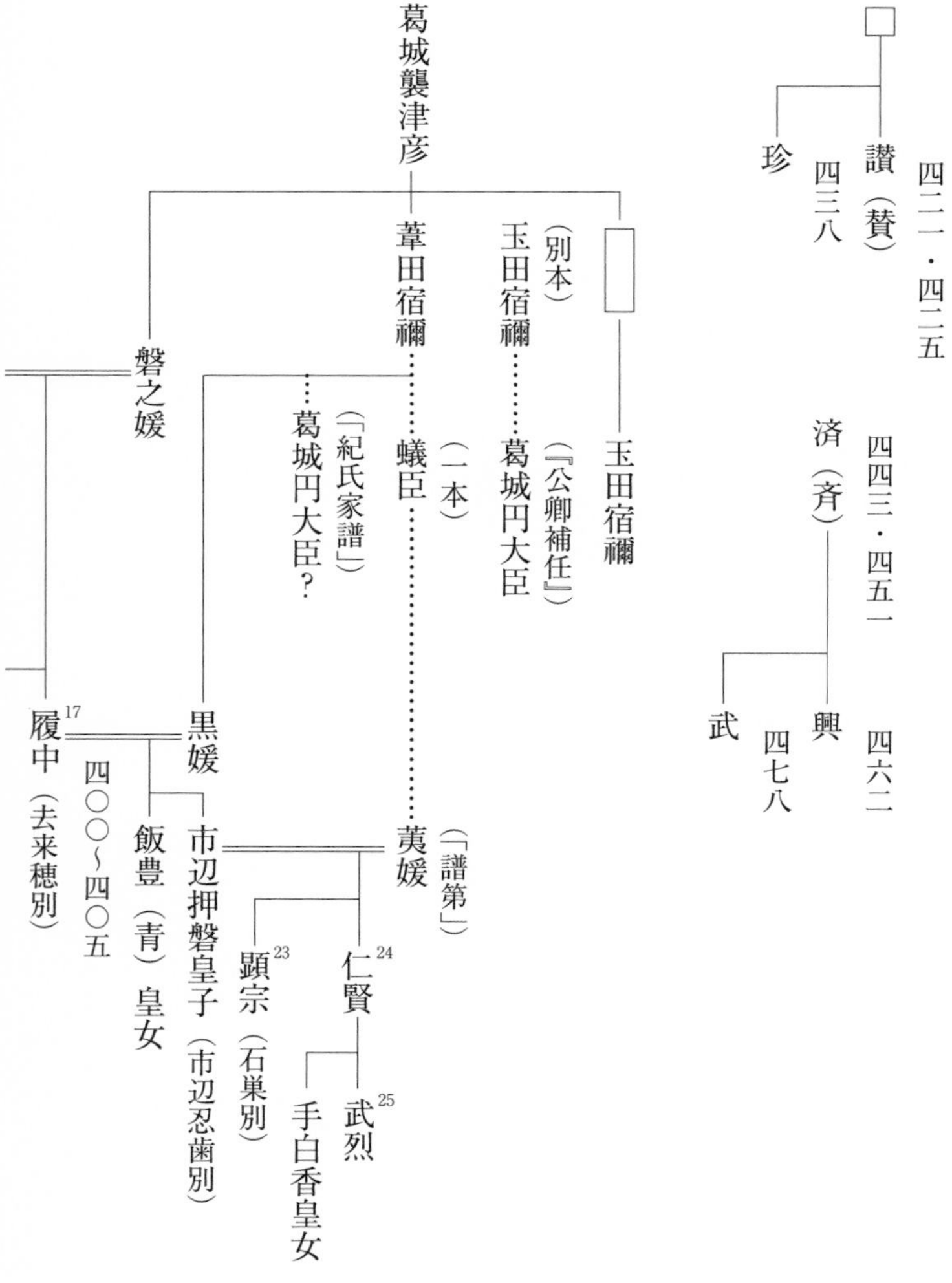

倭の五王の名前に付した年代は宋に遣使した西暦年。記紀の天皇名に付した年代は『日本書紀』の紀年による在位年間。括弧内は和風諡号を示す。系図の点線は『日本書紀』本文とは異なる系譜関係を示している。

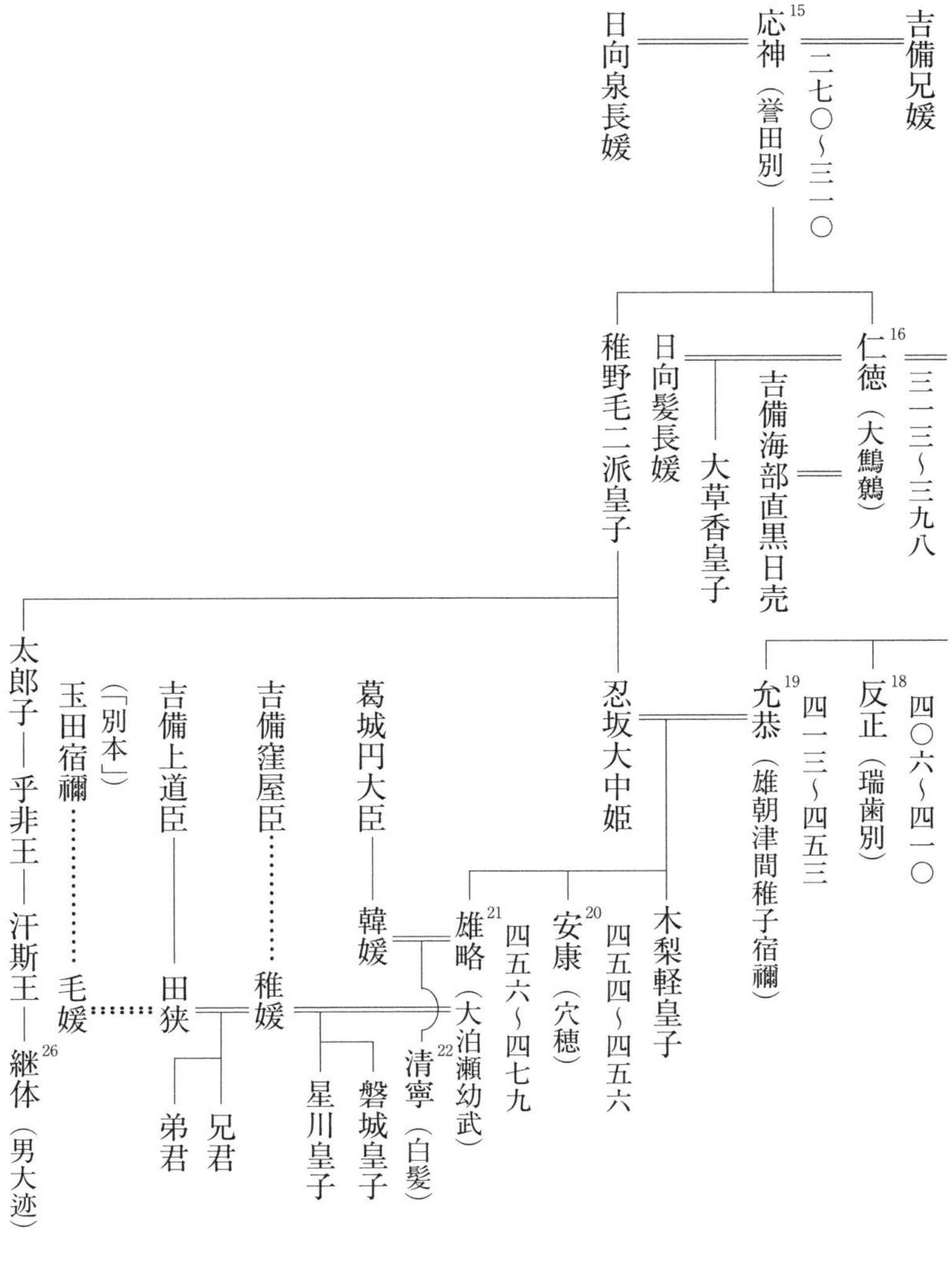

図4－3　倭の五王と記紀の系図（白石太一郎他編『発見・検証 日本の古代Ⅱ 騎馬文化と古代のイノベーション』〔KADOKAWA、2016年〕78-79頁）

加耶地域に派遣された使者のような役割と考えられる。

中略部分によると、田狭と稚媛の間には既に二人の男子があった。稚媛は一説には葛城襲津彦《かつらぎのそつひこ》の子玉田宿禰《たまだのすくね》の女といい、倭王権内で大きな勢力を有する中央豪族で、半島外交を担い、代々の倭王の后妃を輩出する葛城氏と瀬戸内海交通を掌握する有力地方豪族吉備氏との間の婚姻同盟に雄略が介入したことを示し、決して好色のみによる行為ではなかった。雄略は記紀の和風諡号《しごう》をオオハツセワカタケル（大長谷若建、大泊瀬幼武）といい、埼玉県行田《ぎょうだ》市稲荷《いなり》山《やま》古墳出土鉄剣銘や熊本県和水《なごみ》町江田《えた》船山《ふなやま》古墳出土大刀銘に登場する「ワカタケル大王」、『宋書《そうじょ》』倭国伝に中国南朝の宋に朝貢し、倭王の地位承認と半島南部の軍事権、そして臣下への将軍号・郡太守《ぐんたいしゅ》号の賜与を求めた倭の五王の最後の倭王武《ぶ》に比定される。こうした国内外の権力強化を通じて、雄略こそが「大王」を名乗った最初の存在であり、そこには中央・地方豪族の制圧も大きな要因であった。(2)

田狭と稚媛の所生子弟君《おときみ》が新羅征討に派遣された時、西漢《かわちのあやの》才伎《てひと》歓因知利《かんいんちり》の提言で、今来《いまきの》才伎《てひと》（新来の技能者）を招聘する任務も託された。弟君が新羅征討を断念した時、半島で健在であった田狭は弟君を勧誘して、百済や「任那」と倭国の通交を遮断しようとしている。下略部分では弟君の妻樟媛《くすひめ》が弟君を殺害したとあるが、「或本《あるほん》」（『日本書紀』本文とは別の史料）では弟君は使命を果たして百済から帰朝したと記され、須恵器・馬具・絵画・錦織・文筆などの技能者を連れ帰り、彼らは東漢直《やまとのあやのあたい》掬《つか》の配下に入ったと見える。ここには王権による渡来人の一元的独占を窺わせるとともに、吉備地域にも渡来人居住の証拠は多いので、吉備氏がなお独自に渡来人を招聘する能力、多元的通交の可能性を示すものといえる。

田狭の行方は不明であるが、六世紀に登場する「任那日本府」(「在安羅諸倭臣等」)の中核には吉備臣の存在が知られ[3]、加耶諸国が新羅に併合(五六二年)される六世紀中葉までの朝鮮諸国との関係は、対中国外交のような王に一元化された外交形式ではなく、中央・地方の豪族なども参画可能な多元的通交が維持されたと考えられる。

註

(1) 吉田晶『吉備古代史の展開』(塙書房、一九九五年)、門脇禎二他編『古代を考える 吉備』(吉川弘文館、二〇〇五年)など。

(2) 拙著『倭の五王』(山川出版社、二〇一〇年)。

(3) 拙稿「「任那」の用法と「任那日本府」(「在安羅諸倭臣等」)の実態に関する研究」(『東洋大学文学部紀要』史学科篇三五、二〇一〇年)。

5　筑紫君磐井——中央集権化への画期

筑紫君磐井《つくしのきみいわい》は継体二十一年（五二七）～二十二年に北部九州を拠点として倭王権に反乱を起こした人物として知られる。『日本書紀』には「筑紫国造《くにのみやつこ》磐井」とあり、かつては服属した地方豪族に当該地域の支配を担わせる国造制は、倭王権成立当初から、遅くとも巨大な前方後円墳が各地に造営される五世紀には存在していたと考えられていた。しかし、近年では国造制や貢納の拠点としての屯倉《みやけ》などは、この磐井の乱後の六世紀に成立するという見解が有力になっている。(1)磐井の乱は倭王権が中央集権的支配体制確立に踏み出す第一歩となる重要な出来事である。

『日本書紀』継体二十一年（五二七）六月甲午条

（上略）是に、磐井、火《ひ》・豊《とよ》、二つの国に掩《おそ》ひ拠《よ》りて、使修職《つかへまつ》らず。外は海路を邀《た》へて、高《こ》麗《ま》・百済・新羅・任那等の国の年《としごと》に職貢《みつきものたてまつ》る船を誘り致し、内は任那に遣せる毛野臣《けののおみ》の軍を遮りて、乱語《なめりごと》し揚言《ことあげ》して曰はく、「今こそ使者たれ、昔は吾が伴として、肩摩《す》り肘触《す》りつつ、共器《おなじけ》にして同食《ものくら》ひき。安《いづく》ぞ卒爾《にわか》に使となりて、余をして儞《い》が前に自伏《したが》はしめむ」といひて、遂に戦ひて受けず。驕りて自ら矜《たか》ぶ。（下略）

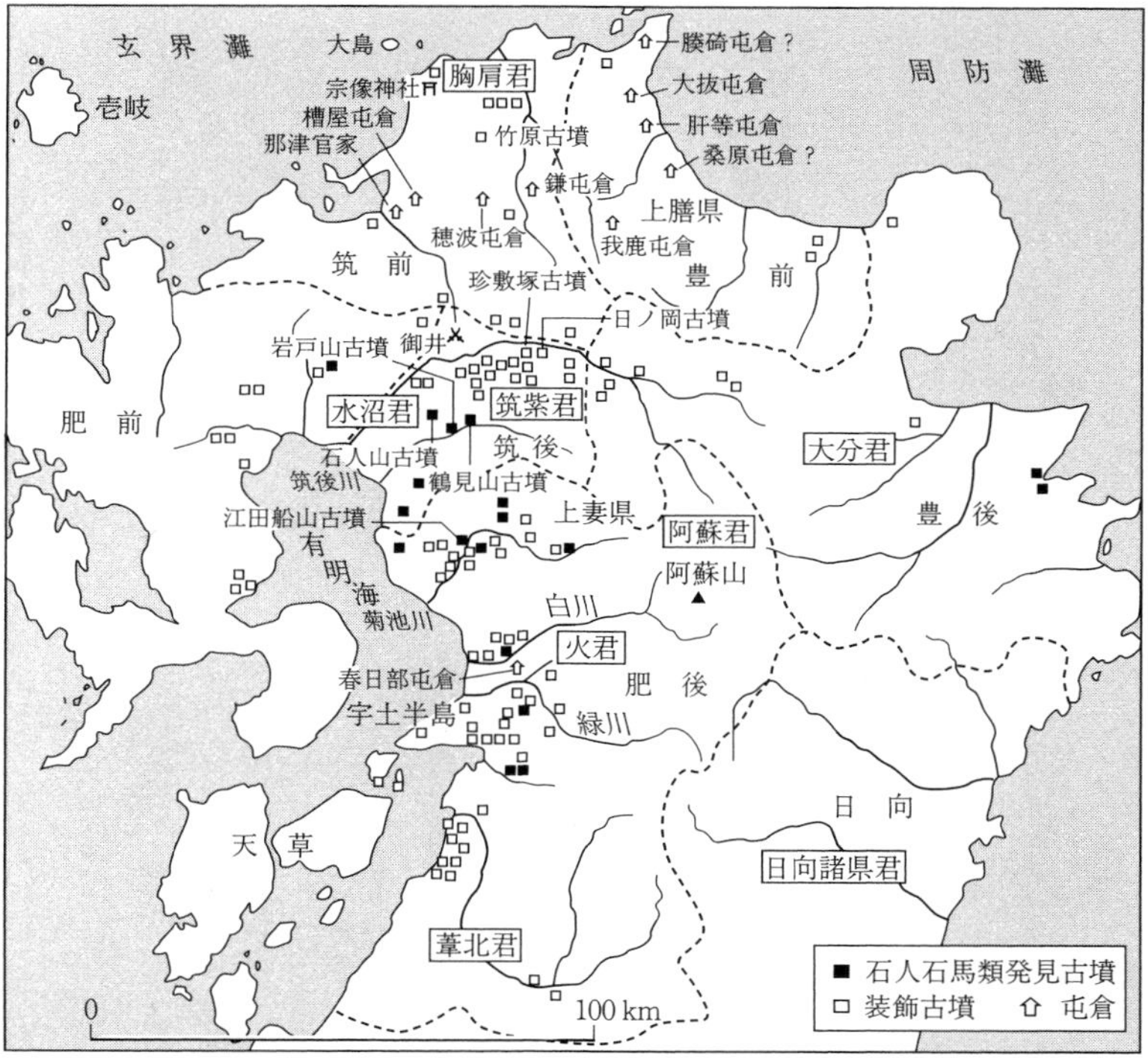

図5－1　筑紫君磐井の勢力基盤（森公章「国造制と屯倉制」〔『岩波講座日本歴史』2、岩波書店、2014年〕83頁）

上略部分によると、筑紫君磐井は前々から反乱の機を窺っていたが、新羅が南加羅《ありひしのから》（金官国）・喙己《とくこ》呑《とん》を撃破したため、倭王権が近江毛野に六万の軍衆を率いさせて半島に派遣しようとした時、新羅から貨賂《まいない》も得て、反乱に踏み切ったとある。朝鮮側の史書『三国史記』には、北部加耶地域の中心国である大加《だいか》耶《や》（伴跛《はへ》、高霊《こうりょう》）と婚姻同盟を結んだ（五二二年）新羅王は、継体十八年（五二四）に

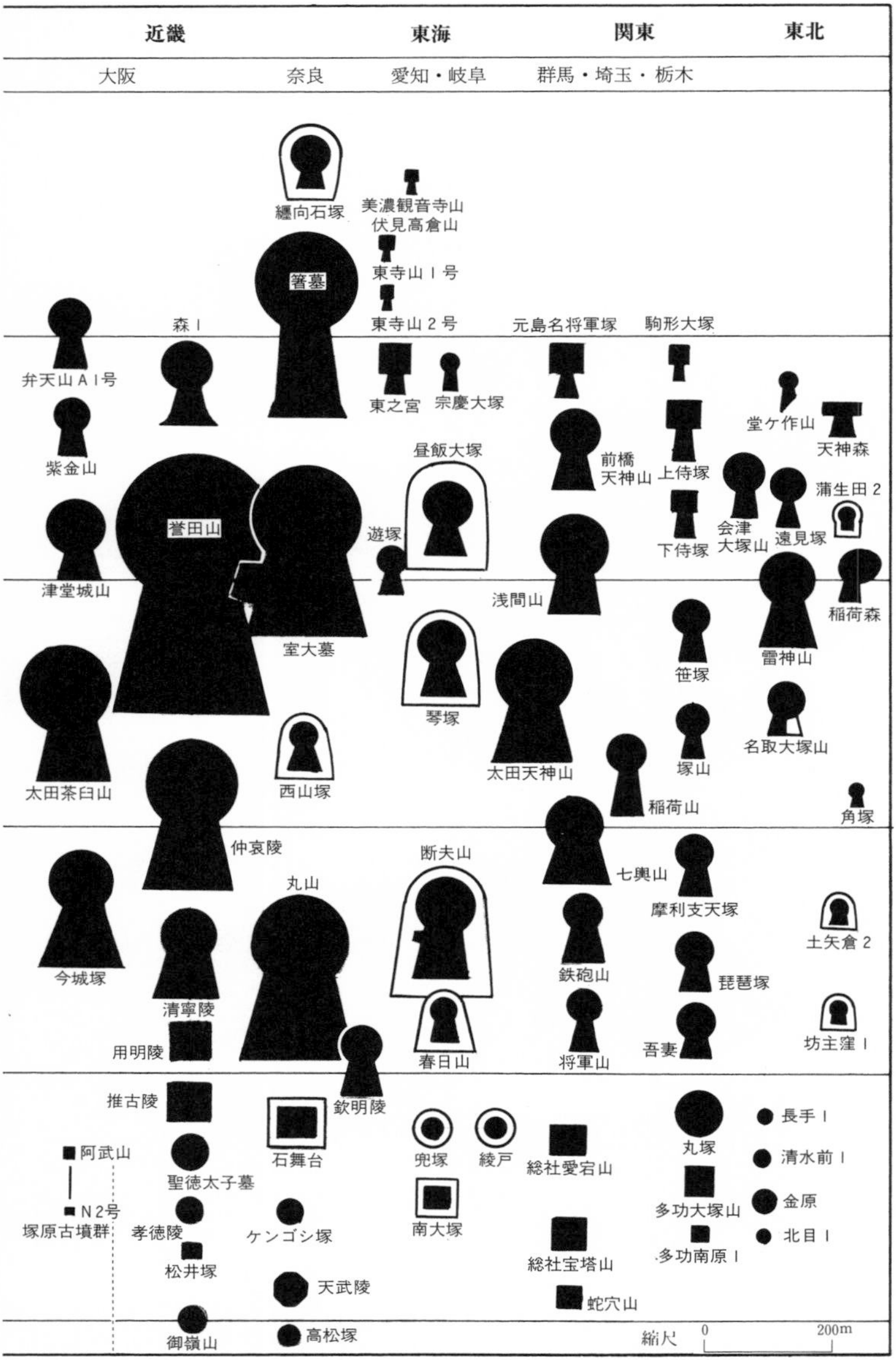

近畿
東海
関東
東北
大阪
奈良
愛知・岐阜
群馬・埼玉・栃木
纒向石塚
美濃観音寺山
伏見高倉山
箸墓
東寺山 I 号
東寺山 2 号
元島名将軍塚
駒形大塚
弁天山 A I 号
森 I
東之宮
宗慶大塚
堂ケ作山
天神森
紫金山
昼飯大塚
前橋
天神山
上侍塚
会津
大塚山
遠見塚
蒲生田 2
誉田山
遊塚
下侍塚
津堂城山
浅間山
稲荷森
室大墓
笹塚
雷神山
琴塚
名取大塚山
太田天神山
塚山
太田茶臼山
西山塚
稲荷山
角塚
仲哀陵
断夫山
七輿山
丸山
摩利支天塚
土矢倉 2
今城塚
鉄砲山
琵琶塚
清寧陵
吾妻
坊主窪 I
用明陵
春日山
将軍山
推古陵
欽明陵
石舞台
兜塚
綾戸
総社愛宕山
丸塚
長手 I
阿武山
聖徳太子墓
清水前 I
多功大塚山
金原
N 2 号
塚原古墳群
孝徳陵
ケンゴシ塚
南大塚
北目 I
総社宝塔山
多功南原 I
松井塚
天武陵
蛇穴山
御嶺山
高松塚
縮尺
0
200m

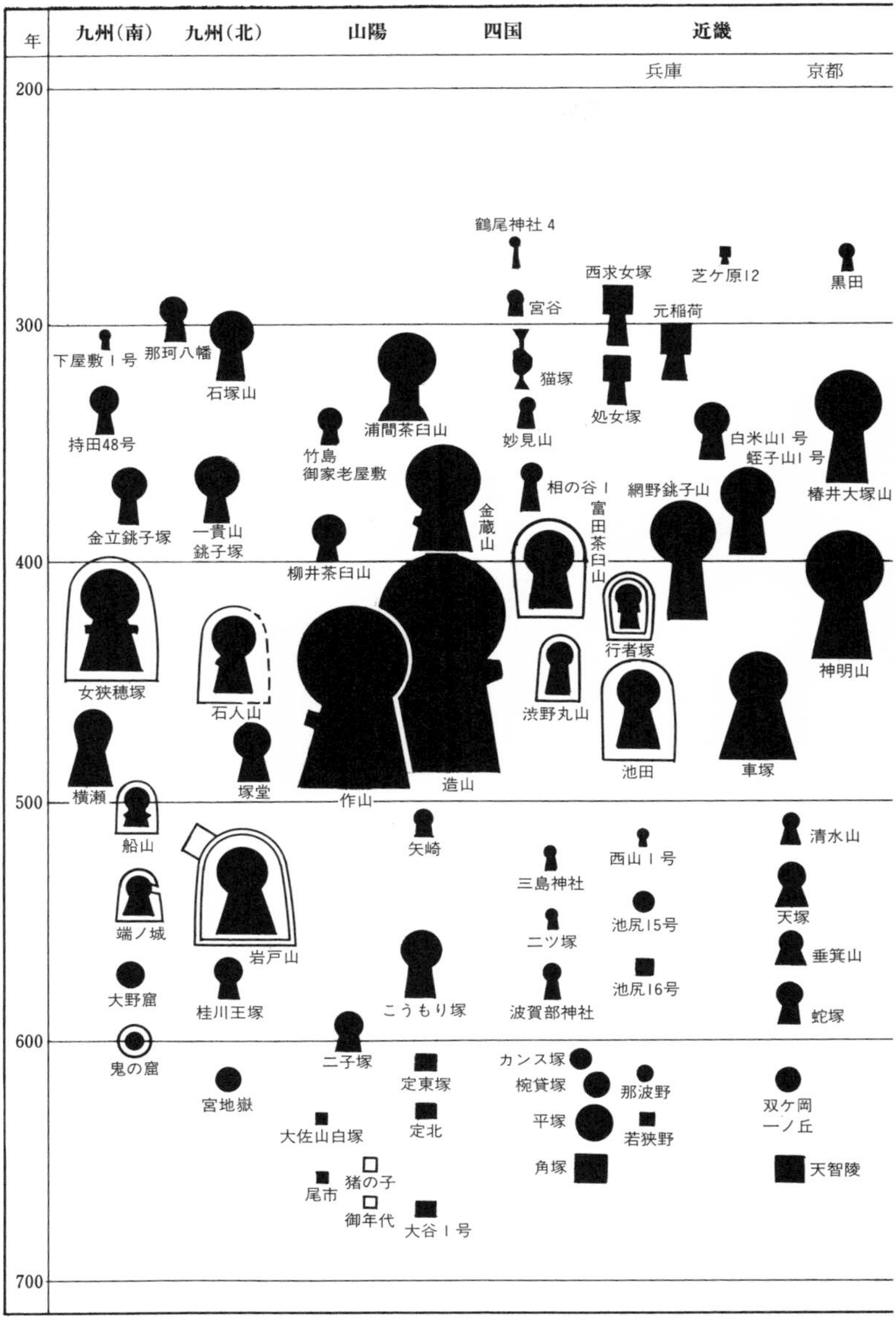

図5－2　全国古墳編年表（石野博信編『全国古墳編年集成』〔雄山閣出版、1995年〕182-183頁）

「南境拓地」を巡行して、大加耶国王と会盟したと見え（新羅本紀法興王十一年九月条）、これは南部加耶地域の金官国への第一次侵攻を示すものと目されている。(2) 当時、百済は西方から、新羅は東方から加耶地域に侵入し、併呑を目指して競合しており、倭王権は百済の侵攻を黙認・支持する姿勢をとっていたが、この方策に反対する声もあり（『日本書紀』継体六年十二月条）、磐井もそのような立場にあったのであろう。

磐井は上道臣田狭と同様、半島諸国との通交を遮断し、近江毛野《おうみのけの》の渡海を阻止しようとしている。磐井の揚言を見ると、彼もまた、かつて倭王権に上番し、近江の豪族と思しき毛野ら各地の豪族と交わり、王権への参画意識を醸成していたようである。多元的通交や二重身分的関係という点で、磐井は五世紀的な首長であったと考えられる。『国造本紀《こくぞうほんぎ》』伊吉嶋造《いきのしまのみやつこ》条には、上毛布《かみつけのぬの》直《あたい》が磐井の従者新羅海辺人《しらぎかいへんのひと》を討伐したとあるから、磐井は半島各地と独自に通交していたのであろう。

磐井の墓は福岡県八女《やめ》市の前方後円墳である岩戸山《いわとやま》古墳（全長一三五メートル、周濠を含めると一八〇メートル）に比定され、当地の八女古墳群では石人山《せきじんやま》古墳（五世紀後半、一一〇メートル）―岩戸山古墳―鶴見山《つるみやま》古墳（六世紀中葉～後半、八五メートル）という首長墓の系譜が続く。岩戸山古墳は当該期では継体陵の今城塚《いましろづか》古墳（大阪府高槻市、一八〇メートル）、継体と婚姻関係にある尾張《おわり》氏の断夫山《だんぷさん》古墳（愛知県名古屋市、一五〇メートル）と並ぶ大規模な墳墓であり、磐井の勢威を窺わせる。また埴輪とは異なる、阿蘇山の火山岩を利用した特有の石人《せきじん》・石馬《せきば》や装飾古墳の分布圏、乱後の屯倉の設置状況などに鑑みて、磐井の勢力圏が筑紫・豊・火に広がっていたことも裏付けることができる。

『釈日本紀《しゃくにほんぎ》』（卜部《うらべ》兼方《かねかた》撰、鎌倉時代後期成立の『日本書紀』の注釈書）巻十三所引筑後国風土記逸文には磐井の墓所の様子が描写されており、周濠を含めた大きさや東北隅の方形の別区の存在など、岩戸山古墳と合致する点が多く、岩戸山古墳は被葬者が判明する数少ない古墳である。(3) この別区は「衙頭《がとう》」「政所《まつりごとどころ》」と称される磐井の執務の場を再現しており、解部《ときべ》という役職の存在、偸盗に対する裁判の様子が示されている。石馬・石殿《いしどの》・石蔵《いしぐら》の描写は、磐井の居館と物資を保管

図5-3　岩戸山古墳と石人・石馬の写真（岩戸山歴史文化交流館所蔵）

する倉庫、軍事力の基盤となる馬の保有を反映しており、磐井の勢威を支える装置が窺われる。磐井は独自の政務組織や裁判権を有し、倭王権からある程度独立した首長であったと考えられる。

倭王権は物部麁鹿火《もののべのあらかひ》を派遣し、磐井を斬殺して平定（筑後国風土記逸文では行方不明）、磐井の子葛子《くずこ》は糟屋《かすやの》屯倉を献上して贖罪を求めた（『日本書紀』継体二十二年十二月条）。糟屋屯倉は北部九州に所在、筑後川流域・有明海方面を拠点とする磐井が半島諸地域と対外交流を行う窓口になっていたと思われる。

ちなみに、近江毛野は六万の軍衆を引率したとあるが、これ程の兵力があれば、充分に磐井と対峙することができたはずである。磐井の乱後、毛野は安羅に向かい、百済・新羅の使者と協議しているが、三千人の新羅兵の到来を見て逃走しており、毛野は百済・新羅の加耶地域侵攻の中間地帯となっていた安羅に派遣された外交使節に他ならなかったと見られる(4)。その後も半島への派兵には「竹斯《ちくしの》嶋《しまの》上《ほとりの》諸《もろもろの》軍士《いくさびと》」（欽明十五年（五五四）十二月条）と称される九州の豪族からの徴兵に依存しているので、今回も軍事徴発を企図して、半島政策への異見と負担への不満から勃発したのが磐井の乱であったといえよう。

註
（1）拙稿「国造制と屯倉制」（『岩波講座日本歴史』二、岩波書店、二〇一四年）。
（2）田中俊明『大加耶連盟の興亡と「任那」』（吉川弘文館、一九九二年）。
（3）小田富士雄編『古代を考える 磐井の乱』（吉川弘文館、一九九一年）。
（4）拙著『東アジアの動乱と倭国』（吉川弘文館、二〇〇六年）。

6　箭括氏麻多智――神々との交渉と開発の推進

箭括氏麻多智《やはずのうじのまたち》はこれまで見てきた上毛野君・吉備臣・筑紫君など地域を代表する大豪族ではない。後代の常陸国行方郡《ひたちのくになめかたぐん》の人で、郡家の西の谷を開発した小首長である。常陸地域には新治《にいはり》・筑《つく》波《ば》・茨城《いばらき》・仲《なか》（那珂）・久自《くじ》・高《たか》の六国造が存し、『常陸国風土記』行方郡条の冒頭部分によると、行方郡の前身である行方評《なめかたのこおり》は、乙巳《いっし》の変（六四五年）後、孝徳朝の白雉《はくち》四年（六五三）に茨城国造小乙下《しょうおつげ》（従八位下相当）壬生連麿《みぶのむらじまろ》と那珂国造大建《だいけん》（大初位相当）壬生直夫子《あたいぶうし》の申請によって成立したといい、茨城の地八里と那珂の地七里、計七百余戸で構成されていた。

『常陸国風土記』行方郡椎井池《しいいのいけ》条(1)

古老《ふるおきな》曰へらく、「石村玉穂宮《いはれのたまほのみやに》 大八洲《おほやしま》馭《しろ》しめしし天皇《すめらみこと》（継体天皇）の世、有る人、箭括氏麻多智といひき。郡より西の谷の葦原を墾闢《ひら》きて新たに治《は》りし田を献る。此の時に、夜刀神《やとのかみ》、相ひ群れ引率《ひきい》て、悉尽《ことごと》に到来り、左右に防障《さ》へ、耕佃《たつく》ることなからしむ。〈俗《くにひと》云はく、「蛇を謂ひて夜刀神とす」といふ。其の形は蛇の身にして、頭に角あり。率引て難を免るる時に、見る人有らば、門を破滅し、子孫継がず。凡《すべ》て、此の郡の側《かたわら》の郊原《のはら》に甚多《いとさわ》に住めり。〉是に、麻多智、大く怒の情を起こし、甲鎧を着被けて、自身《みずか》ら仗《ほこ》を執り、打殺し駆逐《おいやら》ふ。乃ち、山

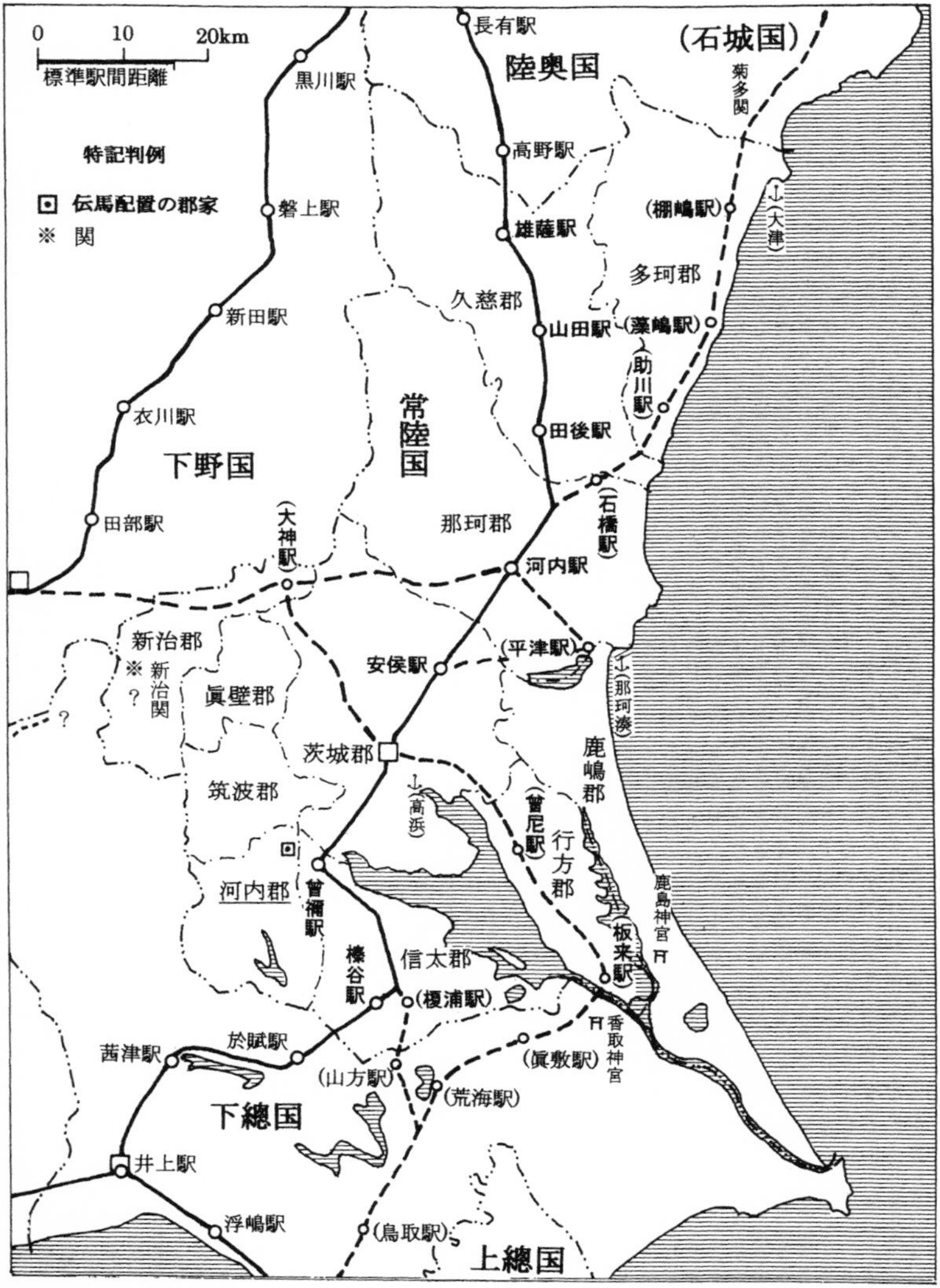

図6－1　常陸国の概略図（木下良『事典日本古代の道と駅』〔吉川弘文館、2009年〕127頁）

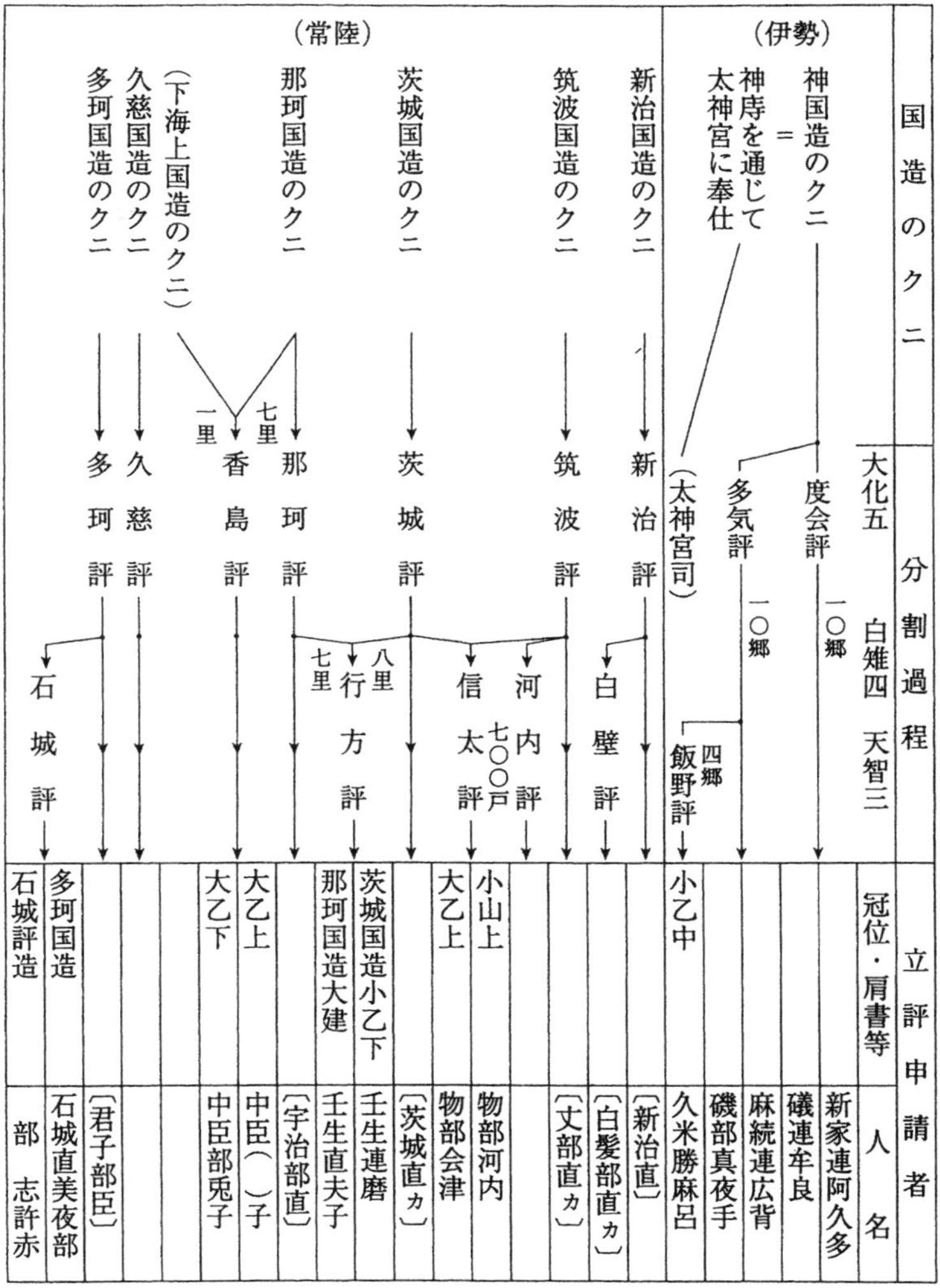

〔 〕は郡領氏族が推定されるもの。

図6-2　伊勢・常陸における立評（森公章『天智天皇』〔吉川弘文館、2016年〕117頁）

口に至り、標《しめ》の梲《つえ》を堺の堀に置て、夜刀神に告げて云はく、『此より上は神の地と為すことを聴しまつらむ。此より下は人の田を作すべし。今より後には、吾、神の祝《はふり》と為《な》りて、永代に敬ひ祭らむ。冀はくは、な崇りそ、な恨みそ』といふ。社を設けて初めて祭りき」てへり。即ち、還《また》、耕田一十町余を発《おこ》して、麻多智が子孫、相ひ承けて祭を致し、今に至るまで絶へず。（下略）

箭括氏は常陸、また他の地域を見渡しても、所見がなく、名称からは弓矢の製作などに関与したものと推定されるが、どのような豪族かは不明である。麻多智が谷《やつ》の葦原を切り開いて新治田《にいはりた》を得ようとした時、夜刀神《やとのかみ》が出現して、耕佃を妨害したという。夜刀神は蛇のことであるが、頭に角があり、害を免れたとしても、後ろをふりかえってその姿を見た人は家門が破滅し、子孫が途絶するという恐ろしい存在であった。

そこで、麻多智は大いに怒り、甲鎧を着して、自身で仗を執って夜刀神を撃ち殺して駆逐するという行動に出ている。そして、山の登り口に至ったところで、境堺のしるしとする杖を堺となる堀に立て、神の地と人の田を区分すること、自らが祝となって夜刀神を奉祀するので、祟ったり、恨みに思ったりしないで欲しい旨を告げたので、耕田十町を得て、麻多智の子孫は存続、夜刀神の奉祀を続けているとある。麻多智は神の領域に人の生活空間を広げ、人びとを啓発するとともに、生産力の向上や政・祭両面での自己の権威・権力基盤を拡張し、小地域の首長としての地位を確立したのである。

麻多智が甲鎧を着装して夜刀神に対峙する姿は、六世紀初頭の同時期、同じく東国の上毛野地域で発生した榛名《はるな》山《さん》の大規模噴火によって壊滅した村々の首長の有様を想起させる。即ち、群馬県渋川《しぶかわ》市の金井《かない》遺跡群のなかの金井東裏《ひがしうら》遺跡からは、火砕流で死亡した成人の男女二人、性別不明の乳幼児二人が火山灰に埋もれて密封状態になったままの姿で検出されている。特に成人男子は甲を着装した姿、しかも頭を火砕流が襲ってくる側に向けて、うつ伏せのまま両腕と両脚を折り曲げた状態で発見されており、あたかも火山の神に対峙するかの行動をとったことが推察される。人骨の分析によると、この人物は推定年齢が四〇代、推定身長は一六四センチメートルで、細い顔立ちに高くて細い鼻の渡来系形質を有していたと目されているが、ここには麻多智と同様に、自然と対決し、家族や配下の人々を守ろうとする首長の気概を看取することができる。(2)

図6－3　金井東裏遺跡の「甲を着た古墳人」の復元想像画（公益財団法人群馬県埋蔵文化財調査事業団編『古墳人、現る 金井東裏遺跡の奇跡』〔上毛新聞社事業局出版部、2019年〕80頁）

　首長が神を奉祀することは、時代が下るが、富士山の噴火に際して、甲斐国《かいのくに》八代《やつしろ》郡擬《ぎ》大領《たいりょう》無《む》位《い》伴《ともの》直《あたい》真貞《さねさだ》が、浅間明神の託宣を告げて、自らが祝《はふり》、同郡の人伴秋吉《とものあきよし》を禰宜《ねぎ》として、郡家の南に神宮を建立して奉祭したという事例がある（『日本三代実録』貞観七年〔八六五〕十二月九日条）。また開発に関連して神が出現する事例としては、奈良県高取《たかとり》町薩摩遺跡出土の次の木簡が興味深い。

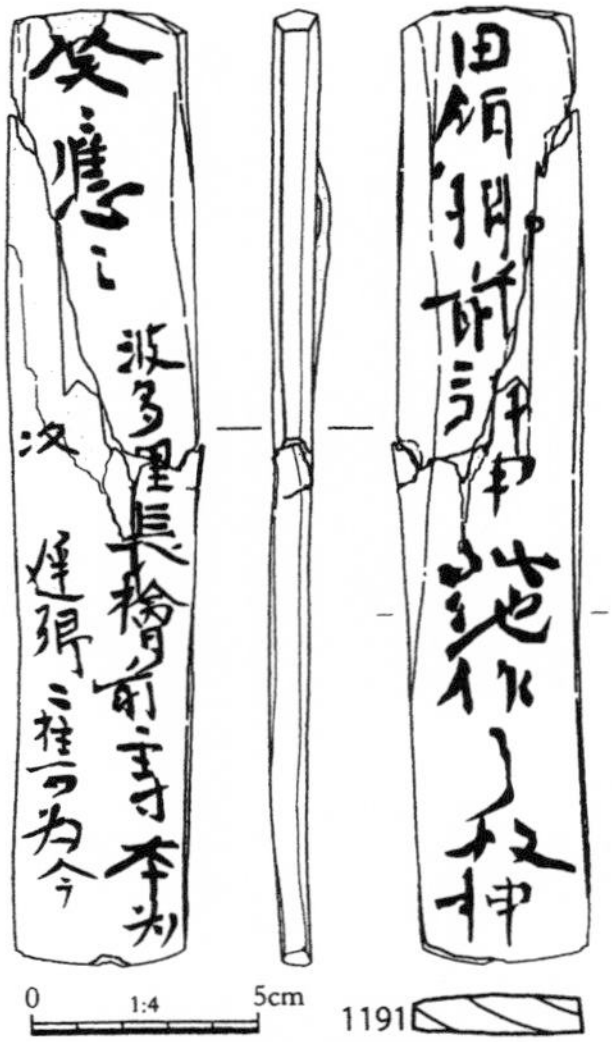

図6－4　薩摩遺跡出土木簡実測図
（『ヒストリア』280〔2020年〕口絵）

・田領卿前□〔拝ヵ〕申　此池作了故神
　　波多里長檜前主寸本為
・癸〔発〕応之
　　□□〔次ヵ〕□遅卿二柱可為今
216・41・9　011

大和国高市郡波多郷《はたごう》において溜池が完成したことに伴う報告文で、「田領《でんりょう》」は郡雑任《ぐんぞうにん》の一つ、郡家に勤務して郡司の下で田地や勧農を担当する職務である。裏面の割書部分の意味が不明であるが、波多里長檜前村主《ひのくまのすぐり》、東漢氏《やまとのあやうじ》に属する渡来系氏族が池の造営に関わっていたらしく、表面から裏面にかけては「この池を作りおえたところ、神が出現し、感応した」と記されている。調査地の近くには延喜式内社の波多甕井《はたみかい》神社があり、「神」はこれを示すのかもしれない[3]。郡司よ

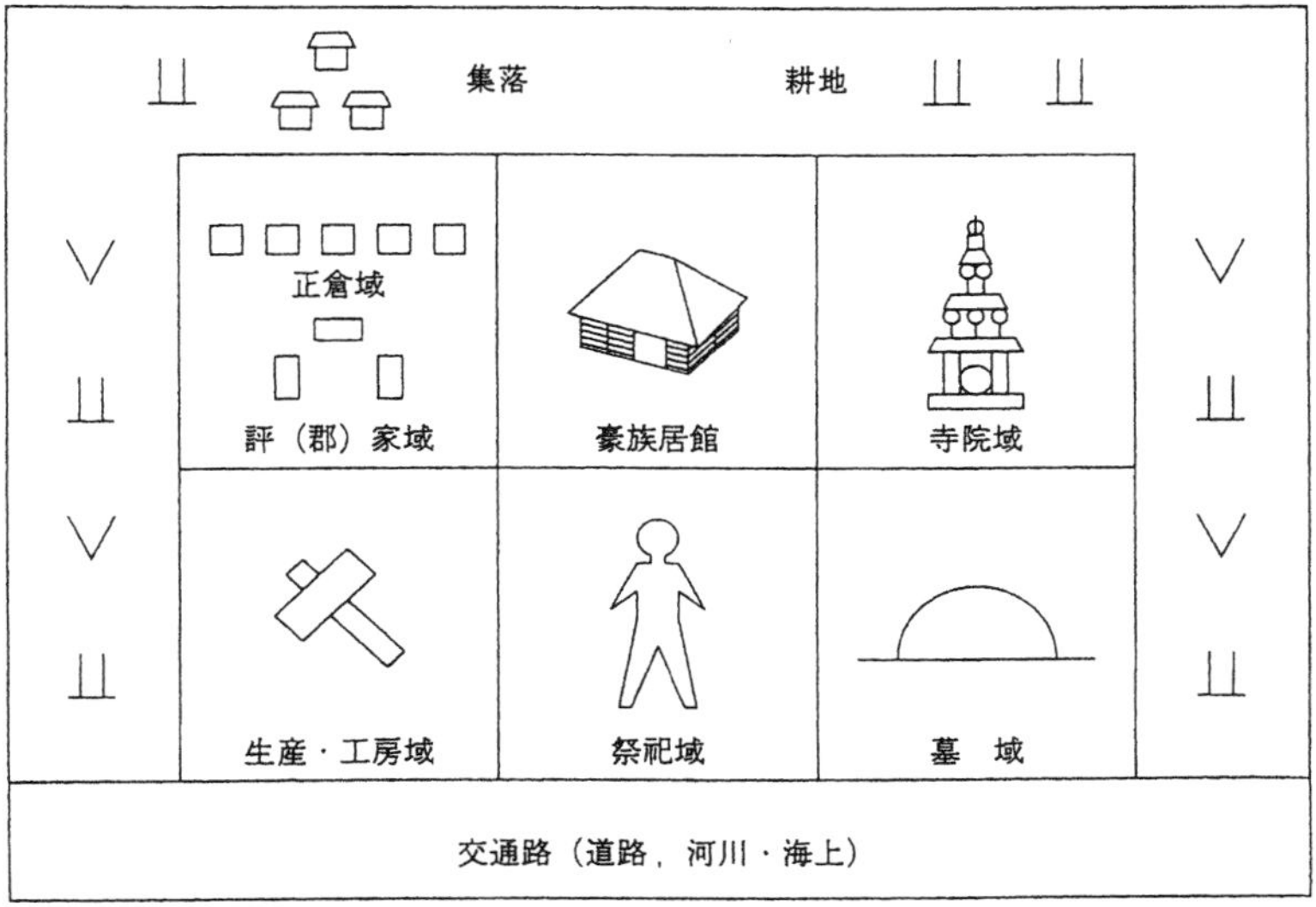

図6－5　地方豪族の生活空間（森公章『古代豪族と武士の誕生』〔吉川弘文館、2013年〕132頁）

りも下の豪族である麻多智の開発を彷彿させるものとして注目しておきたい。

ところで、『常陸国風土記』に戻ると、下略部分には行方評を立てて、初代評司《ひょうし》になった壬生連麿による椎井池の造営、谷をすべて占拠して、池の堤を築く大規模な開発の様子が記されている。この時も夜刀神が池辺の椎の木に参集して示威したが、麿は「此の池を修めしむるは、要《かなら》ず孟《つと》めて民を活かすにあり。何の神、誰《いずれ》の祇《かみ》、風化に従はぬ」と宣言し、役民たちに「目に見ゆる雑の物、魚虫の類は、憚《はばか》り懼《おそ》る所無く、随尽《ことごと》に打ち殺せ」と命じたところ、神である蛇は姿を隠したという。麿は王権の地方支配を担う存在として、あの麻多智が妥協せざるを得なかった夜刀神と対決、神ではなく蛇に過ぎないとして、自然を大きく改変する大々的な池溝開発を強行し、自らの支配をより強固にすることに努めたのである。[4] 人と自然や神との関係の変貌、時代の変化を示す伝承と言えよう。

註

（1）沖森卓也・佐藤信・矢嶋泉編『常陸国風土記』（山川出版社、二〇〇七年）。

（2）公益財団法人群馬県埋蔵文化財調査事業団編『古墳人、現る 金井東裏遺跡の奇跡』（上毛新聞社事業局出版部、二〇一九年）。

（3）北山峰生「薩摩遺跡の古代溜池」（『ヒストリア』二八〇、二〇二〇年）。

（4）拙著『古代豪族と武士の誕生』（吉川弘文館、二〇一三年）。

7　笠原直使主——国造制の施行

笠原直使主《かさはらのあたいおみ》は後代の武蔵国埼玉《むさしのくにさきたま》郡笠原《かさはら》郷（埼玉県鴻巣《こうのす》市笠原）を本拠地とする豪族と目される。上述のように、倭王権の地方制度としての国造《くにのみやつこ》制は、かつては五世紀には存在したと考えられていたが、近年では六世紀に成立するという見解が有力であり、この使主が関連する事件もその証左の一つと位置づけることができる。

『日本書紀』安閑《あんかん》元年（五三四）閏十二月是月条

武蔵国造笠原直使主と同族の小杵《おき》と、国造を相争ひて〈使主・小杵、皆名なり〉、年経るに決《さだ》め難し。小杵、性《ひととなり》阻《うぢはや》くして逆ふこと有り。心高びて順《まつろ》ふこと無し。密《ひそか》に就《ゆ》きて援《たすけ》を上《かみ》毛野《つけの》君《きみ》小熊《おくま》に求む。而《しこう》して使主を殺さむと謀《はか》る。使主、覚《さと》りて走《に》げ出づ。京《みやこ》に詣でて状《そのかたち》を言《もう》す。朝庭《みかど》、臨断《つみさだ》めたまひて、使主を以て国造として、小杵を誅《ころ》す。国造使主、悚《かしこまり》憙懐《よろこびこころ》に交《み》ちて、黙已《もだ》あること能はず。謹みて国家の為に、横渟《よこぬ》・橘花《たちばな》・多氷《おおい》・倉樔《くらす》、四《よ》処《ところ》屯倉を置き奉る。

『日本書紀』では使主に「武蔵国造」という肩書を記すが、これは以下に描かれている紛擾の結

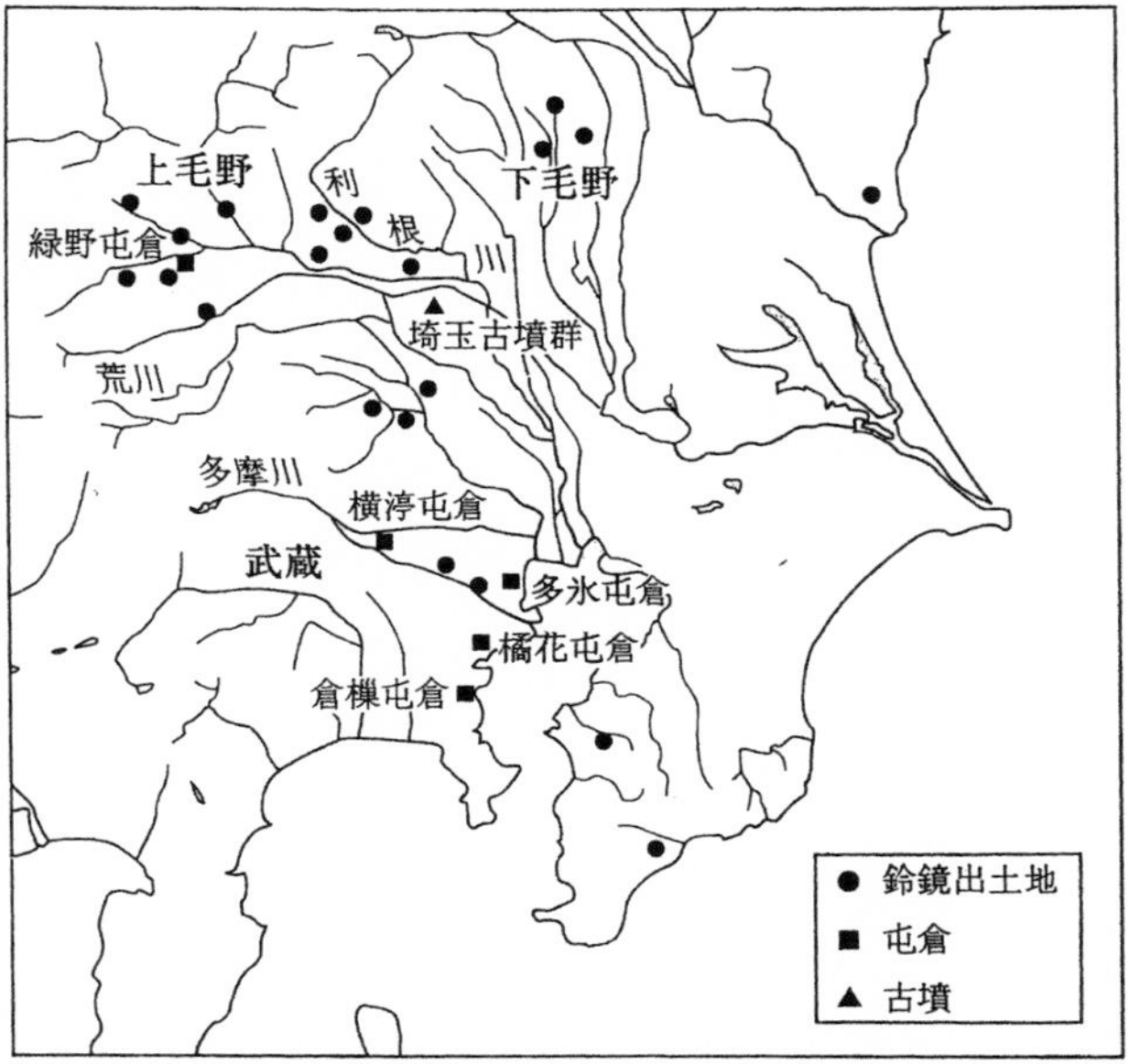

図7－1　武蔵の争乱と屯倉設置状況（森公章「国造制と屯倉制」〔『岩波講座日本歴史』2、岩波書店、2014年〕85頁）

果、国造になったという意味合いを反映するものであろう。武蔵地域では使主と同族の小杵の二人が拮抗した勢力を有し、長年対立していた。小杵は激しい気性で、高慢な人物とされており、東国の中で大きな勢力を誇る上毛野君の力を借りて、使主を殺害しようとしている。上毛野君の始祖の活動は上述したところであるが、考古遺物として毛野に特有の鈴鏡《れいきょう》の出土地を見ると、広く東国全体に影響力を及ぼしていた様子がかいまみられる。

　使主は身の危険を察知して、倭王権を後ろ盾にしようと図り、畿内に逃走し、この状況を訴えた。倭王権の朝廷では使主を武蔵国造に認定し、小杵を誅殺したという。使主は国造就任に伴って、倭王権に対する貢納の拠点として四屯倉を設置し、ここに安定した中央集権的地方支配のしくみが発現することになる。ちなみに、上毛野君に対する処断は記されていないが、安閑二年五月甲寅条に列挙された二六屯倉には上毛野国緑野《みどの》屯倉が見えるので、上毛野君にも掣肘《せいちゅう》が加えられ、国造となる道をとったのではないかと思われる。

当該期に倭王権の介入が可能になったのは、上述の六世紀初の榛名山の大規模噴火により、上毛野地域西部の西毛《せいもう》勢力が大打撃を受けたという事情があった。緑野屯倉比定地の群馬県藤岡市白石《しろいし》古墳群の七輿山《ななこしやま》古墳（六世紀前半、全長一四五メートル）は、継体陵の今城塚古墳や尾張氏の断夫山《だんぷさん》古墳と築造規格が共通しており、その築造主体は倭王権と提携した人物で、新たに上毛野地域の中心を担っていく存在と考えられている。(1)

では、武蔵地域の争乱はどのような対立であったのだろうか。使主の本拠地は上述の通りであるが、小杵については四屯倉の比定地にも関連していくつかの説があり、この争乱の性格を理解する論点になっている。四屯倉のうち、橘花は橘樹《たちばな》郡橘樹郷・御宅《みやけ》郷（神奈川県川崎市・横浜市付近）、倉樔は久良《くらげ》郡（横浜市）に比定され、異論はない。横渟は横見《よこみ》郡（埼玉県比企《ひき》郡吉見町）とすると、北武蔵、多摩の横山（東京都八王子・日野・多摩・稲城《いなぎ》の四市にまたがる地域）もしくは横野とすると、多摩川流域の南武蔵になる。多氷は久良郡大井郷（東京都品川区大井町）、あるいは「多末《たま》」（多摩）の誤記とする説があるが、後代の一郡に一屯倉という配置を考慮した場合、大井だと、倉樔屯倉との重なり、多摩だと、横渟屯倉を多摩地域に比定する説との重なりが生じ、成案が定まらない所以である。(2)

ただ、総じて南武蔵の地に屯倉が設定されているので、使主＝北武蔵、小杵＝南武蔵の首長の争いで、敗れた南武蔵の地を献上したと見る説が呈されている。しかし、これは屯倉を倭王権の直轄地とする古い学説に依拠しており、またこの場合、小杵の勢力基盤は荏原台《えばらだい》古墳群周辺に想定されるが、六世紀の武蔵地域では北武蔵の埼玉《さきたま》古墳群が傑出した勢威を誇り、南武蔵にはそれに比肩し得る勢力が見あたらないのが難点である。

とすると、小杵も北武蔵の首長で、埼玉古墳群からやや距離のある比企地方に拠点を有したと見るか、比企地方の古墳の年代にはなお不明の点もあり、むしろ埼玉古墳群の中に稲荷山—二子《ふたご》山《やま》—鉄砲山《てっぽうやま》の系列とは別に、丸墓山《まるはかやま》、瓦塚《かわらづか》、将軍塚《しょうぐんづか》のようなそれに匹敵する別系列の造墓もある

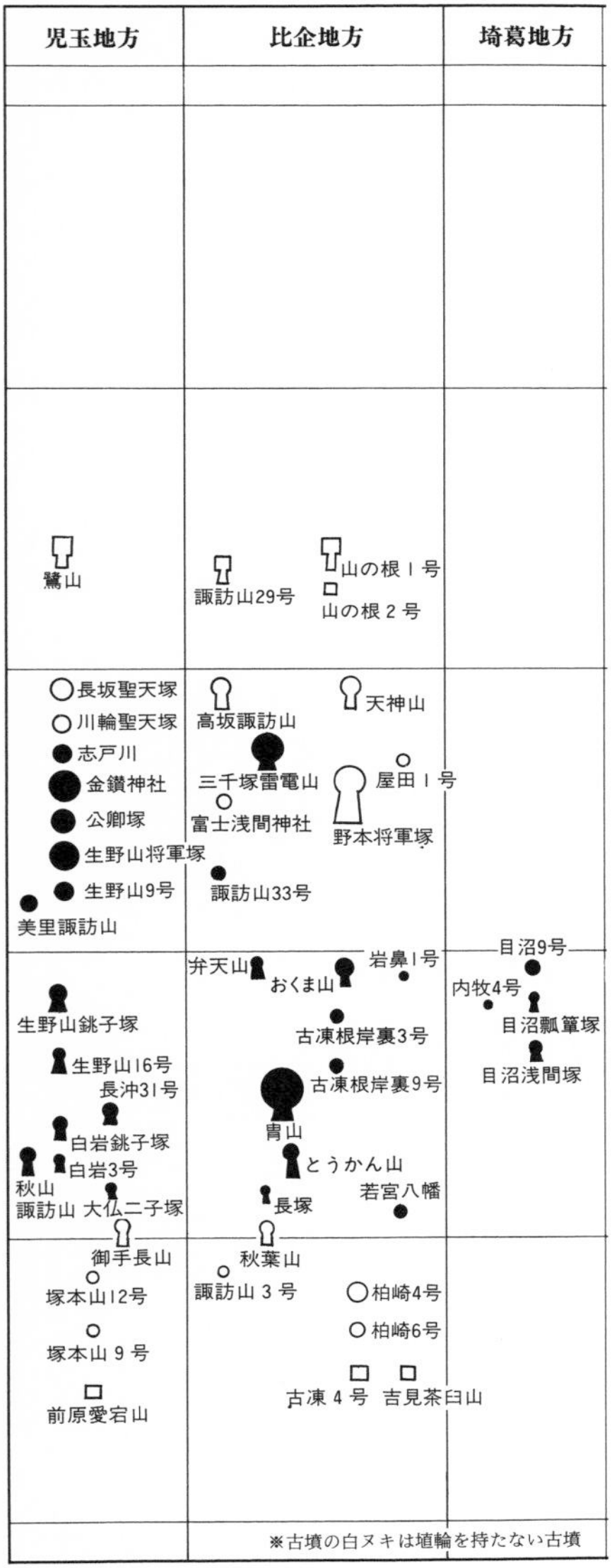

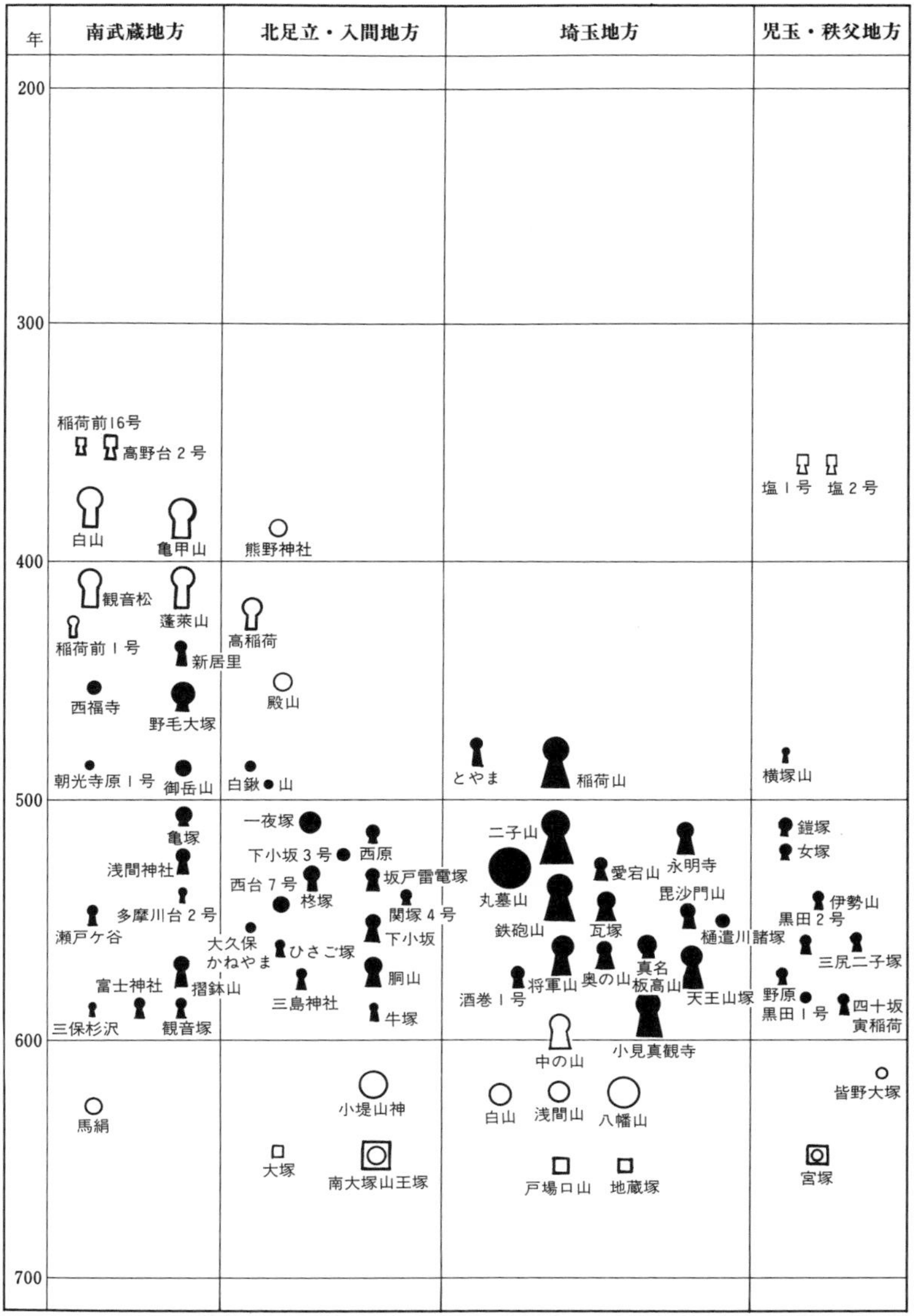

図7－2　武蔵地域の古墳分布と編年（石野博信編『全国古墳編年集成』〔雄山閣出版、1995年〕152-153頁）

ことに着目して、そこに使主と小杵の対立の背景の裏付けを求めようとする説も示されている。(3)

北武蔵内部の争いと見る立場からは、河川を介して南武蔵とつながりがあり、倭王権への貢納に便利な拠点としての屯倉を設定したと説明することができる。

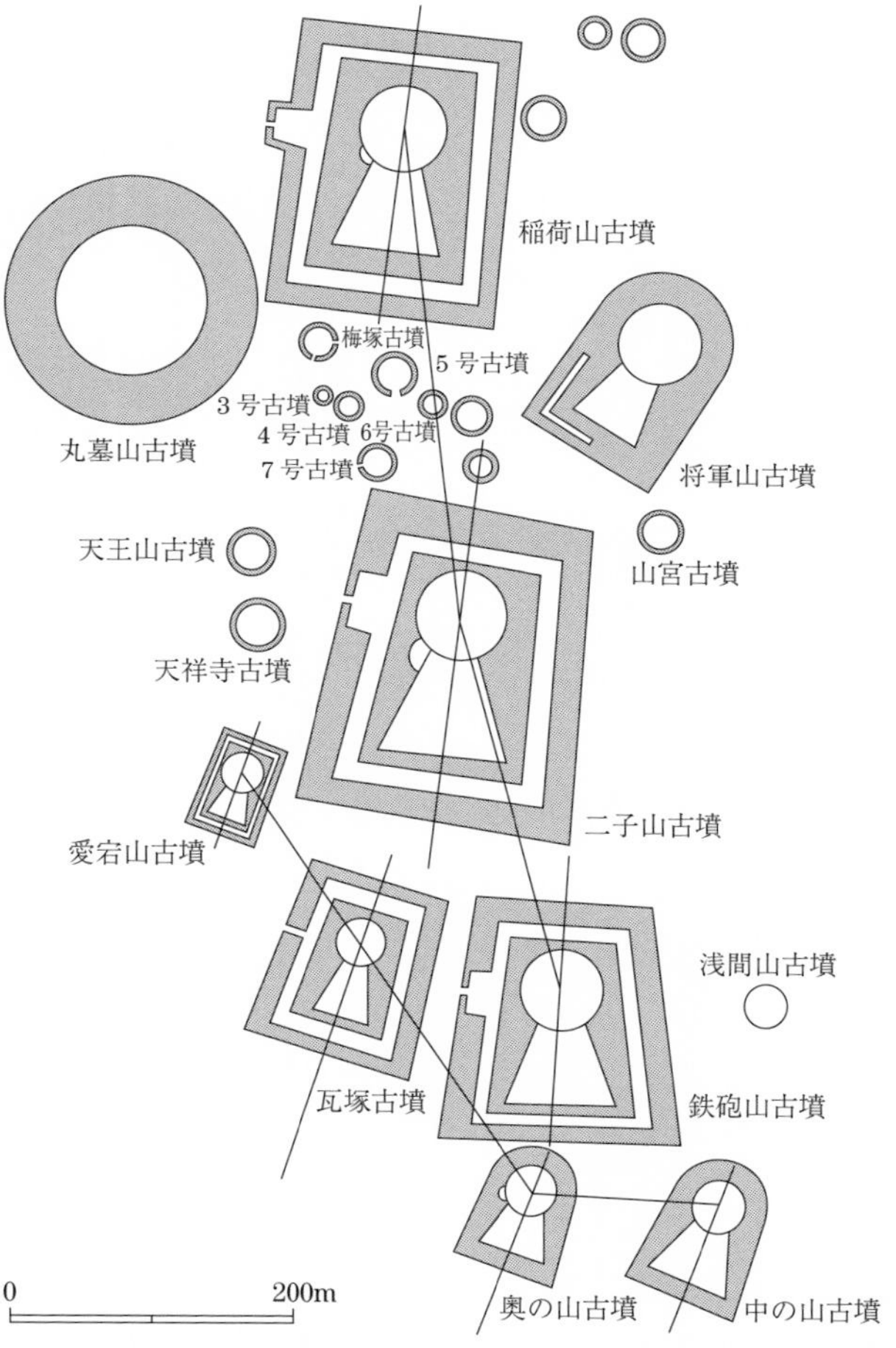

図7-3　埼玉古墳群の模式図（城倉正洋「武蔵国造争乱」〔『史観』165、2015年〕132頁）

A　倭：倭直、葛城：葛城直、闘鶏：都祁直、山代：山代直、河内：凡河内直／伊勢：伊勢直、神郡：磯部直、嶋津（志摩）：嶋直／三野：美濃直、角鹿：角鹿直‖丹波：丹波直・海直／明石：海直、針間：播磨直・佐伯直、針間鴨：針間国造、大伯：吉備海部直／紀：紀直、熊野：熊野直
A′　伊賀：伊賀臣、尾張・尾張連、三河：三河直・大伴直、穂：穂別／近淡海：近江臣、近淡海之安：安直、額田：額田国造、本巣：国造、飛騨：飛騨国造／若狭：膳臣、江沼：江沼臣、能登：能登臣、伊弥頭：射水臣‖因幡：因幡国造、伯耆：伯耆造（？）、出雲：出雲臣、石見：伊福部直（？）、意伎：海部直・大私直／吉備：吉備臣（上道：上道臣、三野：三野臣、下道：下道臣、加夜：賀陽臣、笠臣：笠臣）、吉備穴：阿那臣、都怒：角（都努）臣
B　中県：中県直（三使部直）、安芸：安芸凡直、大嶋：凡海直、周芳：周芳凡直、穴門：穴門直・長門凡直／淡路：淡路凡直、粟：粟凡直、長：長直、讃岐：讃岐凡直、伊予：伊予凡直、久味：久米直、小市：越智直、風早：風早直、土佐：土佐凡直、波多：秦姓（？）／大隅：大隅直、伊吉嶋：壹岐直、津嶋県：直
C　遠江：檜前舎人・物部、久努・久努直、駿河：金刺舎人、伊豆：日下部直、甲斐：甲斐直・日下部直・三枝直・大伴直、相武：壬生直・漆部直、師長：壬生直、武蔵：丈部直・大伴部直・物部直、知々夫：大伴部直、安房：大伴直、長狭：壬生直、須恵：日下部使主・日下部連、馬来田：？、上菟上（上海上）：檜前舎人直・刑部直、伊甚：春部直・伊甚直、武社：武射臣、菊麻：丈部直、千葉：大私部直、印波：丈部直・大生直（壬生直）、下菟上：他田日奉部直、新治：新治直、筑波：丈部直・壬生連、茨城：茨城直・壬生連、仲：宇治部直・壬生直、久自：？、多珂：君子部臣／科野：科野直・他田舎人・金刺舎人、那須：那須直、石城：石城直、道口（尻）岐閇：？
D　廬原：廬原君／牟義：牟義都君、上毛野：上毛野君、下毛野：下毛野君／加我（宜）：道君、羽咋：羽咋君、越：高志君‖多遅間：但馬君・日下部宿禰／吉備風治：吉備品遅君、阿武：阿牟君／筑紫：筑紫君、竺志米多：米多（末多）君、豊：豊国直、菟狭：宇佐君、国前：国前臣、比多：日下部連・日下部君、大分：大分君、火：火（肥）君、阿蘇：阿蘇君・宇治部公、葦北：葦北君、日向：諸県君、薩摩：薩摩君

表7－1　クニ・国造とその氏姓

（備考）A・A′…畿内とその周辺、B・C…カバネの大半は直（B…凡直／C…伴造的国造が多い）、D…君姓。配列は便宜上後の五畿七道の順になっている（‖は畿内よりも東の地域と西の地域の区分を示す）。氏姓が不明のものでも、周辺の国造との関係で、この区分の中に入れたものもあるが、素賀国造、道奥菊多国造・阿尺国造・思国造・伊久国造・染羽国造・浮田国造・信夫国造・白河国造・石背国造、三国国造・久比岐国造・高志深江国造・佐渡国造、二方国造、波久岐国造、怒麻国造、松津国造・末羅国造・葛津立国造・天草国造は表示できなかった。

四屯倉の比定地と武蔵地域の紛擾の原因究明は、なお検討課題であるが、ともかくもこれを契機に東国にも国造制が施行されていくことになる。なお、東国の国造は大伴部直《おおとものべのあたい》・宇《う》治部直《じのべのあたい》のような部民の統括に関わる伴造《とものみやつこ》の役割を示す氏姓を持つ伴造的国造が多い。この氏姓制度の成立も六世紀と目され、国造制・屯倉制・部民制による地方支配の進展、仕奉関係の確立により、中央・地方豪族の氏姓が定立していくと考えられる。武蔵国造の氏姓は、埼玉古墳群の稲荷山古墳出土鉄剣銘（辛亥年=四七一）に看取される杖刀人《じょうとうにん》としての仕奉に基づいた丈部直《はせつかべのあたい》と推定される。(4)

註

（1）右島和夫「多胡碑の成立とその背景」（土生田純之・高崎市編『多胡碑が語る古代日本と渡来人』吉川弘文館、二〇一二年）

（2）鈴木靖民「南武蔵と大和王権」（『相模の古代史』高志書院、二〇一四年）、鈴木正信「武蔵国造の乱と横渟屯倉」（『日本古代の国造と地域支配』八木書店、二〇二三年）など。

（3）増田逸朗『古代王権と武蔵国の考古学』（慶友社、二〇〇二年）、城倉正洋「武蔵国造争乱」（『史観』一六五、二〇一一年）など。

（4）佐伯有清「丈部氏および丈部の研究」（『日本古代氏族の研究』吉川弘文館、一九八五年）。

8 朴市秦造田来津——白村江戦での奮闘

朴市秦造《えちはたのみやつこ》田来津《たくつ》は近江国愛智郡《えち》を本拠とする豪族で、氏姓からわかるように、秦氏《はたうじ》の一族である。秦氏は五世紀に朝鮮半島から渡来（『日本書紀』応神《おうじん》十三年是歳・十六年八月条）、絹織物の技術を中心に、様々な殖産分野に通暁し、広く全国に分布している。畿内およびその周辺では山城国葛野郡《やましろのくにかどののぐん》（松尾神社あり）・紀伊郡《きい》（伏見稲荷《ふしみいなり》大社あり）とともに、この近江国愛智郡が一大居住地であった。(1)

『日本書紀』天智二年（六六三）八月己酉条
日本の諸将と、百済の王と、気象《あるかたち》を観《み》ずして、相謂《かた》りて曰はく、「我等先を争はば、彼自らに退くべし」といふ。更に日本の伍乱れたる中軍を率て、進みて大唐の陣を堅くせる軍を打つ。大唐、即ち左右より船を夾みて繞《かこ》み戦ふ。須臾之際《ときのま》に、官軍《みいくさ》敗績《やぶ》れぬ。水に赴きて溺れ死ぬる者衆し。艫舳《ともへ》廻旋《めぐら》すことを得ず。朴市田来津、天に仰ぎて誓ひ、歯を切りて嗔《いか》り、数十人を殺しつ。焉《つい》に戦死せぬ。是の時、百済の王豊璋《ほうしょう》、数人と船に乗り、高麗《こま》に逃げ去りぬ。

白村江《はくそんこうせん》戦の場面を描写した記事である。(2) 六世紀以来の朝鮮三国（高句麗・百済・新羅）対立の

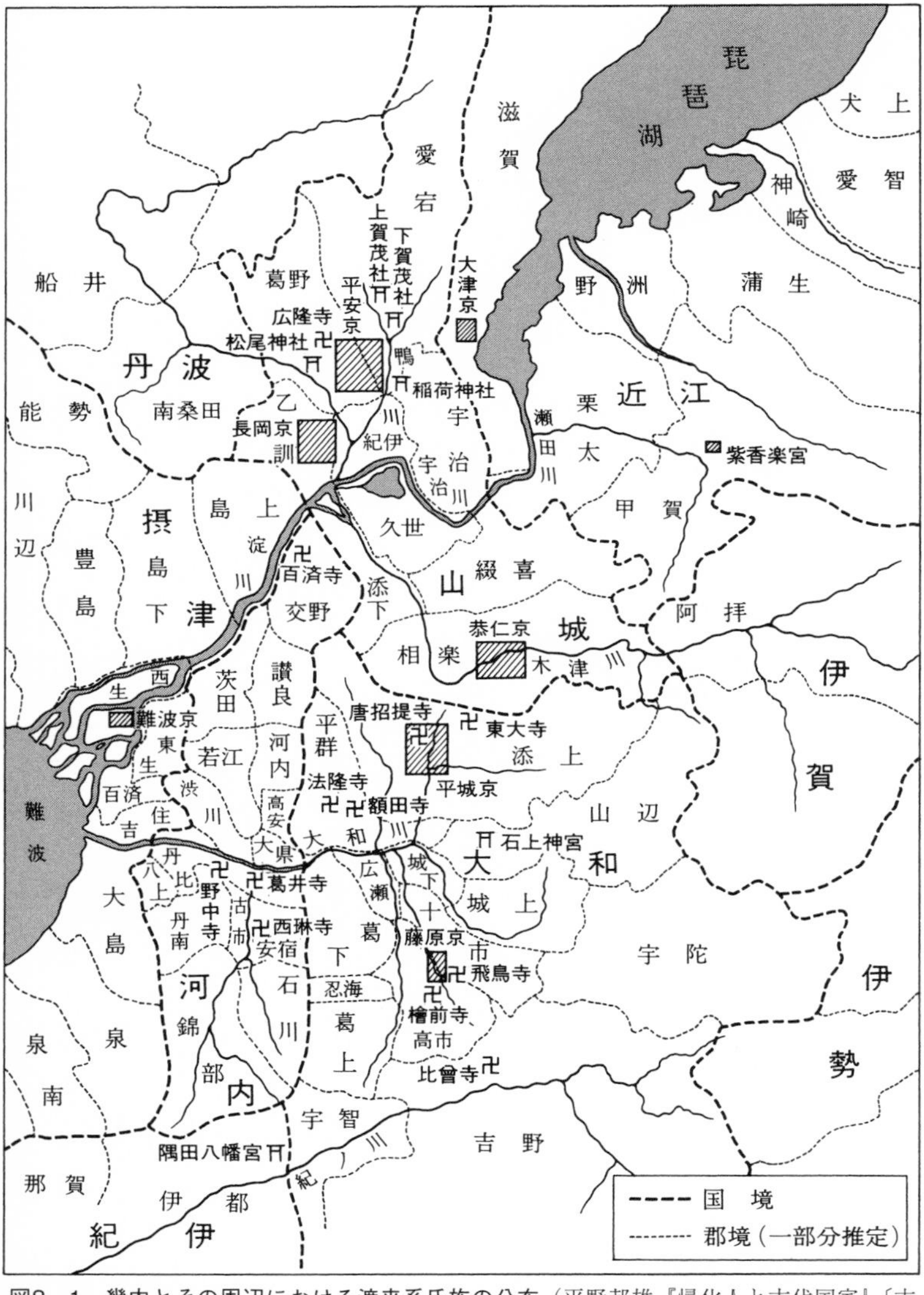

図8－1　畿内とその周辺における渡来系氏族の分布（平野邦雄『帰化人と古代国家』〔吉川弘文館、2007年〕101頁）

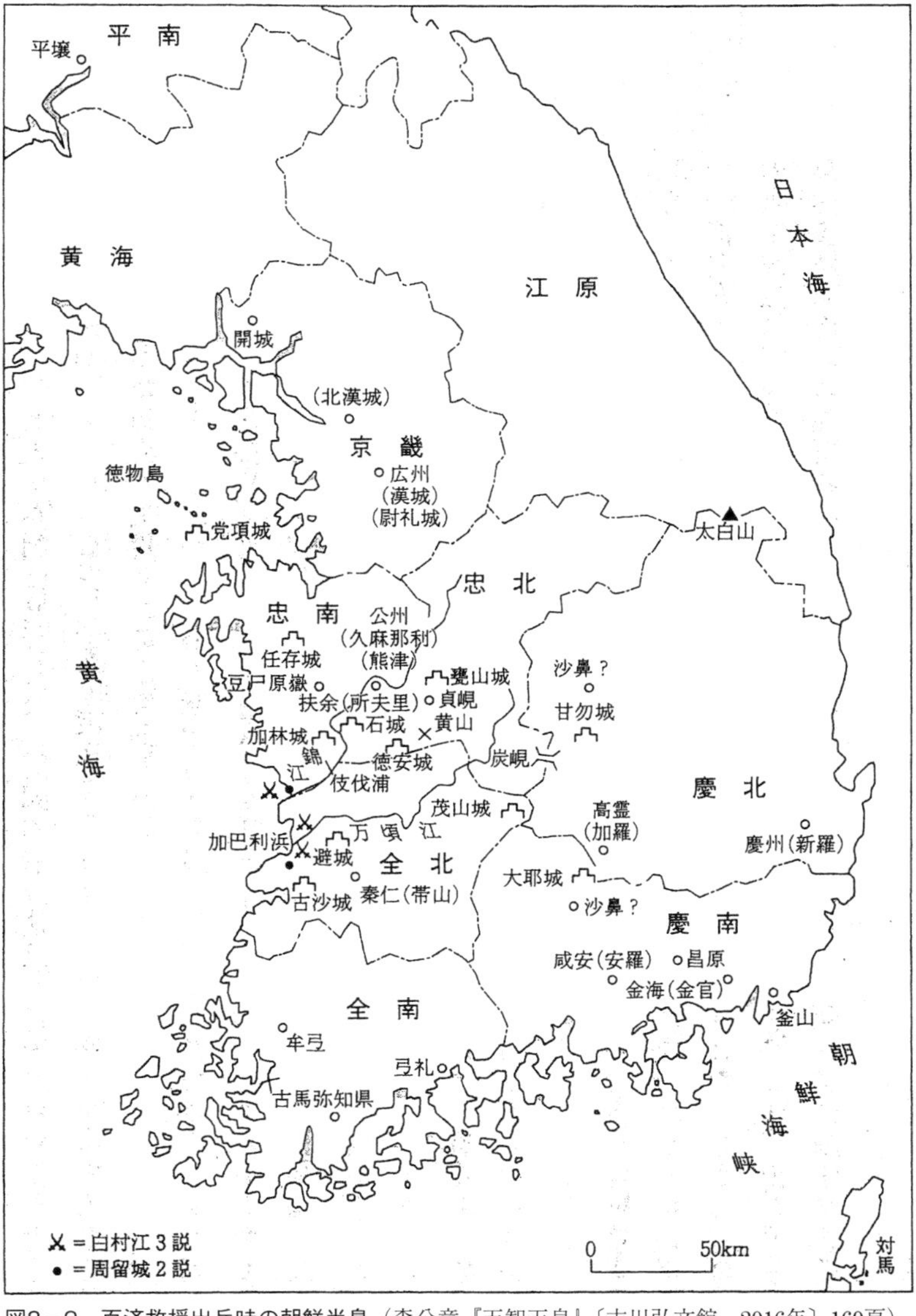

図8－2　百済救援出兵時の朝鮮半島（森公章『天智天皇』〔吉川弘文館、2016年〕160頁）

最終局面として、斉明《さいめい》六年（六六〇）七月に唐・新羅連合軍が高句麗征討の阻害要因となる百済を討滅する。唐・新羅軍が高句麗戦線に向かうなか、八月には百済遺民が蜂起し、百済復興運動が興起した。倭国は百済救援を決定し、「質」として滞在していた百済王子余豊璋《よほうしょう》を百済王に推戴、九州の軍兵を中心とする五千人の第一次派遣軍を渡海させるが、この時に別将として百済守護の命を受けて半島に赴いたのが、大山下《だいせんげ》（従六位下相当）狭《さ》井連檳榔《いのむらじあじまさ》（物部系の中央豪族）と小山下《しょうせんげ》（従七位下相当）朴市秦造田来津であった（『日本書紀』天智即位前紀斉明七年八月・九月条）。

　この第一次派遣軍は百済優勢の状況を支えたが、増大した百済遺民の食料確保の必要もあり、天智元年（六六二）十二月に百済王豊璋は田来津らに山険で防御に有利な周留城《するじょう》（州柔《つぬ》、疎留《そる》とも）から豊穣な土地を擁する避城《へさし》（全羅北道《チョンラプクド》金堤《ギンヂエ》）への遷都を提案する。避城は西北には水辺、東南には泥堰《でいえん》があり、防御と食糧供給の両方が可能であるという。これに対して、田来津は避城は敵の陣地と一夜行程しかなく、不測の事態に対応できないこと、そして何よりも「夫れ飢は後なり、亡は先なり」と、存亡の方を重視すべきであることを述べて、強硬に反対したが、結局は百済側の意思で避城への遷都となった（天智元年十二月丙戌朔条）。

　天智二年二月になると、田来津が警告したように、新羅軍が攻撃に出て、避城は最前線に近くなったので、百済側は再び拠点を周留城に戻すことになる。倭国は三月に二万七千人の第二次派遣軍を送り込み、新羅本国を攻撃することで、百済の不利な戦況を改善しようとする。五月には唐・新羅軍が兵力を増強して、周留城攻撃を企図したので、陸上から迫る新羅軍、海上から攻撃を図る唐軍に対抗するため、一万人の第三次派遣軍が渡海、最終決戦となる白村江戦を迎えるの

国名	郡名	出典	人名	備考
駿河		斉明７・是歳条		船を造らせる
甲斐	山梨	古屋家家譜	大伴山前連淵守	唐で戦死
常陸	石城	風土記香島郡条		＊「淡海之世」に石城で造った船が香島郡に漂着
陸奥	信太	慶雲４・５・癸亥条	生王五百足	40余年後に帰国
但馬	朝来	粟鹿大神元記	神部直根閈	帰国後，大領に
播磨		風土記讃容郡条	国宰道守臣	＊官船を造る
備中	下道	風土記逸文		邇磨郷で軍士２万人を徴発
備後	三谷	日本霊異記上―７	三谷郡大領之先祖	百済の僧侶をつれて帰国
讃岐	那賀	慶雲４・５・癸亥条	錦部刀良	40余年後に帰国
伊予	風速	持統10・４・戊戌条	物部薬	帰国，追大弐授与
	越智	日本霊異記上―17	越智郡大領之先祖	帰国後，立評．小市国造か
筑前	早良	天武13・12・癸亥条	筑紫三宅連得許	帰国
筑後	山門	慶雲４・５・癸亥条	許勢部形見	40余年後に帰国
	上妻	持統４・９・丁酉条	大伴部博麻	軍丁．30余年後に帰国
		持統４・10・乙丑条		
		天智10・11・癸卯条	筑紫君薩夜馬	帰国．筑紫国造か
豊前	宇佐	天智10・11・癸卯条	韓嶋勝娑婆	帰国．宇佐の有力豪族か
肥後	皮石	持統10・４・戊戌条	壬生諸石	帰国．追大弐授与
不詳		天智10・11・癸卯条	布師首磐	帰国．越中国射水郡・土佐国安芸郡に布師郷がある．讃岐国山田郡・鵜足郡に布敷臣が居住
		天武13・12・癸亥条	猪使連子首	帰国
		持統４・10・乙丑条	土師連富杼 氷連老 弓削連元宝児	天智10・11・癸卯条で帰国か
第１次派遣軍		斉明７・８・条 斉明７・９・条	前将軍阿曇連比邏夫・河辺臣百枝 後将軍阿倍引田臣比羅夫・物部連熊・守君大石 別将狭井連檳榔・秦造田来津〔近江・愛智〕	
第２次派遣軍		天智２・３・条	前将軍上毛野君稚子・間人連大蓋 中将軍巨勢神前臣訳語〔近江・神崎〕・三輪君根麻呂 後将軍阿倍引田臣比羅夫・大宅臣鎌柄	
第３次派遣軍		天智２・８・甲子条	廬原君臣〔駿河・廬原〕	

（備考欄に＊を付したものは参考記事）

表8－1　百済救援の出兵者と募兵地域（森公章『天智天皇』〔吉川弘文館、2016年〕166頁）

である。

倭国の軍隊が到着したのは八月二十七日、唐軍は既に八月十七日に戦艦一七〇艘で白村江に陣列を整えていた。倭軍は早速に唐軍と戦火を交えたが、「不利《ま》けて退く。大唐陣を堅めて守る」という状況で、緒戦に敗退する。そして、翌二十八日が白村江戦の本番である。倭軍は舟千艘であったといい（『三国史記』新羅本紀文武王十一年〔六七一〕七月二十六日条）、『旧唐書』劉仁軌《りゅうじんき》伝によると、舟四百艘が焚かれ、「海水皆赤し」、白村江は大敗した倭軍の兵士の血に染まった。『日本書紀』によっても、倭軍は戦場の状況を精査することなく、単純な突撃作戦を敢行しており、戦列は混乱、稚拙な戦法に終始している。こうした中で朴市秦造田来は個人的武勇を大いに発揮するが、多勢に無勢、ついに戦場の露と消えてしまう。倭国は戦局を追いかけての小出しの出兵で、百済救援の全体的戦略に欠けるところがあった。また唐の戦艦に対して、倭国の軍船は「舟」、小舟に過ぎない貧弱な兵備である。こうした戦法・戦略や軍備面での相違に加えて、倭国の軍隊には構造的な問題があった。

すなわち、白村江戦の場面には「中軍」が見え、第一次・二次派遣軍でも前・中・後軍による軍隊引率が記されるが、倭国の軍隊には全体を統括する指揮者がいなかった。前・中・後は渡海の順序を示すものに過ぎず。近江の豪族も将軍に任じられているが、倭軍の基本構造は、独自の勢力を保持する地方豪族が集めた兵を主力とする国造軍を基盤に、将軍に起用された中央豪族がこれを引率するというもので、中央豪族もそれぞれに独自の兵力を有していたから、その関係は並立的で、指揮系統の統一がされなかった。それ故に「先を争」って進撃するしかなかったのであろう。
これに対して、唐軍は整然とした集団戦法で、そこには中央集権的律令体制がうまく機能していたことが大きかった。白村江戦は倭国が国家体制整備の未熟さを実感し、唐を手本とした律令国家建設に邁進する画期であったと位置づけることができる。田来津の死も一つの物語として残されたのであるが、朴市秦造氏は律令制下にも近江国愛智郡の郡領氏族として長く存続し、律令制地方支配を支えることになる。

註
（1）加藤謙吉『秦氏とその民』（白水社、一九九八年）など。
（2）拙著『「白村江」以後』（講談社、一九九八年）、『天智天皇』（吉川弘文館、二〇一六年）など。

9 尾治宿禰大隅——壬申の乱を勝利に導いた力

尾治宿禰《おわりのすくね》大隅《おおすみ》は壬申年の功臣、壬申《じんしん》の乱（六七二年）の際に大海人皇子《おおあまのおうじ》を助けて、天武《てんむ》天皇として即位するのに功績があった人物である。「尾治」は「尾張」の古い表記、大隅は尾張国造尾張連（宿禰）の一族で、尾張氏は尾張国八郡のうち、中心部を占める国府所在の中島《なかしま》郡、海部《あま》郡、春部《かすがべ》郡、そして熱田《あつた》神宮が所在する愛智《あゆち》郡の郡領を務める最有力の豪族であった。

『続日本紀』天平宝字《てんぴょうほうじ》元年（七五七）十二月壬子条

（上略）従五位上尾治宿禰大隅が壬申の年の功田《こうでん》卌町《しじゅう》、淡海《あふみ》朝庭の諒陰《りょうあん》の際、義をもちて興し蹕《ひつ》を驚《は》せしめ、潜《ひそか》に関東に出でたまふ。時に大隅参り迎へて導き奉り、私の第《てい》を掃き清めて、遂に行宮と作《な》し、軍資を供へ助けき。その功実《まこと》に重し。大に准《なず》ふれば及ばず、中に比ぶれば余り有り。令《りょう》に依《よ》るに上功なり。三世に伝ふべし。（下略）

六世紀中葉の欽明天皇以降に「万世一系」の皇統が確立するが、六・七世紀の皇位継承は兄弟継承の事例が多く、男性優位ながら、王族の世代、政治・経済力、群臣の支持などを勘案して、男女の別なく、倭王権を領導する能力のある人物が即位するのが原則で、こうした条件を具備す

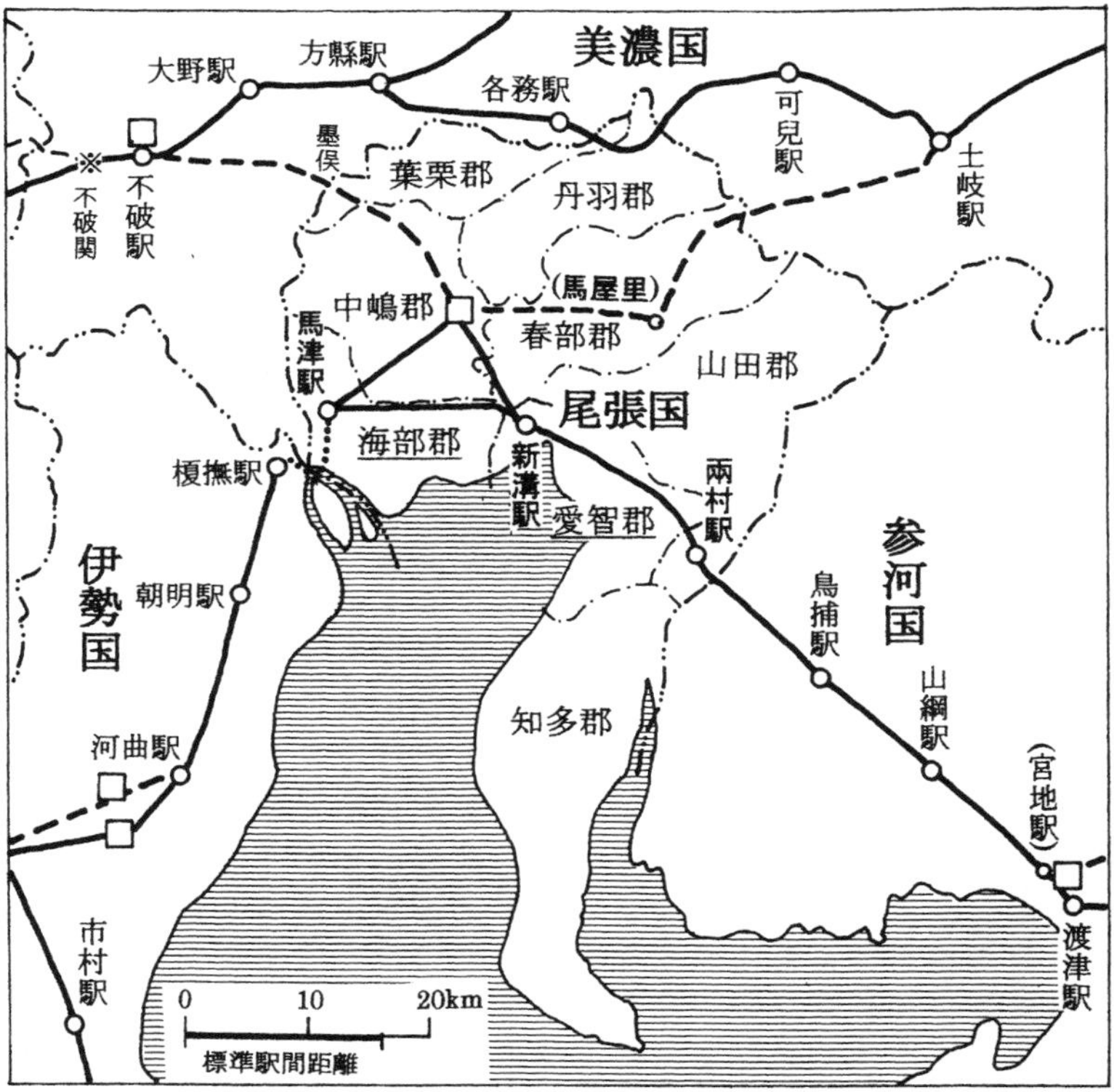

図9－1　尾張国の概略図（木下良『事典日本古代の道と駅』〔吉川弘文館、2009年〕93頁）

るには四十歳前後の年齢が相応《ふさわ》しかった。[1]両親ともに王族、あるいは母が蘇我氏など中央有力豪族の出自という高貴な血筋を維持することも重要である。

　この従来の皇位継承の流れからは、天智天皇の次は同母弟の大海人皇子（天武）が最有力候補となる。しかし、白村江戦の敗北により唐を手本とする中央集権国家建設を目指す天智天皇は、中国的

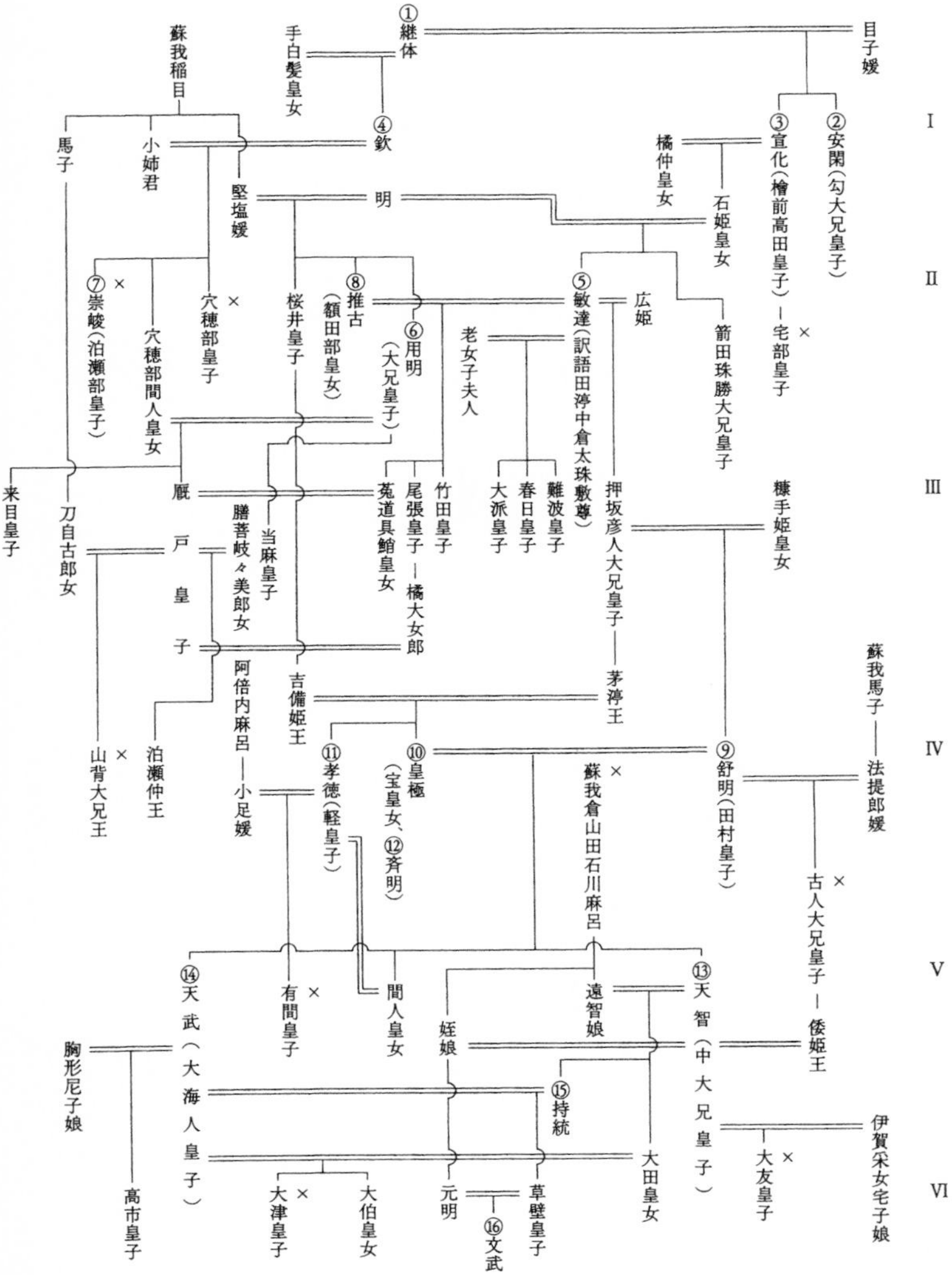

図9－2　6・7世紀の天皇家の略系図（森公章「推古朝と聖徳太子」〔佐藤信監修・新古代史の会編『テーマで学ぶ 日本古代史』政治・外交編、吉川弘文館、2020年〕46頁）

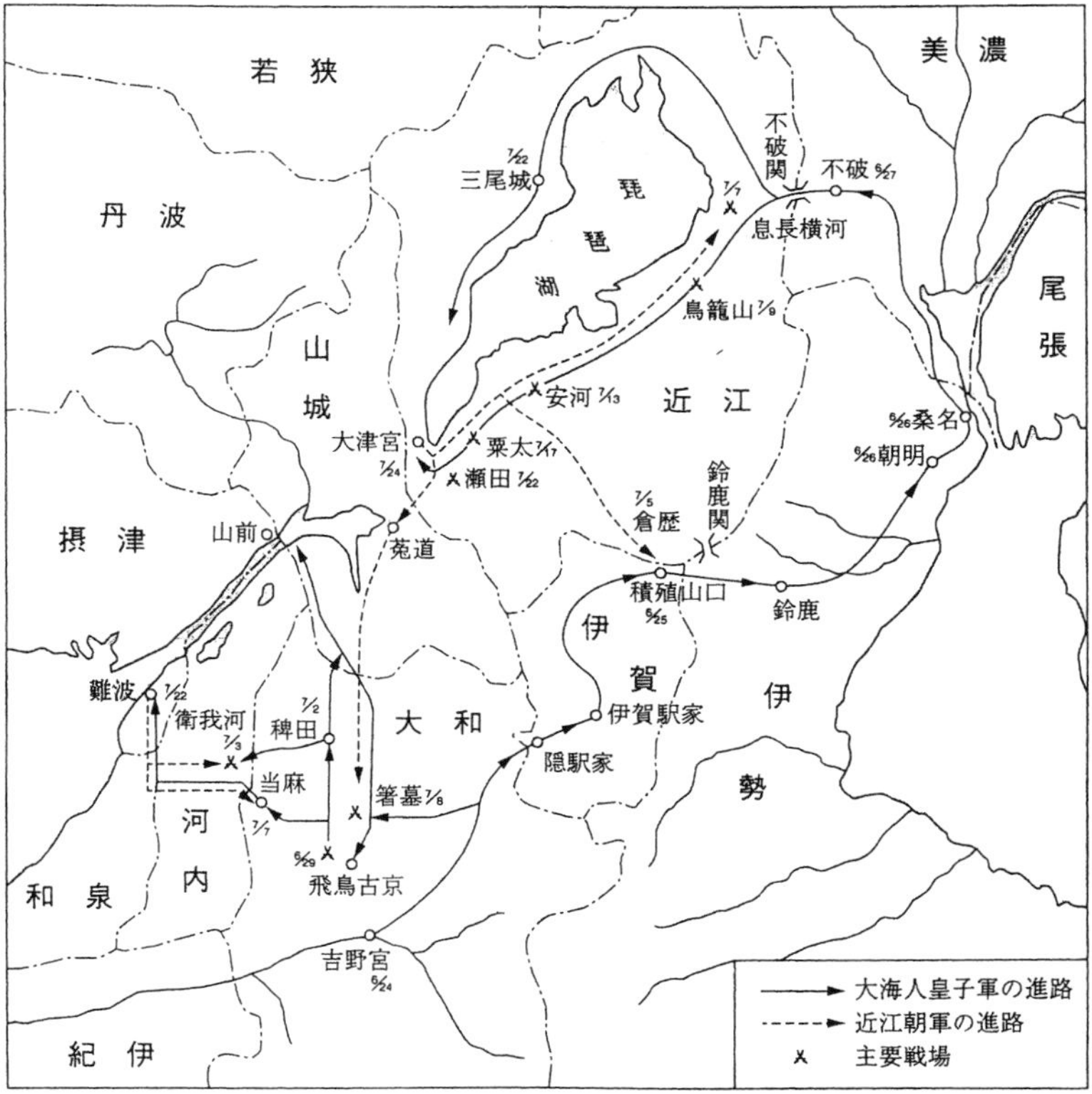

図9－3　壬申の乱関係地図（森公章『天智天皇』〔吉川弘文館、2016年〕253頁）

な父子相承を導入しようとしたらしく、伊賀采女《いがのうねめ》という地方豪族の所生子ながら、能力も高い大友皇子《おおとものおうじ》に期待したようである。[2]

天智十年（六七一）十月、病床にあった天智は大海人に皇位継承を持ちかけるが、奸計の存在を察知した大海人は、出家して天智の病気平癒を祈念したいと申し出て、吉野に隠遁する。十二月三

【大海人方】

大海人皇子─吉野宮舎人: 朴井連雄君・村国連男依・和珥部臣君手・身毛君広・大分君恵尺・黃書造大伴・逢臣志摩・県犬養連大伴・佐伯連大目・大伴連友国・稚桜部臣五百瀬・書首根摩呂・書直智徳・山背直小林・山背部小田・安斗連智徳・調首淡海

鸕野皇女─女孺10余人

高市皇子─従者: 民直大火・赤染造徳足・大蔵直広隅・坂上直国麻呂・古市黒麻呂・竹田大徳・胆香瓦臣安倍

草壁皇子，忍壁皇子

大津皇子─従者: 難波吉士三綱・駒田勝忍人・山辺君安摩呂・小墾田猪手・埿部眡枳・大分君稚見・根連金身・漆部友背

美濃王

屯田司舎人: 土師連馬手

猟者の首: 大伴朴本連大国─20余人

?: 路直益人・安斗連阿加布

大伴氏: ┬（長徳）──┬大伴連御行
　　　　│　　　　　　└大伴連安麻呂
　　　　├大伴連馬来田
　　　　└大伴連吹負

大伴氏の配下: 坂本臣財・長尾直真墨・倉墻直麻呂・民直小鮪・谷直根麻呂・紀臣大音・三輪君高市麻呂・鴨君蝦夷・荒田尾直赤麻呂・忌部首子人・忌部首色夫知・秦造熊・佐味君宿那麻呂・高市県主許梅，勇士来目，大井寺の奴徳麻呂ら5人

倭京留守司: 坂上直熊毛

伊勢国司守三宅連石床─介三輪君子首

湯沐邑関係者: 令多臣品治・田中臣足麻呂─高田首新家

尾張国司守小子連鉏鉤

河内国司守来目臣塩籠

吉備国司守当摩公広島

筑紫大宰栗隈王─┬三野王
　　　　　　　　└武家王

伊賀国郡司等

鈴鹿関司

その他: 紀臣阿閇麻呂・置始連菟・出雲臣狛・羽田公矢国─大人・坂田公雷・紀臣堅麻呂・秦造綱手・星川臣麻呂・舎人連糠虫・土師連真敷・膳臣摩漏・当麻真人広麻呂・百済淳武微子・置始多久・蚊屋忌寸木間・当麻公国見・阿倍普勢臣御主人・文直成覚・尾張宿禰大隅・尾張連馬身／大宝2年美濃国戸籍に見える帯位者; 県主族都野・県主族津真利・不破勝族吉麻呂・国造族甥・国造族雲方・国造族馬手・五百木部君木枝・五百木部東人

【近江朝廷方】
大友皇子―左大臣蘇我臣赤兄，右大臣中臣連金
　　　　大納言蘇我臣果安・巨勢臣人・紀臣大人
山部王
倭京留守司: 高坂王
興兵使　東国―韋那公磐鍬・書直薬・忍坂直大摩侶
　　　　倭京―穂積臣百足・穂積臣五百枝・物部首日向
　　　　筑紫―佐伯連男
　　　　吉備―樟使主磐手
倭京攻撃軍―大野君果安・壱岐史韓国・廬井造鯨・犬養連五十君・谷直塩手
倉歴攻撃軍―田辺小隅
近江防衛軍―境部連薬〈横河〉・秦友足〈鳥籠山〉・羽田公八国―大人〈犬上川→降伏〉・
　　　　社戸臣大口・土師連千島〈安河畔〉・智尊〈瀬田橋〉
舎人物部連麻呂〈大友皇子の自害を見届ける〉

表9－1　壬申の乱関係者一覧（森公章編『日本の時代史3 倭国から日本へ』〔吉川弘文館、2002年〕96-97頁）

日、近江大津宮で天智が崩御すると、大友皇子が近江朝廷を継承し、翌年五月には吉野の大海人に圧力をかけたので、大海人は吉野を脱出、畿内から東方への出入拠点となる後代の鈴鹿関《すずかのせき》を越えて、関東、東国に出て、兵力を結集して一カ月ほどの戦闘で近江朝廷を撃破、大友皇子は自尽するという結末になった。これが壬申の乱である。大海人は飛鳥《あすか》に還都し、飛鳥浄御原宮《あすかのきよみはらのみや》で即位、「大王《おおきみ》は神にしませば」（『万葉集』巻十九―四二六〇・六一番歌）とまで謳われた君主権の高揚の下、律令国家の確立に邁進する。

『日本書紀』は神武天皇以降の歴代は一天皇一巻、欠史八代や在位が短く事績が少ない天皇は複数人で一巻の場合もあるが、天武天皇は二巻、天武紀上は壬申の乱の記述にあてられており、壬申紀と呼ばれることもある。詳細な戦闘の展開が叙述されているが、尾治大隅のことは壬申紀には見えない。大隅の事績がわかるのは、『日本書紀』持統

十年（六九六）五月己酉条「直広肆《じきこうし》（従五位下相当）を以て、尾張宿禰大隅に授けたまふ。幷《あわ》せて水田四十町賜ふ」であり、確かに水田四〇町を賜与されている。『続日本紀』霊亀《れいき》二年（七一六）四月癸丑条の壬申年の功臣顕彰記事に、「贈従五位上尾張宿禰大隅」と見え、子息の正八位下稲《いな》置《ぎ》に田地が賜与されているのは、水田四〇町を継承する措置であろう。(3)

同様に壬申紀には登場しないが、尾張連馬身《むらじうまみ》という者も活躍したことが知られる（『続日本紀』天平宝字二年（七五八）四月庚申条）。こうした尾張氏の活動を窺わせる出来事として、『日本書紀』天武元年（六七二）六月丁亥条に、いちはやく不破関《ふわのせき》の地点を押さえた大海人方に、二万の衆を率いた尾張国司守小子部連鉏鉤《ちいさこべのむらじさひち》が「帰」したとあることが注目される。鉏鉤は近江朝廷瓦解後、八月二十五日に近江方の重臣たちが処断された際、山に匿れて自害したといい、「其れ隠謀有りしか」と評言されている（天武元年五月是月条）。元来、五月の時点で近江方は天智天皇山陵造営と称して、美濃・尾張国司に人夫差発・武器把持による軍兵化を令しており（天武元年五月是月条）、鉏鉤の本意は近江朝廷に軍兵を提供することであったと思われる。

それを阻止し、大海人方への帰服を余儀なくしたのが、白村江戦後の中央集権化がなお途上にあるなか、実際の人兵差点を支える地方豪族尾張氏の意向であった。尾張氏は大海人を強く支持し、壬申の乱の帰趨を左右する強大な兵力を付与するのに貢献したのである。大隅の功績を上功と定めた引用記事は、当該期に専制権力を握った藤原仲麻呂《なかまろ》の施策で、最上位の大功は曽祖父で藤原氏の祖である鎌足《かまたり》の乙巳の変（六四五年）での行動だけである。他の壬申年の功臣は中功であるが、大隅だけが上功なのは、その活躍がいかに重要なものであったを教えてくれる。壬申紀には記されていないものの、壬申の乱の裏面を示すものとして、大いに注目したい。ちなみに、『尾治宿禰田島家系譜』（宮内庁書陵部蔵）には、大隅は年魚市《あゆち》評督《こおりのかみ》の多々見《たたみ》の子で、熱田大宮司になったとある。

なお、大隅が大海人皇子を迎えた「私第」は、壬申の乱の展開過程から見て、尾張地域ではなく、大海人方の拠点となった美濃付近と目される。後代の事例であるが、国司の苛政を訴える尾《お》張国郡司百姓等《わりのくにぐんじひやくせいら》解《げ》文《ぶみ》（九八八年）で指弾された尾張守藤原元命《もとなが》は、琵琶湖東岸の要港が存する朝妻《あさづま》（近江国坂田郡朝妻郷）に京宅への物資搬送の拠点を有している（『平安遺文』三三九号）[4]。尾張氏も普段から畿内方面との連絡拠点を保持しており、美濃や近江を介して、連絡ルートを形成していたと推定され、地方と中央の意外に緊密なつながりにも留意しておきたい。

註

（1）仁藤敦史「古代女帝の成立」（『古代王権と支配構造』吉川弘文館、二〇一二年）。

（2）拙著『天智天皇』（吉川弘文館、二〇一六年）。

（3）佐藤信「「壬申功封」と大宝令功封制の成立」（『日本古代の宮都と木簡』吉川弘文館、一九九七年）。

（4）拙稿「尾張国解文試釈」（『東洋大学大学院紀要』五七、二〇二一年）、「尾張国解文と郡司・国衙官人」（『白山史学』五七、二〇二一年）。

10　他田神護——中央出仕と郡司就任

他田神護《おさだのじんご》は下総国海上郡《しもうさのくにうなかみ》（千葉県香取《かとり》郡・市域）の出身、フルネームで記すと、海上国造《うなかみのくにのみやつこ》他《おさ》田日奉部直《だのひまつりべのあたい》神護となる。神護が名（ナ）で、それ以前の部分が姓（セイ）である。セイはウヂナ（氏名）とカバネ（姓）からなり、「海上国造」は律令体制確立以前の地方制度である国造制の下で国造であったことに由来する国造姓であり、「他田日奉部」は敏達《びだつ》天皇（在位五七二〜五八五年）の他田宮に日奉部という太陽崇拝の行事あるいは大王家の祖先崇拝に従事する部民として奉仕したことに由来するもの、「直」は国造に多いカバネ（王権から与えられたウヂの地位や政治的序列を示す呼称。漢字では「姓」と書くが、姓〔セイ〕と混乱するので、片仮名で表記する）の名称を示している。

正倉院文書正集四十四（『大日本古文書』三―一五〇頁）

謹んで解《げ》し申し請ふ、海上郡の大領《たいりょう》司に仕へ奉らむ事。中宮舎人《ちゅうぐうとねり》左京七条の人従八位下海上国造他田日奉部直神護が下総国海上郡の大領司に仕へ奉らむと申す故は、神護が祖父小乙下《しょうおつげ》（従八位下相当）忍《おし》、難波《なにわ》の朝庭少領《しょうりょう》司に仕へ奉りき。父追広肆《ついこうし》（従八位下相当）宮麻呂《みやまろ》、飛鳥の朝庭少領司に仕へ奉りき。又外正八位上給て、藤原の朝庭に大領司に仕へ奉りき。兄

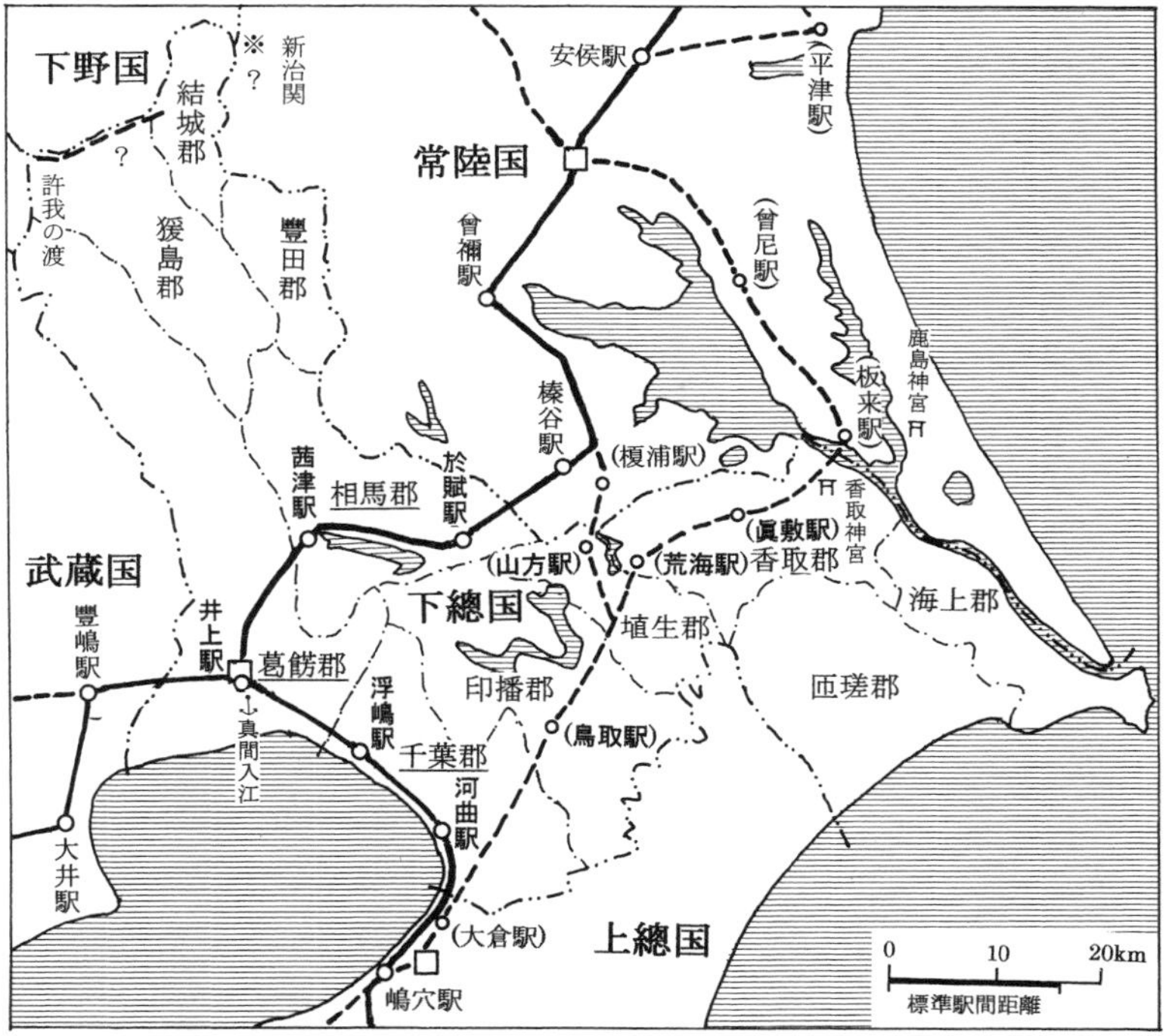

図10－1　下総国の概略図（木下良『事典日本古代の道と駅』〔吉川弘文館、2009年〕121頁）

外従六位下勲十二等国足《くにたり》、奈良の朝庭大領司に仕へ奉りき。神護が仕へ奉る状は、故兵部卿従三位藤原卿位分資人《いぶんしじん》、養老二年より始めて神亀《じんき》五年に至る、十一年、中宮舎人、天平元年より始めて今に至る廿年、合せて卅《さんじゅう》一歳なり。是を以て、祖父・父・兄らが仕へ奉りける次に在す故に、海上郡の大領司に仕へ奉らむと申す。

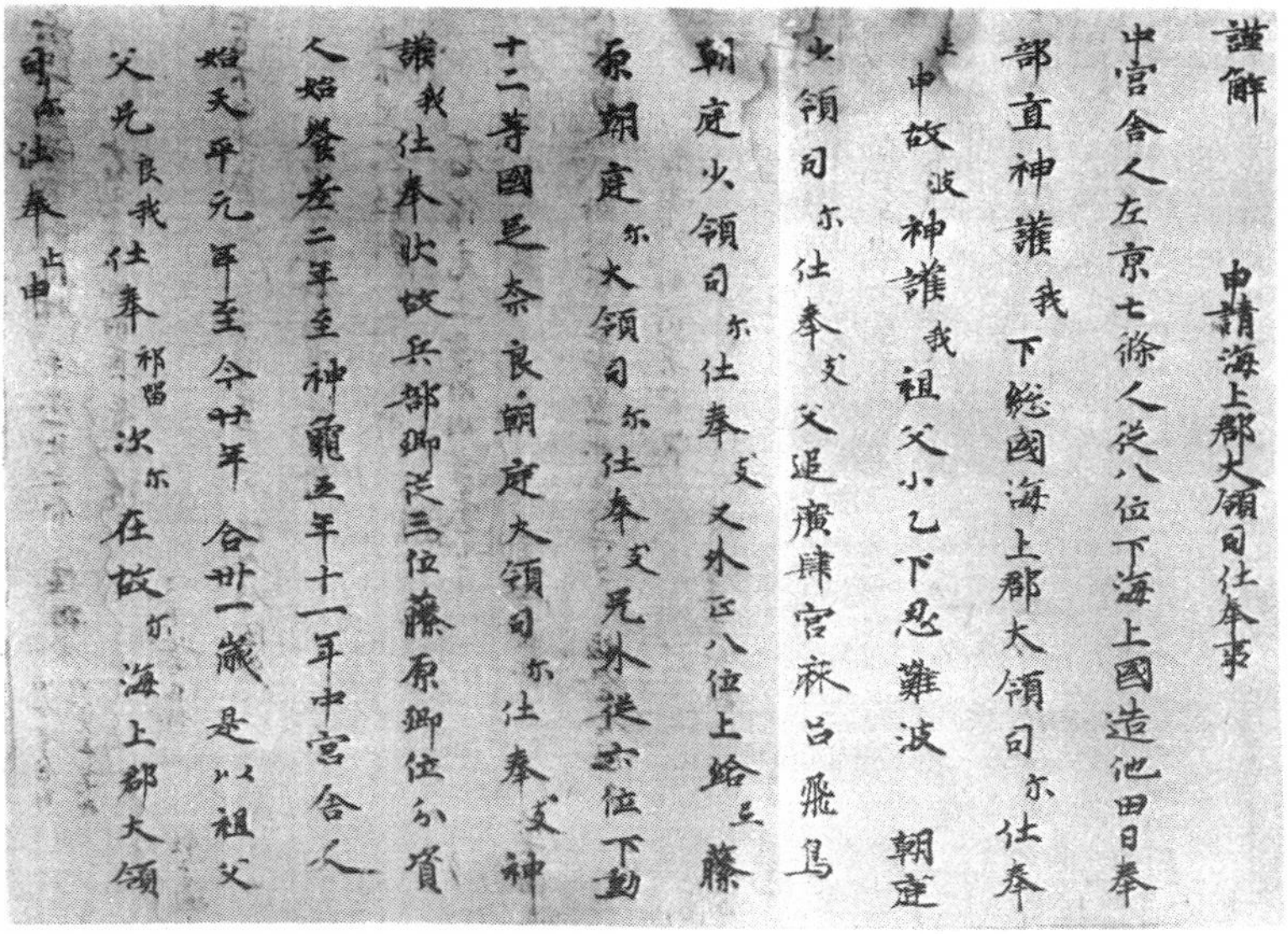
謹解　申請海上郡大領司仕奉事
中宮舎人左京七條人従八位下海上國造他田日奉
部直神護我下総國海上郡大領司尓仕奉
止申故波神護我祖父小乙下忍難波　朝廷
少領司尓仕奉支父追廣肆宮麻呂飛鳥
朝庭少領司尓仕奉支又外正八位上給弖藤
原朝庭尓大領司尓仕奉支兄外従六位下勲
十二等國足奈良朝庭大領司尓仕奉支神
護我仕奉状故兵部卿従三位藤原卿位分資
人始養老二年至神亀五年十一年中宮舎人
始天平元年至今廿年　合卅一歳　是以祖父
父兄良我仕奉祁留次尓在故尓海上郡大領
司尓仕奉止申

図10－2　海上国造他田日奉部直神護解（正倉院蔵）

神護が郡司四等官（大領・少領・主政・主帳）のうちの長官である大領に就任することを申請した文書で、「解」は下から上に対する上申の際の書式、郡司補任請願文書が残る数少ない事例である。郡司の任用はまず国擬《こくぎ》、国司による候補者の選定から始まり、次に候補者は都に参集《さんしゅう》、文官の人事を担当する式部省において銓擬《せんぎ》が行われた。これは試郡司《しぐんじ》とも称され、「口状《こうじょう》」という口頭での名乗りや何らかの試験も実施されたらしく、郡司たるに相応しいかどうかを確認する試練の場となる。その結果を天皇に奏上する読奏《どくそう》の儀を経た上で、任郡司《にんぐんじ》（郡司召《めし》）で正規の任命に至るという手続きであった(1)。

神護解《げ》によると、彼の家系は郡の前身となる評の時代、七世紀後半の孝徳朝の立評時に祖父の忍が次官である少領（当時の名称としては助督）を務め、父宮麻呂は七世紀末～八世紀初、天武・持統朝から文武朝にかけて、少領、さらに大領に昇任し、次いで兄国足が平城京の時代に大領に任じられていた。このように代々郡司の長官・次官である大・少領（郡領）を輩出する家柄を譜第《ふだい》郡領氏族といい、郡司任用の基準は「譜第優劣・身才能不・舅甥《きゆうせい》之列・長幼之序」（『続日本紀』天平勝宝元年〔七四九〕二月壬戌条）にあり、譜第氏族の中の年長者、地域の伝統的支配力を背景に郡を安定的に統括し得る在地首長を国家支配の最末端に制度的に組み込むことが重要であった。

大宝令施行当初は国擬者は一名で、式部省銓擬では概ねその人物を任用するしかなく、律令体制成立以前からの在地首長に依存する形での地方支配が続いていく。しかし、律令制が浸透する中で、天平七年（七三五）には副申《ふくしん》制、国擬者一名に加えて、それに匹敵するような複数の候補者を副えて言上《ごんじよう》させることにし、天平二十一年（七四九）には式部省銓擬の実質化を図り、「或いは譜第軽きと雖《いえど》も、労を以てこれを薦め、或いは家門重きと雖も、拙きを以てこれを却《しりぞ》く」とあるように、国擬者が退けられる場合も出て来るようになる。式部省では「立郡以来譜第重大の家」という譜第の定義のさらなる限定や「嫡々相承」、「有位者」（『続日本紀』天平宝字元年〔七五七〕正月甲寅条）などの条件を加えていく。ここには郡司の質の向上とともに、律令官人として天皇に忠実な人物の登用が企図されていた。

神護の経歴は養老二年（七一八）から神亀五年（七二八）までの十一年間は藤原不比《ふひ》等《と》の四人の子息（藤原四子《しし》）のうちの藤原麻呂の位分資人（五位以上の有位者に与えられるトネリ）、天平元年（七二九）から現在までの二十年間は不比等の女《むすめ》で聖武《しょうむ》天皇の母である中宮藤原宮子《みやこ》の中宮舎人として勤務しているとあり、この文書が作成されたのは天平二十年（七四八）ということになる。彼は兄が郡司になったこともあり、若年で故郷を離れ、もう三十一年間も都暮らしを続けていたのである。副中者にも譜第氏族であることが求められていたから、上述の郡司任用制度の改訂では、こうした長らく在京して中下級官人として天皇や貴族に奉仕することを体得しているトネリクラスの登用、帰郷して郡司として活躍することが想定されていたのであろう。

神護に関する史料はこの文書しかなかったが、一九八八年に長屋《ながや》王家木簡と並行して検出され

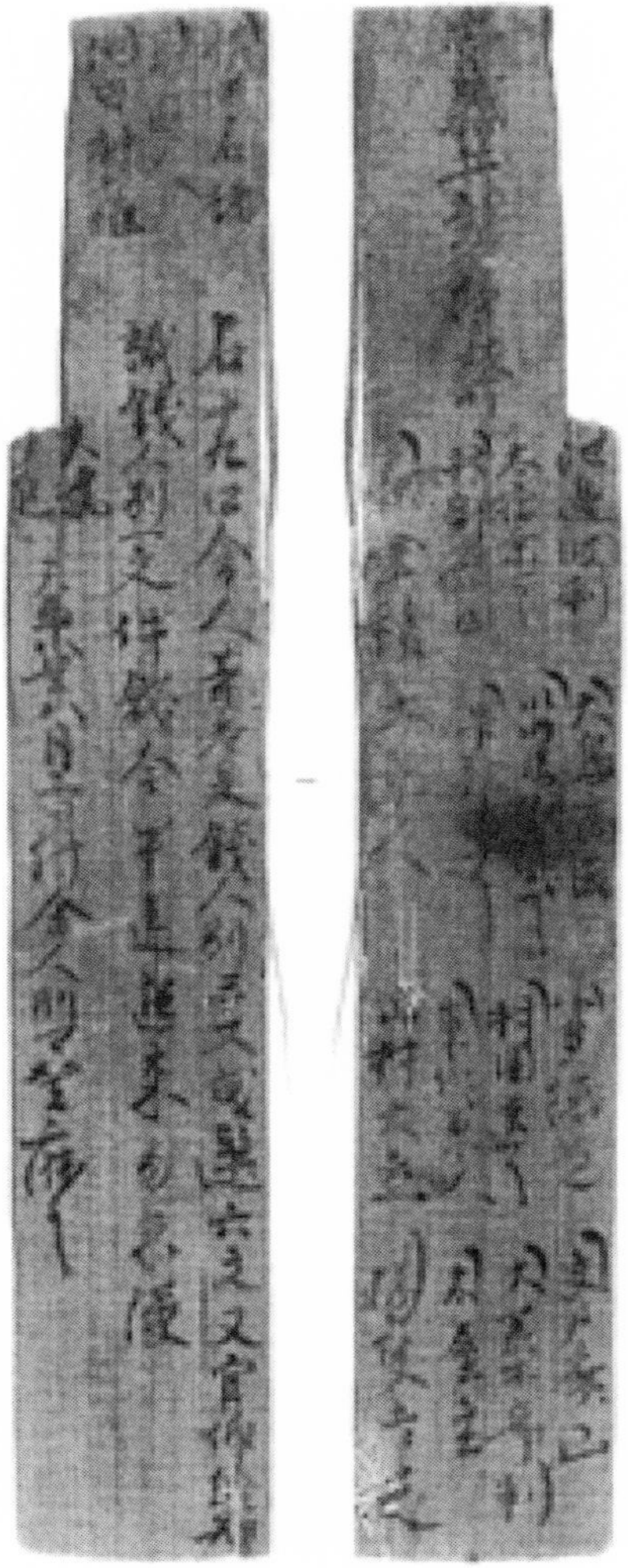

図10−3　神護の名前が見える木簡（奈良文化財研究所蔵）

た約七万五千点の二条大路《にじょうおおじ》木簡の中に見出すことができる。それは天平八年（七三六）八月二日の日付を持ち、「中宮職移兵部省《ひょうぶしょう》卿宅政所」とある文書で、十九人の中宮舎人の勤務評定に関係した文書作成と智識《ちしき》（仏教関係の作善か）のための銭進上《しんじょう》を要請した内容のものである。神護解の経歴の通り、この時期に神護が中宮舎人であったことが確認できる。それとともに彼らは中宮職《ちゅうぐうしき》におらず、兵部卿宅《ひょうぶきょうたく》、つまり藤原麻呂の下で勤務していたことが知られる。中宮藤原宮子は大宝元年（七〇一）に聖武天皇を産んでからずっと体調不良であったといい、天平九年に皇后藤原光明子《こうみょうし》の皇后宮で玄昉《げんぼう》（霊亀度遣唐使の留学僧で、天平七年帰朝）の治療によりようやく天皇と相見することができた（『続日本紀』天平九年十二月丙寅条）。したがって神護らは中宮職にいても用務がなく、神護の場合は旧主との縁もあって、麻呂の邸宅で勤務する日々であったと考えられる。

こうした出向のあり方がわかるのも興味深いが、兄の死去などもあって、神護は長年の都での生活に区切りをつけて、故郷に戻って郡司を継承する決断をしたのであろう。この文書が万葉仮名《まんようがな》で助詞を表示しているのは、式部省銓擬の際に「口状」という形で譜第や自分の経歴を口頭で述べる下準備に用いられたためと考えられる。正倉院文書の他の文書との比較で、筆跡は造東大寺司《ぞうとうだいじし》の官人として活躍した安都雄足《あとのおたり》のものと推定されており、こうした中下級官人同士の交流の賜物でもあった。

では、神護は無事郡司に就任することができたのであろうか。この点に関しては、天平二十一年の改訂によって神護は大領になることができなかったとする意見もある。(2)しかし、神護は「立郡以来譜第重大の家」に属し、郡領継承の順位も「嫡々相継」に近く、その他、官人としての能力、有位者という条件にも合致しており、むしろ大領として帰郷する可能性は高まったと思われる。ただ、長らく地元を離れていた人物がうまく郡を統治することができたかどうかは未知数であり、円滑さを欠く事例も問題になっているので（『日本後紀』弘仁二年〔八一一〕二月己卯条）、神護の前途は安穏とは言えなかった。

註

（1）拙稿「律令国家における郡司任用方法とその変遷」、「郡司補任請願文書とトネリ等の郡領任用」、「試郡司・読奏・任郡司ノート」（『古代郡司制度の研究』吉川弘文館、二〇〇〇年）。

（2）青木和夫『日本の歴史』3奈良の都（中央公論社、一九六五年）一七〇〜一七一頁、米田雄介『郡司の研究』（法政大学出版局、一九七六年）一九五〜一九六頁など。

11　壬生直小家主——後宮を支えた女性官僚

壬生直小家主《みぶのあたいこやかぬし》は名前を小（子）家主女《め》とも表記し、常陸国筑波郡《つくばぐん》から朝廷に出仕し、采女《うねめ》として勤務した人物である。カバネ直は東国の伴造《ばんぞう》的国造に多く、小家主は壬生部《みぶべ》を管理する筑波国造の後裔、郡司の家系に属している。郡司の子女は国内の郡の三分の二から兵衛《ひょうえ》、三分の一からは采女として出仕することが求められており（軍防令兵衛条）、采女は郡領の姉妹か女で、「形容端正者」、年齢は十三〜三十歳の者を貢上《こうじょう》するとあるので（後宮職員令氏女采女条）、小家主もその要件を満たす存在として都に赴いたと考えられる。

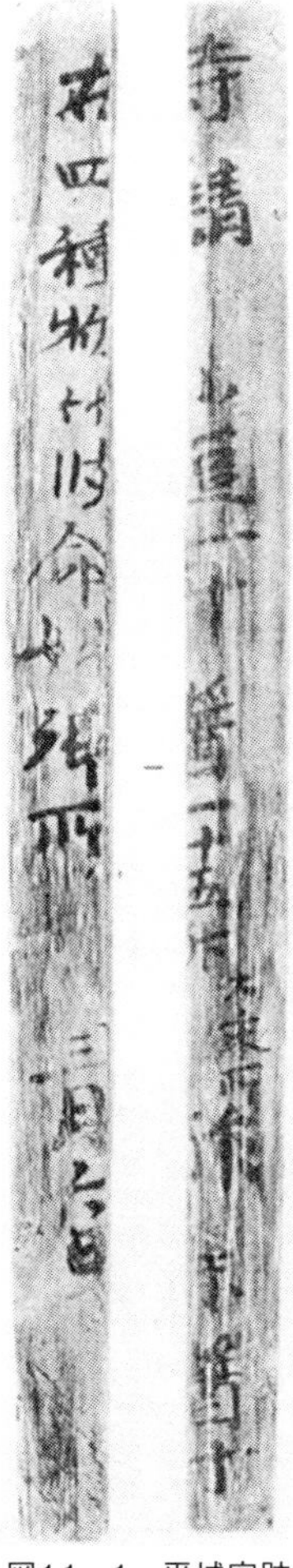

・寺請　小豆一斗　醤一十五升
大床所
酢　末醤等

図11－1　平城宮跡出土「寺請」木簡（『平城宮木簡』1-1号、SK219土坑出土、奈良文化財研究所蔵）

・右四種物竹波命婦御所　　三月六日　　259・(19)・4　011

現在順次重要文化財・国宝に指定されている平城宮跡出土木簡の記念すべき第一号木簡である。裏面の「竹波命婦《つくばのみょうぶ》」が小家主に比定される。「竹波」は筑波、命婦は本人が五位以上の者を内命《ない》婦、五位以上の人物の妻の場合は外命婦《げみょうぶ》といい、筑波郡出身の女性でこれに該当するのは小家主しかいない。『続日本紀』によると、小家主の経歴は次のようになっている。

天平宝字五年（七六一）正月戊子条：正七位下→外従五位下
天平神護元年（七六五）正月己亥条（改元）：外従五位上→従五位下・勲五等。時に壬生連とある
神護景雲《けいうん》元年（七六七）三月癸亥条（薬師寺行幸）：壬生連→壬生宿禰
神護景雲二年（七六八）六月戊寅条：常陸国国造に。時に掌膳とある
宝亀《ほうき》七年（七七六）四月丙子条：従五位上→正五位下

木簡冒頭の「寺」は法華寺《ほっけじ》を指し、「大床所《おおとこどころ》」は天皇の居所を示す語である。『続日本紀』によると、天平宝字四年（七六〇）に光明皇太后が崩じてから、淳仁《じゅんにん》天皇―藤原仲麻呂と孝謙《こうけん》太上天皇の関係が悪化し、聖武・光明子の女で天武―草壁《くさかべ》皇統の最後の継承者意識が強い孝謙は、平城宮の大改作中に滞在した近江国保良宮《ほらのみや》で病気になった際、看病禅師道鏡《どうきょう》と親密な関係になったら

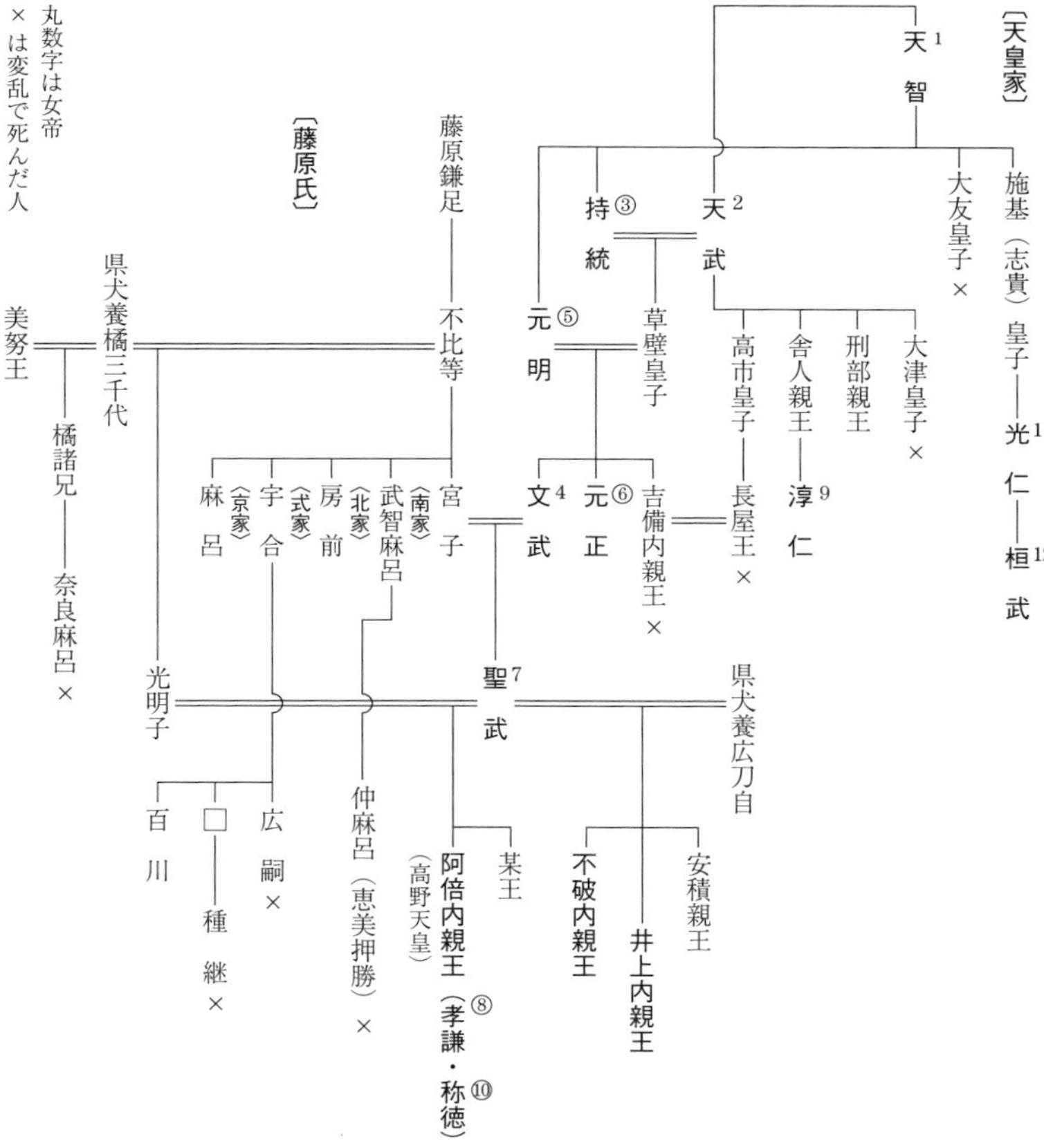

図 11－2　奈良時代の天皇家・藤原氏の系図
天皇名の右肩の数字はこの系図内での即位順序を示す。

しく、淳仁・仲麻呂側がそのことをとやかく非難したようである。そこで、平城宮に戻る際に、淳仁は中宮院《ちゅうぐういん》（平城宮跡東区の内裏）に入ったが、孝謙は法華寺に居住するという形で、対立が顕在化する（天平宝字六年〔七六二〕五月辛丑条）。孝謙はまた、詔を発して、以後は「常祀・小事」は淳仁天皇が行うが、「国家大事・賞罰」は自分が執行すると宣言（六月庚戌条）、天平宝字八年九月の藤原仲麻呂（恵美押勝《えみおしかつ》）の乱による仲麻呂の敗死、淳仁の廃位（淡路廃帝《あわじはいてい》）まで緊張関係が続くことになる。[1]

法華寺はもと藤原不比等《ふひと》の邸宅、光明皇后の皇后宮になり、総国分寺《そうこくぶんじ》である東大寺に並立する総国分尼寺《そうこくぶんにじ》として建立されたもので、朝廷を支えてきた藤原氏の歴史や光明皇后の権威を自己の側に取り込もうとする企図も看取される。木簡が出土した遺構からは天平宝字五・六年の年紀を持つ木簡が検出されているので、この木簡は奈良時代政治史の一齣を具体的に示すものとして重要である。小家主は天平宝字五年に五位になっていたから、この時点で「竹波命婦」と称されることに矛盾はない。

木簡の内容は小豆・醤《ひしお》などの食料支給を求めるもので、法華寺から平城宮内の内膳司《ないぜんし》・大膳職《だいぜんしき》など食料管理部署に送られ、食料を支給、木簡は宮内で廃棄されたということになる。小家主の経歴を見ると、少し後のことになるが、掌膳《しょうぜん》、つまり後宮十二司の中で食事を掌る膳司《かしわでのつかさ》の第三等官であったことが知られ、膳司には采女六〇人が配置されていたから、小家主は采女の頃からここに勤務し、その才覚を評価されて役職付きの女官に昇進することができたのであろう。[2]このような事例は多く知られ、伊勢国飯高郡《いせのくにいいたか》出身の飯高君《いいたかのきみ》（宿禰）笠目《かさめ》（諸高《もろたか》）は元正《げんしょう》朝以来四代の天皇に歴仕し、八十歳の長命、典侍《ないしのすけ》従三位にまで昇任している（『続日本紀』宝亀八年〔七七七〕五月戊寅条など）。

典侍は内侍司《ないしのつかさ》の次官で、長官の尚侍《ないしのかみ》は天皇への近侍、諸事取り次ぎと詔勅の伝達などを職掌とし、男官が勝手に内裏に入ることが許されない奈良時代にあっては、天皇と朝廷・政府との連絡の結節点になる枢要の職であった。藤原不比等の妻で、光明皇后の母県犬養橘三千代《あがたのいぬかいのたちばなのみちよ》、藤原仲麻呂の妻藤原袁比良《おひら》など、大臣の妻が尚侍に就任し、政権の安定を支える重要な役割を果たしている。それを支える典侍もやはり重要な働きが求められたことであろう。後宮十二司のその

准位	①内侍司	②蔵司	③書司	④薬司	⑤兵司	⑥闈司	⑦殿司	⑧掃司	⑨水司	⑩膳司	⑪酒司	⑫縫司
正三		尚蔵										
従三												
正四										尚膳		尚縫
従四		典蔵										
正五												
従五	尚侍									典膳		典縫
正六											尚酒	
従六	典侍		尚書	尚薬			尚殿					
正七					尚兵	尚闈						
従七	掌侍	掌蔵						尚掃	尚水			
正八										掌膳		掌縫
従八			典書	典薬	典兵	典闈	典殿	典掃	典水		典酒	
13人	尚侍2人	尚蔵1人	尚書1人	尚薬1人	尚兵1人	尚闈1人	尚殿1人	尚掃1人	尚水1人	尚膳1人	尚酒1人	尚縫1人
28人	典侍4人	典蔵2人	典書2人	典薬2人	典兵2人	典闈4人	典殿2人	典掃2人	典水2人	典膳2人	典酒2人	典縫2人
16人	掌侍4人	掌蔵4人								掌膳4人		掌縫4人
女孺152人・采女66人	女孺100人	女孺10人	女孺6人	女孺4人	女孺6人	女孺10人	女孺6人	女孺10人	采女6人	采女60人		

図11－3　後宮十二司と給禄准位表（森公章『奈良貴族の時代史』〔講談社、2009年〕120頁）

他の役職も天皇の日常を支える上で留意すべき存在である。小家主は藤原仲麻呂の乱平定の功績が認められて勲位を与えられており、孝謙・称徳《しょうとく》女帝の信頼が厚かったことが窺われる。

小家主はまた、常陸国国造になっているが、これは律令制下に一国に一国造を定め、国郡司だけでは不充分な地方統治を担う役割であった。(3) 同日には尚掃《かにもりのかみ》美濃真《ま》玉虫《たまむし》・掌膳上野佐位《かみつけのさい》朝臣老刀自《おゆとじ》も本国国造に任じられており、それぞれ美濃国・上野国の国造に就任している。男性の場合も含めて、こうした中央官人が国造を兼帯すると、本国から遊離した状態では意味がないとも思われるが、上述の飯高笠目は一族の改姓などを支援しており、現地の一族にとって名誉とともに、実益もあったと考えられる。

小家主は孝謙太上天皇が重祚《ちょうそ》して称徳天皇となり、称徳・道鏡政権下、さらにはその崩御と道鏡の失脚を経て、天智系の光仁天皇の治世にも活躍しており、政治の変転には深く関与せず、波乱に富んだ奈良時代を渡りきることができたようである。なお、奈良時代以前の采女は、天智天皇との間に大友皇子を生んだ伊賀采女宅子《やかこ》のように、天皇の寵愛を得る例も多く、臣下が采女に手を出すことは厳禁であった（『日本書紀』舒明《じょめい》八年〔六三六〕三月条、『万葉集』巻一―九五番歌など）。奈良時代には天皇の配偶者になる例はないが、貴族の妻になった人物が知られる。例えば、藤原麻呂の子で参議になった浜成《はまなり》（神亀元年〔七二四〕生）の母は因幡国八上郡《いなばのくにやかみぐん》の采女、稲葉国造気豆《きづ》の女である（『公卿補任《くぎょうぶにん》』宝亀三年条尻付）。因幡国からは小家主と同じ頃に活躍する高草郡《たかくさぐん》采女国造浄成女《きよなりめ》もいた。(4)

小家主にもこうした「浮いた話」があったかどうか、またその最期は不明とせねばならないが、おそらくは都で静かな生涯を終えたのではないかと思われる。地方豪族出身女性の一例として貴重な考察材料である。

註

（1）拙著『奈良貴族の時代史』（講談社、二〇〇九年）一二二～一二四頁。

（2）野村忠夫『後宮と女官』（教育社、一九七八年）、伊集院葉子『古代の女性官僚』（吉川弘文館、二〇一四年）など。

（3）拙稿「律令制下の国造に関する初歩的考察」（『古代郡司制度の研究』吉川弘文館、二〇〇〇年）。

（4）石田敏紀『古代因幡の豪族と采女』（鳥取県、二〇一一年）。

12　高麗朝臣福信――天皇への近侍と地域への貢献

高麗《こま》朝臣《のあそん》福信《ふくしん》（七〇九～七八九）はその氏姓の通り、もと高句麗人の家系で、天智七年（六六八）に唐・新羅連合軍によって高句麗が滅亡した時、祖父福徳《ふくとく》が亡命高句麗人として倭国に到来している。(1)亡命高句麗人、また亡命百済人も広大な開発可能な地が残る東国に居住地を与えられており、高句麗人に関しては霊亀二年（七一六）に駿河《するが》・甲斐・相模《さがみ》・上総・下総・常陸・下野《しもつけ》七国の人びと一七九九人を武蔵国に遷居させ、高麗《こま》郡を建郡したといい（『続日本紀』霊亀二年五月辛卯条）、『和名抄《わみょうしょう》』では高麗郡は高麗・上総の二郷からなり、上総国にいた高句麗人が多かったことが窺われる。(2)

『続日本紀《しょくにほんぎ》』延暦八年（七八九）十月乙酉条

（上略）小年《としわか》くして伯父肖奈行文《しょうなのこうぶん》に随ひて都に入りき。時に同輩と晩頭に石上衢《いそのかみのちまた》に往きて、相撲《すまい》を遊戯す。巧みにその力を用ゐて能くその敵に勝つ。遂に内裏に聞えて、召して内《ない》竪所《じゅどころ》に侍らしめ、是より名を着《あらわ》す。初め右衛士大志《うえじのだいし》に任し、稍《ようや》くして遷りて、天平中に外従五位下を授けられ、春宮亮《とうぐうのすけ》に任せらる。聖武皇帝甚だ恩幸を加へたまふ。勝宝の初、従四位紫微少弼《しびしょうひつ》に至る。本の姓を改めて高麗朝臣と賜ひ、信部《しんぶ》大輔《たいふ》に遷さる。神護元年、従三位を

少領：宍人直／大伴直、檜前舎人連
（参考）長幡部神社あり
下野国
上野国
賀美郡
児玉郡
／大伴〔税長〕、大田部
榛沢郡
幡羅郡
那珂郡
／宇遅部、大伴部、城部、当麻部、檜前舎人
（参考）｛古｝郡領：大私部直
大里郡
男衾郡
大領：壬生吉志／飛鳥部
／笠原直、私部（『私市氏系図』）藤原部、壬生、物部、宅［　］
埼玉郡
下総国
比企郡
横見郡
領：丈（杖）部直／五百井部、日下部
秩父郡
／大伴部〔防人の助丁〕、三宅連
信濃国
／大伴部直、小長谷部〔出雲伊波比神の祝〕、物部直（→入間宿禰）、矢田部
（参考）物部天神社あり
高麗郡
／肖奈（→高麗朝臣）〔高句麗人〕
足立郡
大領・采女・武蔵国国造：丈部直（→武蔵宿禰）
入間郡
新座郡
／沙良〔新羅人〕
豊島郡
豊島駅
大領：大伴直／刑部、椋橋部
大領：大伴（大伴部直ヵ）、少領：大真（丈直〔丈部直〕または大直〔大伴部直〕）／刑部直・刑部、吉志、日下部、鳥取部直、白髪部、壬生
乗潴駅
多麻郡
（参考）｛古｝擬少領・主帳：卜部、主政：壬生吉志
□国府
甲斐国
荏原郡
大井駅
〔豊島郡〕
（参考）｛瓦｝宇遅（治）部、占部、大伴、刑部、椋（倉）椅、椋部、鳥取部、土師・土師部、壬生部、三寸部、矢集、若田部、若奉部
【不詳】安部、伊福部、（小野）、（清原）、椋橋部、車持、小子宿禰、伴（大伴）〔相撲人〕、額田部槻本首、物部連〔武蔵国造〕、物部宿禰〔大目〕／｛瓦｝宇遅部、占部、大伴、刑部、城部、椋橋、宍人部、他部、鳥取・鳥取部、漆部、土師部、長谷部、丸子部、壬生部、若工部
小高駅
／椋橋部、物部〔防人の主帳〕
店屋駅
都筑郡
／服部
橘樹郡
領：刑部直／飛鳥部吉志、刑部直、椋橋部、巨勢朝臣、物部
相模国
久良郡
駿河国
上総国
（備考）まず郡司氏族を掲げ、次いで「／」以下にその他の郡内の豪族名を列挙した。
（　）内の→は改姓などの情報、〔　〕内は郡司以外の地位に関する情報を記した。
（参考）｛古｝は宝賀寿男『古代氏族系譜集成』（古代氏族研究会、1986年）

図12－1　武蔵国の地図と豪族分布

授けられ、造宮卿を拝し、兼ねて武蔵・近江守を歴たり。（下略）

この日に八十一歳で死去した福信の伝記（薨伝）である。上略部分に祖父福徳のことが記されており、福信は武蔵国高麗郡の出身、本姓は肖奈公《しょうなのきみ》であった。肖奈は高句麗王権を支える五族（消奴《しょうな》部・絶奴《ぜつな》部・順奴《じゅんな》部・灌奴《かんな》部・桂婁《けいる》部）の一つで（『三国志』魏書東夷伝高句麗条）、肖奈＝消奴部は古くは王を出す系統であり、その後も宗廟を維持するなど、高句麗の中で高い位置づけを得ていたという。

福信は「小年」、大宝令の年齢区分では四～十六歳（戸令三歳以上条）の時に伯父肖奈行文に随行して上京、平城京の住人になったとある。高麗郡における肖奈氏の立場は不明で、福信の父は名前も伝えられていないので、父が早くに逝去したため、父の兄弟である行文を頼りとして立身を企図したのではないかと思われる。行文は養老五年（七二一）に技芸・学業に優れた師範に相応しい人びとを賞賜した際に明経《めいきょう》第二博士の一人として見え（『続日本紀』養老五年三月甲戌条）、時に正七位上、神亀四年（七二六）には正六位上から従五位下になっている。『懐風藻《かいふうそう》』には二首の漢詩があり、従五位下大学助《だいがくのすけ》が極位《ごくい》極官《ごっかん》で、六十二歳で死去したらしく、『万葉集』巻十五―三八三六番歌には「謗佞人歌《ぼうねいじんか》一首」が知られる。『家伝』下（武智麻呂《むちまろ》伝）にも天平頃の「宿《しゅく》儒《じゅ》」の一人として挙げられている。

福信自身に関しては、まず石上衢において毎夕に相撲をとって名を馳せたことが特記される。福信は膂力《りょりょく》や体格のよい偉丈夫とは描かれていないが、力の使い方がうまい相撲巧者であったらしく、連勝を重ね、その評判が内裏にまで届き、内豎所に出仕することができた。二条大路木簡には図12－2のようなものがあり（『平城宮発掘調査出土木簡概報』二十四—六頁）、福信も十六歳までには豎子《じゅし》になっていたと思われる。

なお、この木簡の臺《うてな》忌寸《いみき》千人《ちひと》は窃盗を犯したらしく、裏面は「盗む所に依りて豎子を放（はな）つ」と読めば、豎子を罷免されたことになるが、「盗む所は豎子に依りて放（ゆる）す」とも読め、こちらだと豎子の特権により放免されたことになり、解釈は決め難い[3]。豎子は天皇・皇后に近侍して、勅命を宣伝・執行したり、雑務に従事したりする役柄で[4]、福信は聖武天皇の恩幸を得たというから、天皇・皇后に気に入られる才覚を発揮したのであろう。福信の最初の官歴は右衛士大志とあり、正八位下相当の官職で、衛府の武官は相撲の武芸に通じた彼の任官先として

・右京七条二坊戸主勲十二等臺忌寸千嶋戸口千人　年十六
・右所盗依豎子放依状注坊令等宣令知　八年十月廿九日
330·35·6　011

図12－2　豎子木簡（奈良文化財研究所蔵）

小年（4～16歳）：伯父肖奈行文に随行して上京し、やがて竪子になる
天平10（738）・3・3〔30歳〕：従六位上→外従五位下、時に肖奈公とある
天平11（739）・7・5〔31歳〕：外従五位下→従五位下
天平15（743）・5・5〔35歳〕：従五位下→正五位下／6・30：春宮亮
天平19（747）・6・7〔39歳〕：肖奈公の姓を賜る
天平20（748）・2・19〔40歳〕：正五位下→正五位上
天平勝宝元（749）・7・2〔41歳〕：正五位上→従四位下／8・10：時に中衛少将で紫微少弼を兼任／11・29：従四位下→従四位上
天平勝宝2（750）・1・27〔42歳〕：高麗朝臣賜姓
天平勝宝4（752）・閏3〔44歳〕：難波に派遣され、遣唐大使藤原清河に酒肴を賜与
天平勝宝8（756）・5・3〔48歳〕：聖武太上天皇崩御に伴い、山作司に／7・8：法隆寺献物帳に署名、時に紫微少弼兼武蔵守
天平宝字元（757）・5・20〔49歳〕：従四位上→正四位下／7・2：上道臣斐太都の密告により小野東人・荅本忠節らを追捕（橘奈良麻呂の変）
天平宝字4（760）・1・16〔52歳〕：信部大輔
天平神護元（765）・1・7〔57歳〕：正四位下→従三位
神護景雲元（767）・3・20〔59歳〕：時に造宮卿但馬守で、法王宮職設置に際して大夫になる
宝亀元（770）・8・4〔62歳〕：称徳天皇崩御に伴い、御装束司に／8・28：武蔵守を兼任
宝亀4（773）・2・27〔65歳〕：時に造宮卿従三位で、専知造作して楊梅宮を完成し、男石麻呂が従五位下を授かる
宝亀7（776）・3・6〔68歳〕：近江守を兼任
宝亀10（779）・3・17〔71歳〕：高倉朝臣賜姓
天応元（781）・5・7〔73歳〕：弾正尹／12・21：光仁天皇崩御に伴い、山作司に
延暦2（783）・6・21〔75歳〕：時に弾正尹で、武蔵守を兼任
延暦4（785）・2・30〔77歳〕：上表して致仕を許され、御杖と衾を賜る
延暦8（789）・10・17〔81歳〕：薨、時に散位従三位

表12－1　高麗福信の略年譜

相応しい。薨伝《こうでん》の記述を彼の年譜（表12－1）と照合すると、春宮亮になったのは三十五歳の時で、皇太子阿倍内親王（孝謙・称徳女帝）を護持する職位についたのも、天皇・皇后の信頼を窺わせる。

福信の氏姓は肖奈公↓肖奈王となり、次いで天平勝宝二年（七五〇）には高麗朝臣を賜姓されており、高句麗に由来する出自を強調している。この頃には他に同世代の大《おお》山《やま》・広山《ひろやま》が造東大寺司・東大寺写経所の官人とし

て活躍しており、大山は勝宝度遣唐使の判官、また従五位下武蔵介の時に天平宝字五年（七六一）には遣高麗（渤海）使になった。これはいわば「故郷に錦を飾る」ことになるが、彼は帰朝時の船上で臥病し、佐利翼津《さりよくのつ》で死去してしまう。「高麗」は対外的にもその存在をアピールする氏姓であったが、宝亀十年（七七九）に福信は高倉《たかくら》朝臣への改姓を行い、薨伝の下略部分には「高麗」を「旧俗の号」と位置づけており、このあたりには既に始まっていた「国風」化の潮流を鋭敏に察知する政治感覚のバランスを看取することができる。[5]

福信は中衛少将の経歴があり、武闘派と目されていたらしく、天平宝字元年（七五七）の橘奈良麻呂《たちばなのならまろ》の変では、奈良麻呂側は高麗福信・奈貴王《なきのおう》・坂上苅田麻呂《さかのうえのかりたまろ》・巨勢苗麿《こせのなえまろ》・牡鹿嶋足《おしかのしまたり》の武力を警戒し、額田部《ぬかたべ》宅で飲酒させて、変事に馳せ参じることができないようにしようとしたといい（『続日本紀』天平宝字元年七月庚戌条）、坂上田村麻呂《たむらまろ》の父苅田麻呂らと並ぶ豪勇者に数えられている。ただ、奈良時代後半の幾多の政治の変転を切り抜ける変わり身の早さを有しており、藤原仲麻呂・道鏡などの権力者の身辺に仕える一方で、政変に巻き込まれない処世に努めることができた。歴代の天皇の喪葬儀礼に関与しているのは、一貫して天皇への忠節を基本としたためであると見ることができる。

福信の経歴ではまた、造宮卿として造営関係の工事に携わっているのも特徴で、彼の才能の一端を窺わせる。[6]また三度も武蔵守になっていることも特筆される。ただし、いずれも兼任で、武蔵国に赴任することはなく、「故郷に錦を飾る」ことはなかったと思われる。第一回目の時には天平宝字二年（七五八）に新たに新羅郡《しらぎぐん》を建郡、二回目では宝亀二年（七七一）に武蔵国が東山

道から東海道に編入されているから、武蔵国に関する政策に影響を及ぼすことで地域に貢献したのかもしれない。(7)

福信は従三位まで昇叙しているが、議政官になることはできなかった。子の石麻呂《いわまろ》は光仁〜桓武朝前半に武蔵介《むさしのすけ》、治部少輔《じぶのしょうゆう》、中務《なかつかさの》少輔、美作介《みまさかのすけ》などとして活躍しているが、五位クラスの中級官人に留まった。『新撰姓氏録』右京諸蕃下には高麗朝臣が見えるが、福信の後裔たちは中央官人として定着することはできなかったようである。そこには外戚関係の形成や奉仕伝承に基づく排他的な職掌など、個人を越えた恩寵を再生産するしくみを確立することができなかった憾み、また在地とのつながりの希薄さもあり、中央・地方の両方で子孫の行方が不明になっていく要因があったと指摘される所以である。(8)

註

（1）拙稿「白村江戦闘と高句麗」（韓日関係史学会国際学術大会『東アジアのなかの高句麗と倭』二〇〇五年）。
（2）高橋一夫・須田勉編『古代高麗郡の建郡と東アジア』（高志書院、二〇一八年）。
（3）拙稿「少年犯罪の木簡」（『むれしか』三七九、一九九一年）。
（4）山本信吉「内竪省の研究」（『摂関政治史論考』吉川弘文館、二〇〇三年）、十川陽一『天皇側近たちの奈良時代』（吉川弘文館、二〇一七年）など。
（5）拙著『阿倍仲麻呂』（吉川弘文館、二〇一九年）。
（6）今泉隆雄「八世紀造宮官司考」（『古代宮都の研究』吉川弘文館、一九九三年）。
（7）鈴木正信「大神朝臣狛麻呂と武蔵国高麗郡」（『日本古代の氏族と系譜伝承』吉川弘文館、二〇一七年）。
（8）長谷部将司「高麗朝臣氏の氏族的性格」（『日本古代の氏と系譜』雄山閣、二〇一九年）。

13　生江臣東人――東大寺領の開発

生江臣東人《いくえのおみあずまひと》は越前国足羽郡《えちぜんのくにあすは》の郡領《ぐんりょう》氏族の出身、都に出仕して造東大寺司《ぞうとうだいじし》に勤務していたことが知られる。天平勝宝元年（七四九）には造東大寺司史生大初位下で、法師平栄《へいえい》とともに東大寺の野占使《やせんし》になり、越前国の国使である国医師《くにいし》の六人部東人《むとべのあずまひと》や足羽郡擬主帳槻本老《つきもとのおゆ》らと協業して、土地の占定を行っている（『大日本古文書』五―五四三～五四四）。その後、天平勝宝七歳（七五五）には足羽郡大領として桑原庄《くわばらのしょう》の経営にあたっているので（四―五二～五八）、帰郷して郡領の地位に就いたのであろう。

天平神護二年（七六六）十月十九日越前国足羽郡大領生江臣東人解

（東南院文書第三櫃第十六巻／『大日本古文書』五―五五一～五五二）

足羽郡大領正六位上生江東人謹みて解し申す、御使勘□の事。合わせて五条。一東人の進《たてま》つる所の墾田壹伯町《いっぴゃくちょう》の溝の事。（中略）一墾田壹伯拾捌町《じゅうはっちょう》。（中略）一栗川の田、寺使と百姓と相訴ふ事。実《まこと》に寺田と知り判り充て奉ること已に訖《おわ》んぬ。後に他司勘《かんが》ふる事、東人は知らず。一宇治知麻呂《うじのちまろ》の事。右、田使《でんし》僧等の牒に依りて、東人が私に誂《あつら》へ、水守《みずもり》に充て奉ること已に訖んぬ。知麻呂決罰の由を知らず。一雑務を論ぜんがため、田使僧等召す所、不参二

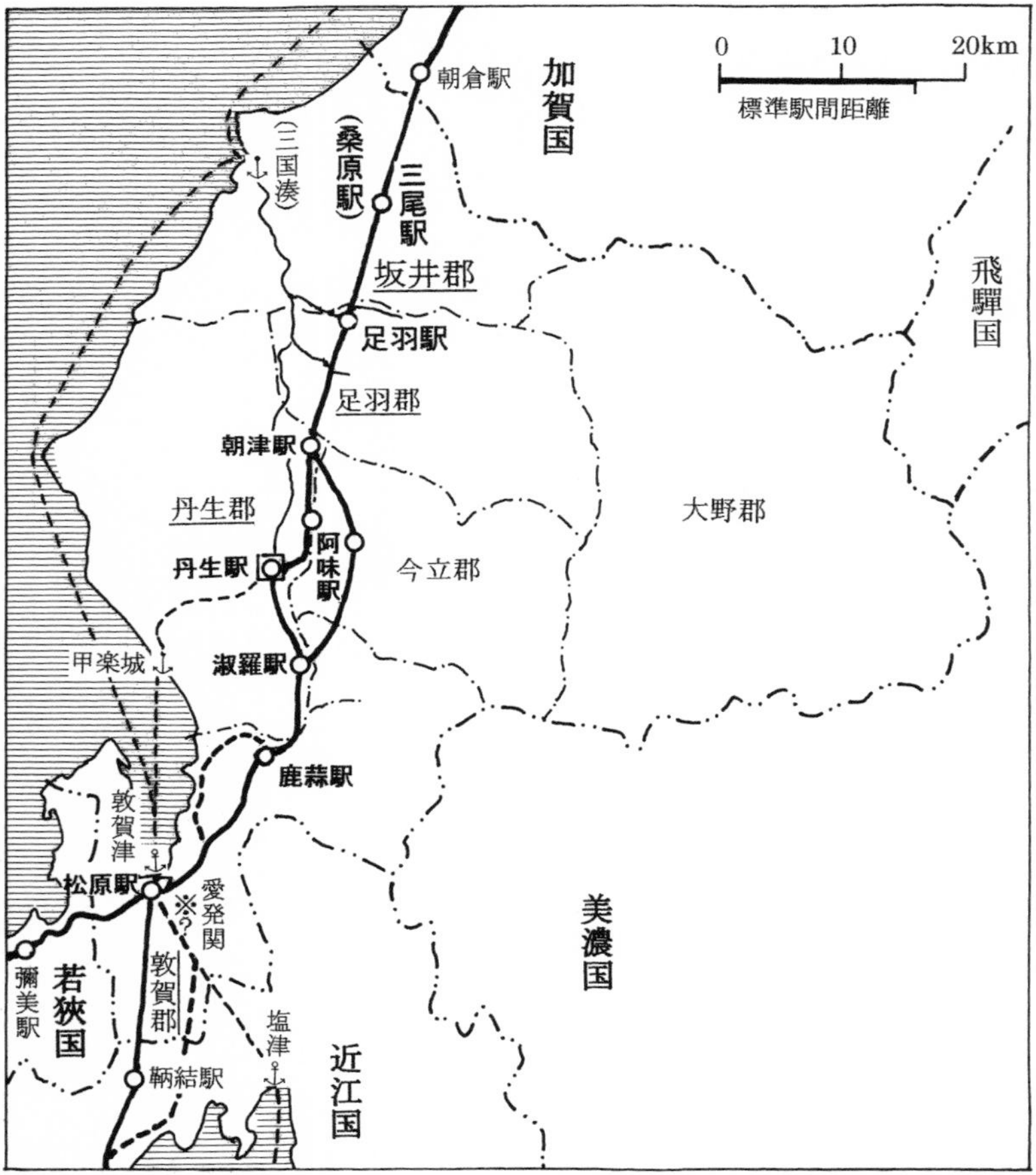

図13－1　越前国の概略図（木下良『事典日本古代の道と駅』〔吉川弘文館、2009年〕194頁）

度の事。右、一度は神社の春の祭礼に依りて酔ゐ伏し、装束に堪へずして不参。一度は病に臥し未だ療へざるの間、参向せず。但し使は進上せり。以前の五条の事、東人の身、遅鈍《ちどん》幷《なら》びに老衰し、事毎に闕怠《けったい》し、更に罪を避くることを得ず。仍《よ》りて具《つぶさ》に事状を録して、使裁を請はん。謹みて解す。（下略）

周知のように東大寺は聖武天皇・光明皇后が推進する鎮護国家の仏教の頂点に位置し、総国分寺の格式であり、大仏造立も進められた。墾田永年私財法《こんでんえいねんしざいほう》（七四三年）の下では四千町の墾田地が認められており（『続日本紀』天平勝宝元年七月乙巳条）、野占使《やせんし》を派遣しての田地占定になった。都に比較的近く、米の輸納国も多い北陸道にはなお開墾可能な土地があったらしく、庄地の選定・開発が進められたのである。十二世紀頃に本格化する庄園《しょうえん》に対して、こうした八・九世紀の庄地を初期庄園と称している。

こうした初期庄園の経営には、東大寺側から僧侶や官人が派遣されることもあったが、当時の地方統治を担う伝統的な地方豪族である郡司とその一族、また国司の協力が不可欠であった。[1]足羽郡では東人の他にも、生江臣長浜《いくえのおみながはま》・息嶋《おきしま》が郡司の下の郡雑任《ぐんぞうにん》である郡目代《もくだい》として道守庄《ちもりのしょう》の田地買い入れの庄券に署名しており（『大日本古文書』五―六四六・六五一～六五二・六五六）、息嶋は上下産業所に関与していたことが知られる（四―三六三～三六五）。坂井郡では品治君広耳《ほんじのきみひろみみ》という者が鯖田国富庄《さばたくにとみのしょう》の経営に参画し、主政から大領に昇叙する躍進を遂げた例もある。[2]

東人に関しては、五条の答弁のうち、中略とした最初の二条において、郡領就任以前の行為で

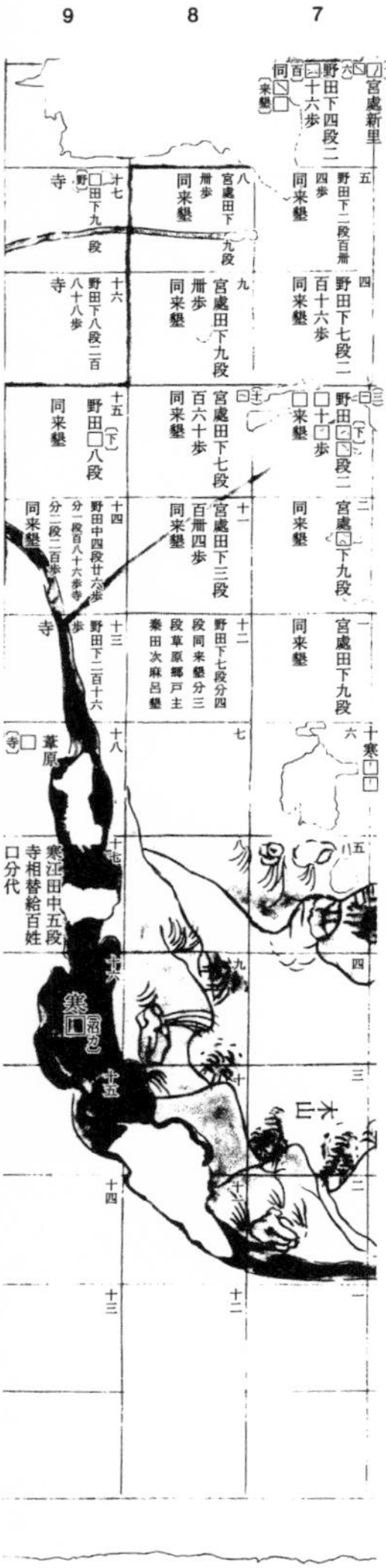

あるが、田地の維持に不可欠な灌漑《かんがい》用水を掘削したことと墾田百町を施入したことを誇示している。渠《みぞ》は長さ二五〇〇丈（七・五キロメートル）、広さ六尺（一八〇センチメートル）、深さ三〜四尺（九〇〜一二〇センチメートル）で、「私《し》功力《こうりき》」、つまり東人の私費による開削であったという。

東人は天平神護二年（七六六）十月十日にも道守村に一七二一丈、鳴野村に三〇〇丈の渠《みぞ》を掘削すべきことを申上しており（五―五四九〜五五一）、東大寺の庄田開発を支援しようとしていた。ただ、東人が施入した墾田はなお治開が進まず、また周辺には小規模開発を行う人びとの田地もあり、その買得や境界決定をめぐる紛擾が絶えなかったようで、東大寺から詰問される場面が生じることになる。史料として掲げた答弁状の後半の三条はこうした案件に関わる内容である。

足羽郡の郡領氏族には生江臣とともに阿須《あす》波臣《はのおみ》という豪族もいた。東人の頃には大領が生江臣で、阿須波臣は少領を務めているが、元来は足羽郡の名称と合致する阿須波臣の方が古族と考え

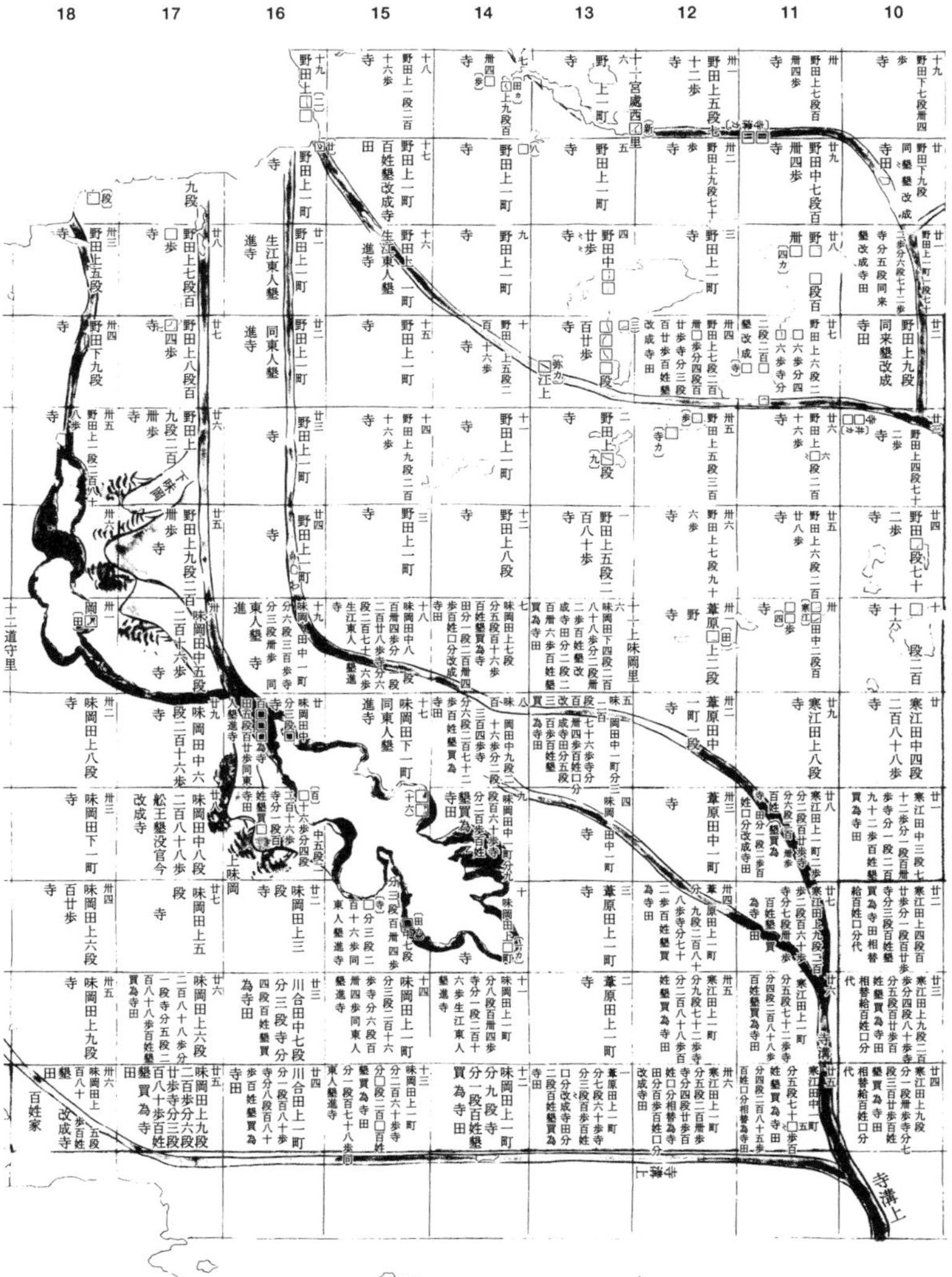

図13－2　越前国足羽郡道守庄開田地図（部分）（東京大学史料編纂所編『日本荘園絵図聚影』釈文編一古代〔東京大学出版会、2007年〕18）

られる。東人とともに、少領外従八位下阿須波臣東麻呂《つかまろ》も十月二十日付で東大寺に答弁状を提出しており（五―五五三〜五五四）、それと対照すると、今回の問題が大・少領間での東大寺の開発に対する姿勢の違いに由来することがわかる。

まず栗川庄《くりかわ》の田地の件は、東人は東大寺領であることを認定していたが、その後に「他司《たし》」が勘定を加えており、これを関知していないと述べている。この「他司」が東麻呂で、東麻呂は野田郷百姓車持姉売《くるまもちのあねめ》の口分田《くぶんでん》との境界争いが未決と見て、郡書生委文土麻呂《しとりのはにまろ》と田領別竹山《わけのたかやま》の二人を派遣しており、その認否が遅れていることを陳答している。次に東人が私的に起用した水守《みずもり》宇治知麻呂の決罰に関しては、郡家で預佃《よでん》し、東麻呂が専当を務めている勅旨田《ちょくしでん》の灌漑用水である寒江沼《さがえのぬま》の水に関連して、東大寺領道守庄が使用を妨害しているので、その水守である知麻呂を勘問したのだという。東人の渠掘削計画にも「寒江」が登場し、当地の灌漑を支える重要地点であったことが窺われる。

東人は中央出仕し、東大寺との関係から庄地拡大を推進する立場であったが、東麻呂は郡司の初叙位《しょじょい》階《かい》（選叙令郡司条）と同じ帯位で、在地に留まったまま郡領になった人物と目される。そして、勅旨田の管理・運営という、東大寺よりも上位の権勢とのつながりを誇示している。田領の別竹山（鷹山）は実は栗川庄との間に所訴《しょそ》田《でん》を抱えていたことが判明し（五―五四三〜五四六）、現地の情勢を熟知した人物であるとともに、東大寺に対する立場の共通性によって、少領東麻呂が現地で活動する郡雑任《ぐんぞうにん》に起用したものと考えられる[3]。

このように、中央の方策の変化[4]や在地で伏在する対立などにより、東人の活動は円滑さを欠くことになる。東人の答弁状の最後の一条は、東人が東大寺の現地管理者の召喚に出頭しなかった理由を述べている。一度目は神社の春の祭礼で飲酒して二日酔いになり、装束を整えることもできないほどであったといい、これは郡領の基本的な職務である勧農、基幹産業である農業の運営に不可欠の行為で、祈年祭のような農耕開始・収穫を予祝する行事への参加を求められたものである。(5) 二度目は自身の病を理由に挙げているが、代理の使者は送ったと抗弁する口調である。末尾では自分は遅鈍・老衰でことごとに闕怠を避け難いと、もう投げやりな躰《てい》を示している。

東人のその後は不明の部分が多いが、神護景雲二年(七六八)二月に外従五位下を授けられており、長年にわたる東大寺への貢献が評価されたのであろう。ちなみに、初期庄園は国郡機構が変容する十世紀には消滅する例が多く、天暦五年(九五一)十月二十三日越前国足羽郡庁牒(『平安遺文』二六三号)では、生江臣・足羽(阿須波)臣はなお郡領として健在であるが、道守・鎧《よろいの》庄《しょう》田は荒野になっており、糞置庄《くそおきのしょう》についてては状況がわからないと東大寺に報告しており、歴史の変転を感じさせる。

註

(1) 藤井一二『初期荘園史の研究』(塙書房、一九八六年)など。
(2) 直木孝次郎「郡司の昇叙について」(『奈良時代史の諸問題』塙書房、一九六七年)。
(3) 拙稿「郡雑任と郡務の遂行」(『地方木簡と郡家の機構』同成社、二〇〇九年)。
(4) 岸俊男「東大寺をめぐる政治的情勢」(『日本古代政治史研究』塙書房、一九六六年)。
(5) 義江彰夫「儀制令春時祭田条の一考察」(『古代史論叢』中巻、吉川弘文館、一九七八年)。

14 田中真人広虫女——郡司妻の経営手腕

田中真人広虫女《たなかのまひとひろむしめ》は讃岐国三木《みき》（美貴）郡（香川県木田《きた》郡）大領外従六位上小屋県主宮手《おやのあがたぬしのみやて》の妻である。田中姓の豪族としては田中朝臣があり、これは蘇我氏の同族で、大和国《やまとのくに》高市郡田中（奈良県橿原《かしはら》市田中町）の地名に基づくウヂナであって、氏人は中央官人として活躍している。畿外の田中姓はこの広虫女が唯一の例で、三木郡の豪族分布は事例が少なく（1）、皇親系を示す真人のカバネを有するものの、当地においてどのような地位を占めたのか、婚姻の事由はどうであったかなどは不詳とせねばならない（三木郡田中郷が本拠）。

『日本霊異記《りょういき》』下巻第二十六縁

（上略）広虫女、宝亀七年（七七六）六月一日に、疾病の床に臥して、数日を歴《へ》たり。故に七月二十日に至りて、其の夫並に八の男子を呼集めて、夢に見る状を語りて言はく、「閻羅《えんら》王の闕《みかど》に召されて、三種の夢を示さる。一は、三宝の物を多く用《もち》ゐて報さざる罪。二は、酒を沽《う》りて多の水を加へて多の直を取る罪。三は、斗升斤を両種用て、他に与ふる時に七目を用、乞ひ徴る時に十二目を用て収る。此の罪に依りて汝を召す。現報《げんぽう》を得べし。今汝に示すなり」といひて、夢の状を伝へ語りて、即日に死亡ぬ。（中略）其の七日の夕、更甦《よみがえ》還りて、

10月の新刊 ●10日発売 **ちくま学芸文庫**

ローマ人の世界 ■社会と生活

長谷川博隆

古代ローマに暮らしたひとびとは、どのような一日を過ごしていたのか？ カルタゴなどの故地も巡りつつ西洋古代史の泰斗が軽妙に綴る。（田中創）

51213-0
1540円

民俗のこころ

高取正男

「私の茶碗」「私の箸」等、日本人以外には通じない感覚。こうした感覚を手がかりに民衆の歴史を描き直した民俗学の名著を文庫化。（夏目琢史）

51209-3
1430円

外政家としての大久保利通

清沢洌

北京談判に際し、大久保は全責任を負い困難な交渉に当たった。その外交の全容を、太平洋戦争下の現実政治への弾劾を秘めて描く。（瀧井一博）

51215-4
1430円

Math & Science

乱数

伏見正則

乱数作成の歴史は試行錯誤、悪戦苦闘の歴史でもあった。基礎的理論から実用的な計算法までを記述した「乱数」を体系的に学べる日本で唯一の教科書。

51214-7
1320円

6桁の数字はISBNコードです。頭に978-4-480をつけてご利用下さい。
内容紹介の末尾のカッコ内は解説者です。

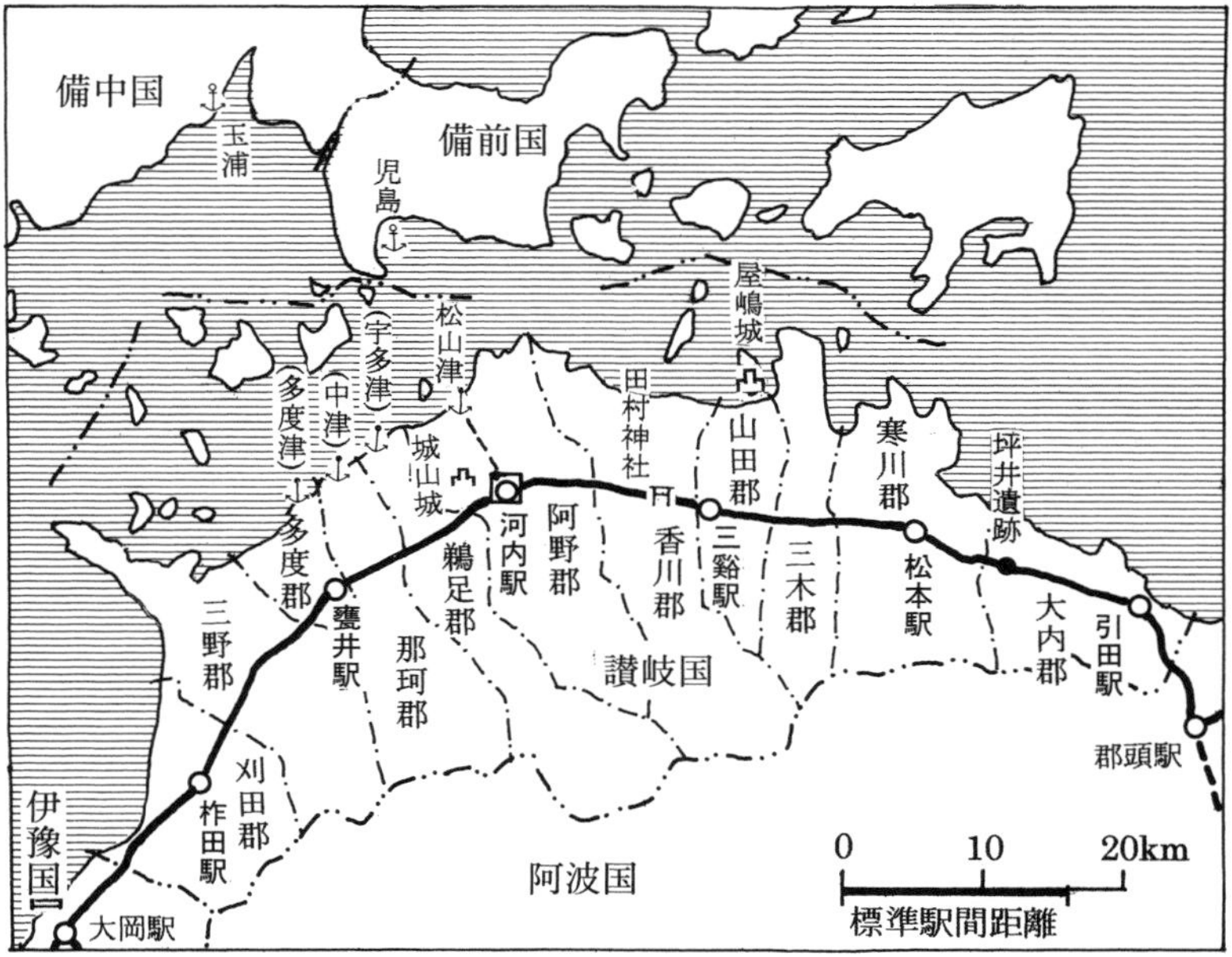

図14－1　讃岐国の概略図（木下良『事典日本古代の道と駅』〔吉川弘文館、2009年〕280頁）

棺の蓋自づから開く。是に棺を望みて見れば、はなはだ臭きこと比無し。腰より上の方は、既に牛と成る。（中略）東西の人忿々しく走り集りて、怪び視《み》隙視《かきまみ》て、息《や》むことなし。大領と男女、愧《は》恥ぢて戚《いた》慟み、五体を地に投げて、願を発すこと量《はかり》無し。（下略）

『日本霊異《りょうい》記』は正式名称を『日本国現報善悪霊異記《にほんこくげんほうぜんあくりょういき》』といい、薬師寺僧景戒《きょうかい》の撰、平安時代初期成立の仏教説話集で、上・中・下三巻、仏教に関わる因果応報譚を集めたものである。寺の物を借用して返さないまま

図14－2　『病草紙』に描かれた肥満の借上の女性（小松茂美編『コンパクト版日本の絵巻』7餓鬼草紙・地獄草紙・病草紙・九相詩絵巻〔中央公論社、1994年〕103頁）

死ぬと、牛に転生して身役《しんえき》させられる話や仏教を誹謗する者への仏罰など、仏教信仰や寺物の維持を促すのが基調であるが、各地の仏教信仰のあり方や地方の動向を知る史料としても興味深い。

広虫女の話は「強ひて理にあらずして債《さい》を徴《はた》りて、多く倍して取りて現に悪しき死の報を得る縁」という表題で、広虫女の強欲な経済活動が指弾されている。広虫女は死去直前に閻羅王の宮廷に召喚される夢を見ており、①寺物を借用して返報していない、②酒を沽る際に水を加えて量を増やして大きな利益を得た、③人に物を貸す時と返納の時とで大きさの異なる度量衡を用いる詐術で莫大な利益を得たことにより、現報を受ける旨を通告されたという。上略部分には「天年道《てんねんみち》の心無く、慳貪《けんどん》にして給与《あた》ふること無し」と、無慈悲な性格が指摘されており、②・③に関しては具体的な活動が記され、特に③によって借財を返納することができずに、他国に逃走せざるを得なくなった人びとも多かったと弊害が強調されるところである。

そして、死後七日にして上半身が牛、下半身は人間の姿で甦り、中略部分には糞土にまみれた生活をするというあさましい姿になったと述べられている。このことは近隣の評判になり、人びとが見物に押し寄せたので、夫である大領ら家族の者は慚愧《ざんき》の念に堪えられない。下略部分ではまず三木寺に財物を寄進し、都の東大寺にも牛七〇頭・馬三〇疋《ひき》・治田二〇町・稲四〇〇〇束《つか》を施入、さらに高利貸しで負債になっていた物もすべて免除したとある。国司・郡司がこの奇怪な出来事を太政官に上申しようと見守るなか、広虫女は五日後に死去し、この騒動は収束した。

『万葉集』巻二十―四四四〇・四一番歌題詞には「上総国の朝集使大掾《ちょうしゅうしだいじょう》大原真人今城《おおはらのまひといまき》、京に向かふ時、郡司が妻女等の餞《せん》する歌」とあり、郡司の郡務運営や国司との円滑な関係維持には、郡司の妻の役割も重要であった。『日本霊異記』中巻第二十七縁には、強力で著名な元興寺《がんごうじ》の道場《どうじょう》法師の孫で、尾張国中島郡大領尾張宿禰久玖利《おわりのすくねくくり》の妻になっていた女性が、自分の夫のために織成した見事な衣を国司が奪取した時、国府の門で膂力を示して取り戻す話があり、国司の報復を恐れた大領の両親から離縁を言い渡されたものの、これも郡司の妻の政治力を窺わせる事例である。

②の酒の販売や高利での運用は、紀伊国名草郡《きいのくになぐさぐん》の岡田村主姑女《おかだのすぐりおばめ》という郡司よりも下の階層の事例にも見える。中巻第三十二縁の話で、三上村の薬王寺《やくおうじ》（勢多《せた》寺）の薬分酒二斗を借用して、償還せずに死去した桜村の物部麿《もののべまろ》が牛に転生して寺の労役に従事しており、麿は寺の檀越《だんおつ》岡田村主石人《いわひと》の夢で自分の苦境を訴える。石人はこの事実を知らなかったが、麿は石人の妹で桜大娘《さくらのおおいらつめ》と称される姑女がすべて知っていると告げ、その事情が判明した。薬王寺は三上村の人びとの知識によって集めた稲を村人に出挙《すいこ》して、その利息を薬料物として檀越である岡田村主に寄託しており、実際には姑女が薬分酒を醸造して酒出挙を運営するしくみになっていたのである。この場合は兄妹であるが、「妹《いも》の力」があってこそその勢威維持であったのであろう。[2]

広虫女の事例でも、①に示唆されるような寺物を元手とする活動が基本であり、大領らがまず三木寺に贖罪のための施入を行っていることに注目したい。三木寺は郡名と同名の寺院であるが、郡家附属の半ば公的な寺院ではなく、大領小屋県主が大檀越として建立したもので、薬王寺の場合と同じく、大領一族、特に実際の経済活動を担っていた広虫女が寺の財物・田地を管理・運用する役柄であったと考えられる。中巻第九縁にも武蔵国多磨郡大領大伴赤麻呂《あかまろ》が「己の寺を作り其の物を用て牛と作《な》り役《つか》はるる縁」という話があり、洋の東西・時代を問わず、宗教活動には一定の保護や減税があったから、これを隠れ蓑とした不正な経済行為はかなり通有のものとなっている。(3) 広虫女の活動は女性のたくましさを示すとともに、負の側面をかいまみさせてくれる事例と言えよう。

ちなみに、中巻第十六縁には同じ讃岐国の例で、香川郡坂田里に居住する富人夫妻、綾君氏《あやのきみ》の話がある。綾君は国府所在の阿野《あや》郡を本拠とし、山田・香川(河)・多度《たど》郡にも広がる有力豪族であった。(4)「家室《かしつ》」、家刀自《いえとじ》と表現される妻女は、近所の身寄りのない貧しい老人・老女に食事を供給しており、それに苦言を呈した使用人が脱落死して七日後に甦って語ったことには、功徳を施している家主(家長)、そしておそらくは家室も、が転生する金の宮が用意されていると証言したとある。同国にはこのような温情溢れる女性経営者もいたのである。

註

(1) 松原弘宣「讃岐国東・中部の地方豪族」(『古代の地方豪族』吉川弘文館、一九八八年)。

(2) 義江明子『日本古代の祭祀と女性』(吉川弘文館、一九九六年)。
(3) 拙稿「額田部氏の研究」(『国立歴史民俗博物館研究報告』八八、二〇〇一年)。
(4) 拙稿「「郡的世界」から国衙の支配へ──讃岐国の事例を中心に──」(『東洋大学文学部紀要』史学科篇四九、二〇二四年)。

15 越優婆夷——仏教信奉の利益

越優婆夷《こしのうばい》は本名を生江臣家道女《いくえのおみいえみちめ》といい、越前国足羽《あすは》郡の人とあるので、郡領氏族の出身者と目される。優婆夷は女性の在俗仏教信者で、男性は優婆塞《うばそく》と称し、出家して具足戒《ぐそくかい》を受けた比丘《びく》・比丘尼《びくに》とともに四衆《ししゅ》といい、仏教に帰依した四部《しぶ》の弟子の一つである。三宝《さんぽう》に帰依し、五戒《かい》（不《ふ》殺生《せっしょう》・不偸盗《ちゅうとう》・不邪淫《じゃいん》・不妄語《もうご》・不飲酒）を受けた。

『日本後紀』延暦十五年（七九六）七月辛亥条
生江臣家道女を本国に逓送《ていそう》す。家道女は、越前国足羽郡の人なり。常に市廛《してん》において妄《みだ》りに罪福を説き、百姓を眩惑す。世号して越の優婆夷と曰ふ。

平安京遷都（七九四年）から程ない時期の出来事で、市において罪福を説き、人びとを眩惑したという理由で、家道女を本国に送還したとある。家道女が都に居住していた事由は不明であるが、平城京、長岡京にも住しており、「越優婆夷」と通称されるような有名人になっていたのであろう。僧尼統制上の刑罰・規制などを規定した僧尼令《そうにりょう》には、「百姓を妖惑《ようわく》し」、「詐《いつわ》りて聖道得たりと称せらば」といった行為は罪科の第一に掲げられている（観玄象条）。

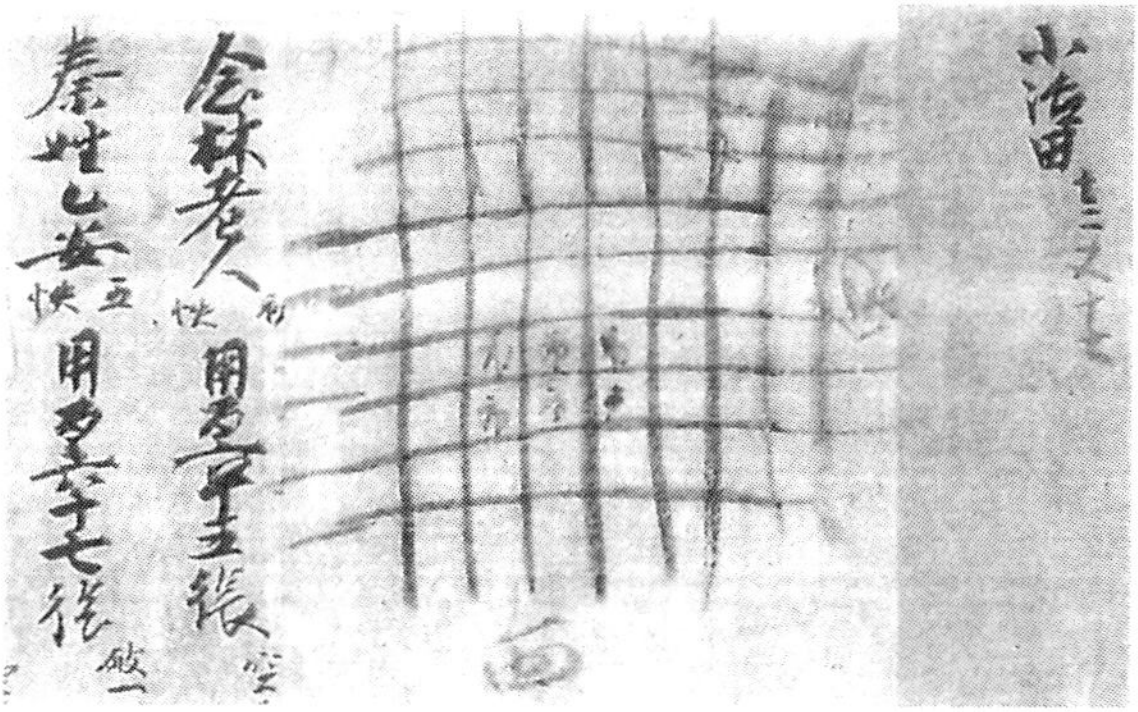

図15－1　平城京市指図（正倉院所蔵）

こうした宗教者に対する統制例としては、『続日本紀』養老元年（七一七）四月壬辰条の行基《ぎょうき》集団に関するものがよく知られている。[1] そこでは、「小僧行基、幷せて弟子等、街衢《がいく》に零畳《れいじょう》して、妄に罪福を説き」、「詐りて聖道と称して、百姓を妖惑す」と指弾されており、「道俗擾乱して、四民業を棄つ」という混乱状態に警戒が抱かれたのであろう。また天平二年（七三〇）九月庚辰条には、前年の長屋王の変の余波もあったのか、「京に近き左側の山の原に多くの人を集め集へ、妖言して衆を惑す。多きときは万人、少きときも乃《なお》し数千」と見え、とにかく多くの人びとが狂躁状態になり、不測の事態が生じることは当局には好ましいことではなかった。

　都城には様々な出自の人びとが群居しているので、無秩序状態になることには厳しい取り締まりがあり、延暦十七年には京・畿内において夜祭・会飲で歌舞狂乱し、男女関係が乱れることに禁断が加えられている（『類聚《るいじゅう》三代格《さんだいきゃく》』巻十九延暦十七年十月四日太政官符）。家道女の具体的な活動は不明であるが、優婆夷のくらしぶりに関連して、『日本霊異記』中巻第十九縁の利苅《とかり》優婆夷の事例を見ておきたい。利苅優婆夷は河内国《かわちのくに》の人で、利苅村主《すぐり》という姓であったので、「利苅優婆夷」という字《あざな》になっ

	東　市	西　市
繊維製品	東絁・羅・糸・錦・幞頭・巾子・縫衣・帯・紵・布・木綿	絹・錦綾・糸・綿・紗・橡帛・幞頭・縫衣・裙・帯幡・紵・調布・麻・績麻
雑貨・文具	櫛・針・沓・菲・筆・墨	櫛・針・菲
奢侈品	丹・珠・玉・薬・香	
武具	太刀・弓・箭・兵具	
馬具・馬牛	鞍橋・鞍褥・韉・鐙・障泥・鞦・馬	牛
手工業品	鉄并金器・漆・染草・木器	雑染・蓑笠・染草・土器
食料品	油・米・麦・塩・醬・索餅・心太・海藻・菓子・蒜・干魚・生魚・海菜	油・米・塩・末醬・索餅・糖・心太・海藻・菓子・干魚・生魚

表15－1　延喜東西市式に見える東西市の「廛」（宮川麻紀『日本古代の交易と社会』〔吉川弘文館、2020年〕73頁）

たという。利苅村主は他に見えず、本拠地は不詳とせねばならないが、古朝鮮語に由来する村主のカバネを名乗るので、渡来系氏族であったことがわかる。

利苅優婆夷の活動時期は聖武天皇の時代で、「天年澄める情《こころ》あり。三宝を信敬《うやま》ひて常に心経を誦持《よみたも》ち、以ちて業《わざ》行とす」と評されているから、多心経《たしんぎょう》（摩《ま》訶《か》般若《はんにゃ》波《は》羅《ら》蜜多《みった》心経《しんぎょう》）、いわゆる般若心経を読誦する日々を送っていたことが知られる。正倉院文書《もんじょ》に残る智識優婆塞等貢進文《ちしきうばそくとうこうしんもん》、出家を申請する文書には、「読経」「誦《じゅ》経」「頌《しょう》」「学習論」など経典に関する修行ぶりを記した項目が見えるが、「誦経」には多心経が記載されている例も多い[2]。越優夷の経典読誦のレベルもこれくらいではなかったかと推定されるところである。

利苅優婆夷は「心経を誦む音はなはだ微妙《うるわ》し」とあり、夜寝ていると、病もないのに突然に死去し、閻羅王の所に到ることになる。これは彼女の心経を聴きたくて、閻羅王が一時的に呼び寄せたもので、三日後には再び生還することができた。閻羅王の所から現世に戻る途中、門に黄色の衣を着た三人の人物があり、「最近お会いできていないが、三日後に平城京の東市で必ず会いましょう」と告げられた。

利苅優婆夷はこの三人に心当たりがなく、不審に思ったものの、甦ってから三日後に平城京東市に行き、終日待っていたが、三人は来ない。賤しい姿の人が東門から市に入り、「誰か経を買はむ」と、経典を売り歩く躰《てい》であったが、誰も買わず、西門から出て行った時、利苅優婆夷は経典を購入したいと思い、使を遣して呼び返した。経は梵網経《ぼんもうきょう》二巻と心経一巻で、実は昔日に利苅優婆夷が書写したものの、供養しないうちになくなったもので、盗品であったのである。利苅優婆夷はその男が盗人だと思ったが、事情を詮索することなく、各巻五百文で購入したという。黄色の衣は黄蘗《きはだ》染めの写経用の紙を連想させ、あの三人はこれらの経巻であった次第である。

利苅優婆夷は経三巻を手元に取り戻し、「会《え》を設け講《と》き読みて、ますます因果を信《うべな》ひ、慇懃《ねんごろ》に誦み持つこと昼夜息《や》まず」といい、さらに信心を深めたとある。市を訪れた利苅優婆夷には従者らしき人も同行しており、畿内の中小豪族クラスと思しき在家の篤信女性のくらしぶりを窺わせる。市で布教活動した話ではないが、市での経典販売の存在が知られ、またこうした逸話も仏教の有り難さを示すものとして、越優婆夷の市での説法に活用されたのではないかと推測する材料にはなるので、都市の雰囲気を看取させるものとして掲げてみた。

註

(1) 井上薫『行基』(吉川弘文館、一九五九年)、吉田靖雄『行基』(ミネルヴァ書房、二〇一三年)、勝浦令子「行基の活動における民衆参加の特質」(『日本古代の僧尼と社会』吉川弘文館、二〇〇〇年)など。

（2）青木和夫『日本の歴史』3 奈良の都（中央公論社、一九七三年）五〇九〜五一二頁、堀池春峰「優婆塞貢進と出家人試所」（『南都仏教史の研究』上、法蔵館、一九八〇年）、根本誠二「『優婆塞貢進解』について」（『史元』一七、一九七三年）など。

Ⅱ

古代国家の成熟と転換

16　伊治公呰麻呂——征夷三十八年戦争のはじまり

伊治公呰麻呂《これはりのきみあさまろ》は神護景雲元年（七六七）十月に完成した伊治城（宮城県栗原市築館城生野《つきだてじょういくの》）周辺を拠点とする蝦夷《えみし》の族長である。「伊治」は長らく「いじ」と訓まれていたが、陸奥国府で鎮守府も置かれていた多賀《たが》城跡出土の漆紙文書《うるしがみもんじょ》に「此治城」の表記が見つかり、「これはり」と訓むことが明らかになった。『続日本紀』神護景雲元年十一月己巳条に「陸奥国《むつのくに》に栗原郡を置く。本是れ伊治城なり」とある栗原郡との関係には異論もあるが[1]、栗原と伊治（此治）が相通じる語であることを窺わせる。

『続日本紀』宝亀十一年（七八〇）三月丁亥条

陸奥国上治《かみはり》郡大領外従五位下伊治公呰麻呂反《そむ》く。徒衆を率《ひきい》て按察使《あぜち》参議従四位下紀朝臣《きのあそん》広純《ひろずみ》を伊治城に殺せり。（中略）伊治呰麻呂は本是れ夷俘《いふ》の種なり。初め事に縁りて嫌ふこと有れども、呰麻呂怨を匿して陽《いつわ》りて媚び事ふ。広純、甚だ信用ゐて、殊に意に介《はさ》まず。また、牡鹿《おしか》郡大領道嶋大楯《みちしまのおおたて》、毎《つね》に呰麻呂を凌侮《りょうぶ》して、夷俘を以て遇《あしら》ふ。呰麻呂、深くこれを銜《ふく》めり。時に広純、議《はかりごと》を建てて覚鱉柵《かくべつのき》を造りて、以て戍候《しゅこう》を遠さく。因りて俘軍を率て入るとき、大楯・呰麻呂並に従へり。是に至りて、呰麻呂自ら内応して、軍を唱誘《ときいざな》ひて反く。先づ

大楯を殺し、衆を率て按察使広純を囲み、攻めて害せり。（下略）

八世紀の東北政策は日本海側では出羽国《でわのくに》が設置され、太平洋側では神亀元年（七二四）の海道蝦夷の反乱終息と多賀城の造営によって安定期を迎え、約五十年間は大きな戦闘が発生していな

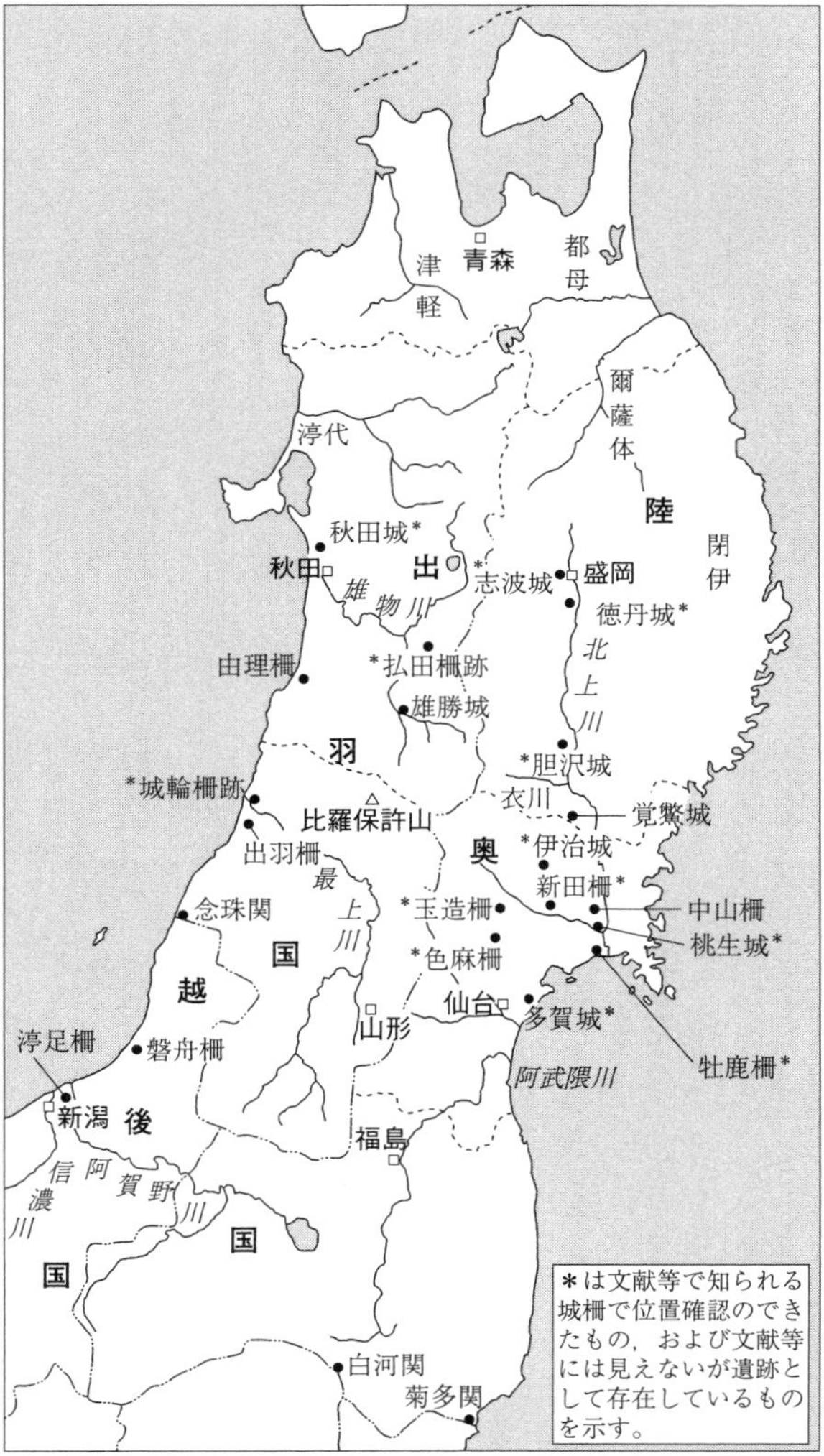

図16－1　東北古代史関係地図（樋口知志『阿弖流為』〔ミネルヴァ書房、2013年〕xvi頁）

図16－2　「此治城」の文字のある漆紙文書（宮城県多賀城跡調査研究所蔵）

い。八世紀中葉の藤原仲麻呂の専制期頃からさらなる北への版図《はんと》拡大が企図され、多賀城が所在する宮城郡の北、黒川以北十郡という蝦夷との境界地帯を越えて、その一つの牡鹿《おしか》郡の領域から北上《きたかみ》川を東に越えた対岸の丘陵上に桃生城《もものうじょう》が造営されている。(2)

この頃に中央の武官として活動する人物に牡鹿連嶋足《おしかのむらじしまたり》がいた。彼は天平宝字元年（七五七）の橘奈良麻呂の変に際して、上述の高麗福信《こまのふくしん》や坂上苅田《さかのうえのかりた》麻呂《まろ》（田村麻呂の父）らとともに藤原仲麻呂方の武力として警戒されており、藤原仲麻呂の乱（七六四）を経た称徳・道鏡政権下にも活躍し、陸奥国大国造になる（『続日本紀』神護景雲元年十二月甲申条）など、陸奥国内にも影響力を保持している。本姓は丸子《まりこ》で、牡鹿連→牡鹿宿禰《すくね》→道嶋宿禰と賜姓されていく。(3)神護景雲元年の伊治城完成に際しては、外従五位下道嶋宿禰三山《みやま》がその功績を賞せられ、従五位上を特賜されているから（十月辛卯条）、律令国家の北進策に果たした役割が窺われる。

こうした版図拡大、城柵の北進は蝦夷の生活圏との間に軋轢を生み、宝亀五年（七七四）七月に海道蝦夷が桃生城を攻撃し、西郭を破る事件が起こり、この時は鎮守府将軍大伴駿河《するが》麻呂《まろ》の下、坂東八国《ばんどうはっこく》からの援兵を得て、九月には遠山村（登米《とめ》郡あるいは気仙《けせん》郡方面か）を征討することができた。しかし、これ以後恒常的な戦闘状態が続くことになり、後代に「宝亀五年より当年に至る

和銅2(709)	蝦夷征討(巨勢麻呂ら)
和銅5(712)	出羽国設置
神亀元(724)	蝦夷の反乱討伐(藤原宇合)/多賀城造営
天平5(733)	出羽柵を秋田城の地に遷す
天平宝字2(758)	雄勝城・桃生城を築造
神護景雲元(767)	伊治城を築造
宝亀5(774)	蝦夷征討(大伴駿河麻呂)【三十八年戦争の開始】
宝亀11(780)	伊治呰麻呂の乱
延暦3(784)	蝦夷征討計画(大伴家持)
延暦7(788)	桓武朝の蝦夷征討Ⅰ(紀古佐美/坂東歩騎52800余人〔10万人規模説も〕)
延暦8(789)	征討軍敗退
延暦10(791)	蝦夷征討Ⅱ(大伴弟麻呂/征軍10万)
延暦16(797)	蝦夷征討Ⅲ(征夷大将軍坂上田村麻呂)
延暦21(802)	胆沢城築城/鎮守府を遷す
延暦22(803)	志波城築城
延暦23(804)	蝦夷征討計画(坂上田村麻呂)/天下の徳政論争・桓武天皇崩御で中止
弘仁2(811)	蝦夷征討(文室綿麻呂)【三十八年戦争の終結】

表16-1　東北政策略年表

まで、惣べて三十八歳、辺寇屡《へんこうしばし》ば動きて、警□〔衛〕絶ゆること無し。丁壮老弱、或いは征戍に疲れ、或いは転運に倦む。百姓窮弊して、未《いま》だ休息することを得ず」(『日本後紀』弘仁二年〔八一一〕閏十二月辛丑条)と総括される戦争、三十八年戦争の開始になる。

この混迷状態が作り出すのが伊治公呰麻呂の乱である。呰麻呂は上(此)治郡大領とあるので、伊治城造営に協力し、その統治の基盤となる郡の最高責任者に任じられていた。しかし、紀広純がさらに北方の覚鱉城《かくべつじょう》を築き、北進策を推進しようとすると、突如反乱を起こすことになる。呰麻呂は日頃から牡鹿郡大領道嶋大楯に「夷俘」と侮蔑されていたといい、道嶋氏は蝦夷系でも早くから律令国家に帰順し、中央

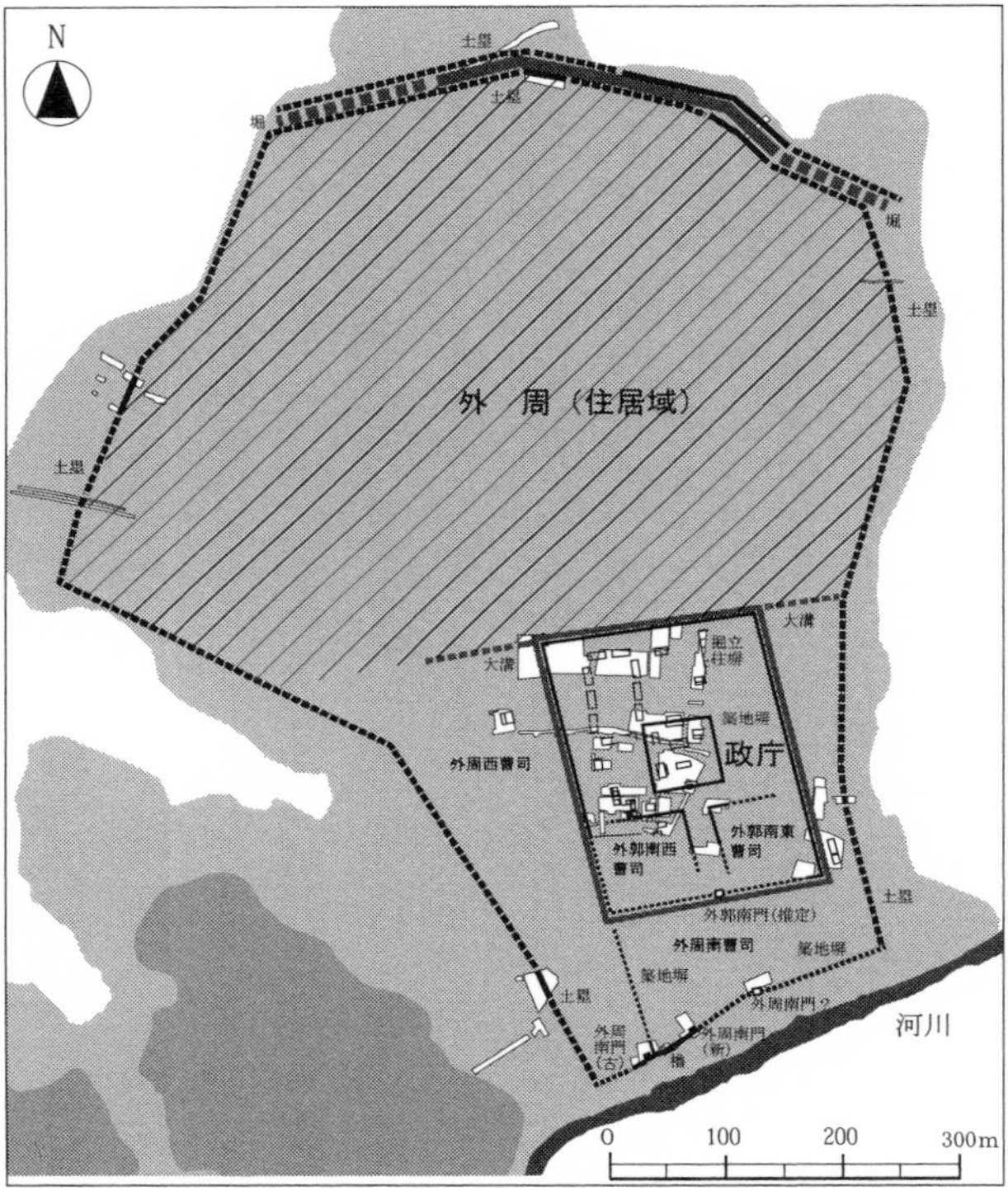

図16－3　伊治城全体図（村田晃一氏作成。樋口知志『阿弖流為』〔ミネルヴァ書房、2013年〕79頁）

で勢威を築く同族がいたので、それを誇示したのか、あるいは丸子姓は坂東にも知られ、坂東からの移民であったので、蝦夷ではないという矜持があったかであろう。

　呰麻呂はまず大楯を殺害しており、怨恨が深かったと思われる。そして、広純を包囲して殺害したといい、これは蝦夷系の族長として律令国家の侵攻を内側から見てきた積年の不満が鬱積していたことを窺わせる。ただし、下略部分には陸奥介大伴真綱《まつな》に呼びかけて、包囲の一角を開いて多賀城まで護送したとあり、全面的な対決までは想定していなかったと考えられる。以前から広純に怨みを持ち、それを隠して服従するふりをしていたとあるが、これは象徴的存在である総指揮官殺害の背景を後付けで説明したものであろう。

しかし、真綱ら陸奥国の国司は蝦夷の一大反攻に恐怖を抱き、多賀城に参集する民衆を見捨て

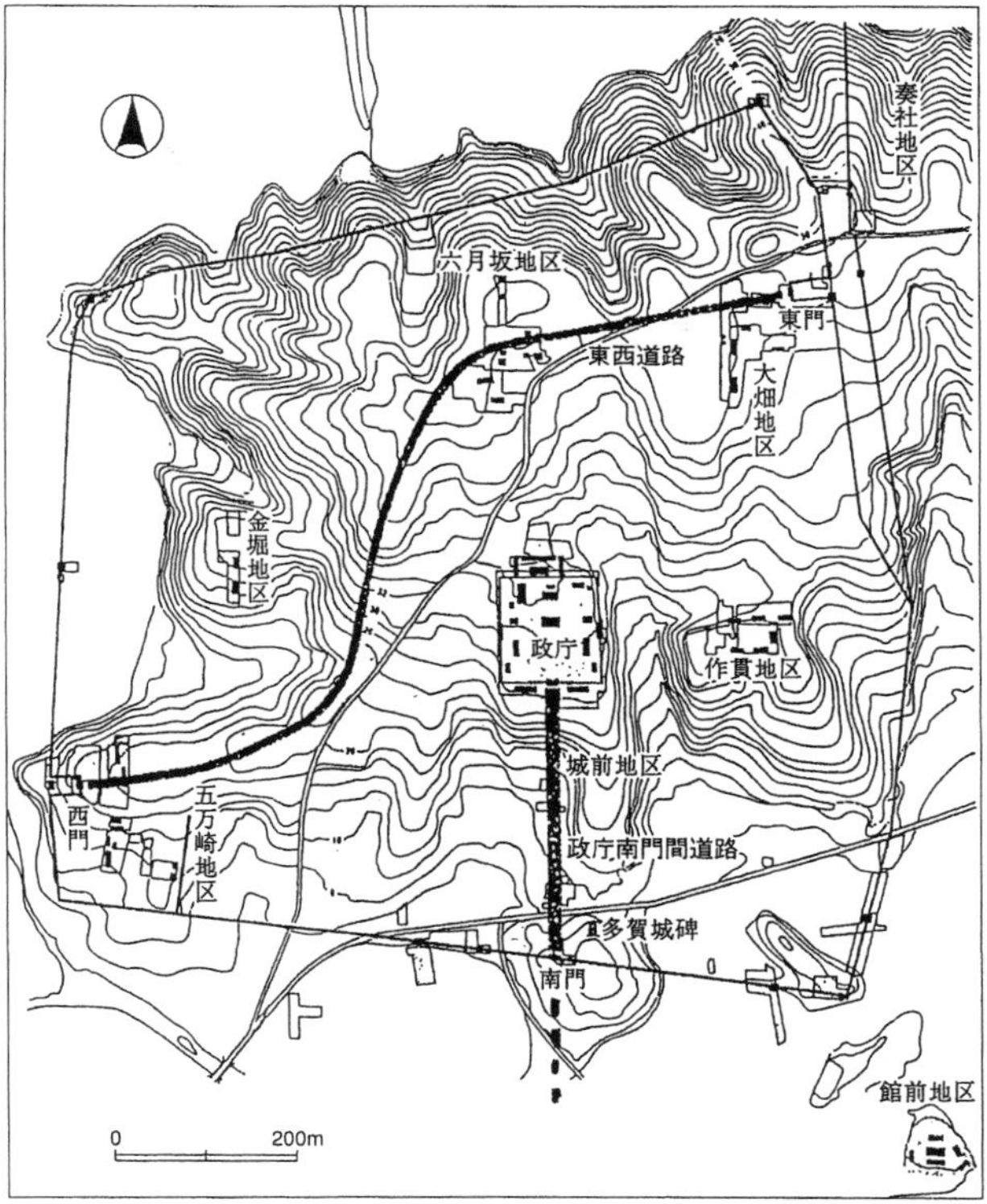

図16－4　多賀城全体図（高倉敏明『多賀城跡』〔同成社、2008年〕）

て、後門から逃走してしまう。そして民衆たちも離散し、その後数日にして到来した蝦夷軍が、府庫の物品を掠奪して搬出、放火したといい、多賀城は灰燼に帰する。これは多賀城第Ⅱ期（八世紀後半）の遺構で、政庁地区を中心に罹災の痕跡が広く確認されている。[4] ところで、伊治公呰麻呂の姿はこの後杳として見えない。多賀城への攻撃に彼が参加したか否かも不明とせねばならない。ただ、律令国家側は本格的な征討体制を構築し、坂東だけでなく、他の国々にも甲冑の送付を命じ、総力戦の様相を呈し、戦線は膠着して、三十八年戦争は泥沼化していくのであり、その画期となった伊治公呰麻呂の乱の意味は大きい。

註

（1）熊谷公男「陸奥国上治郡考」（『東北文化研究所紀要』五〇、二〇一八年）。
（2）鈴木拓也『蝦夷と東北戦争』（吉川弘文館、二〇〇八年）。
（3）井上光貞「陸奥の族長、道嶋宿禰について」（『日本古代国家の研究』岩波書店、一九六五年）。
（4）高倉敏明『多賀城』（同成社、二〇〇八年）。

17　入間宿禰広成――征夷事業を支えた坂東の豪族

入間宿禰《いるまのすくね》広成《ひろなり》は本姓は物部直《もののべのあたい》、武蔵国入間郡の人である。入間郡の郡領氏族は不詳であるが、入間郡には式内社の物部天神社《もののべてんじんじゃ》があり、この物部直（入間宿禰）と大伴部直が郡領氏族の有力候補と目される。[1] 広成は早くから都に出て、武官として活動していたが、三十八年戦争が始まると、坂東を拠点とする豪族として征夷に従事したらしく、天応元年（七八一）には「征夷之労」を賞せられているので（『続日本紀』天応元年九月丁丑条）、伊治公呰麻呂の乱に始まる混乱を一時鎮定するのに功績があったと思われる。

『続日本紀』延暦八年（七八九）六月庚辰条

（上略）巧《たくみ》に浮詞《ふし》を飾り、罪過を規避すること、不忠の甚《はなはだ》しき、斯より先なるは莫《な》し。また、広成・墨縄《すみなわ》は、久しく賊地に在りて、兼ねて戦場を経たり。故に委するに副将の任を以てして、その力戦の効を佇《ま》てども、営中に静処して坐ながら成敗を見、裨将《ひしょう》を差し入れて還りて敗績を致す。君に事《つか》ふる道、何ぞ其れ此《かく》の如くならむ。夫《そ》れ師《すい》出でて功無きは、良将の恥づる所なり。今、軍を損ひ粮《かて》を費して、国家の大害を為《な》す。閫外《こんがい》の寄《き》、豈《あに》其れ然《しか》らむや。（下略）

天平宝字2(758)	授刀と見える（『大日本古文書』25-233）
天平宝字8(764)	時に授刀で、藤原仲麻呂の乱に際して愛発関で仲麻呂軍を撃退
神護景雲2(768)	時に正六位上勲五等で、物部直→入間宿禰
天応元（781）	征夷之労により正六位上→外従五位下
延暦元（782）	陸奥介
延暦3（784）	征東将軍大伴家持の下で軍監
延暦7（788）	近衛将監／征東副使（副将軍）
延暦8（789）	征討の失敗により桓武天皇の叱責を被る
延暦9（790）	外従五位下→従五位下／常陸助
延暦18（799）	造東大寺次官

表17－1　入間広成の略歴

史料は後述の胆沢《いさわ》地域を拠点とする大墓公阿弖流為《たものきみあてるい》との巣《す》伏村《ぶせむら》合戦で征討軍が敗退し、征東将軍紀古佐美《きのこさみ》が征夷の中止を奏上して、朝廷の許可を得ないままに退去した際の桓武《かんむ》天皇による叱責の勅報の一部である。墨縄は本姓日下部《くさかべ》、下総国猿島《さしま》郡の人、安倍猿嶋臣《あべのさしまのおみ》を賜与されていた。同じく坂東の豪族出身で、墨縄の方は専ら征夷軍の中枢にいて、地位を上昇した人物で、延暦元年（七八二）には鎮守権《ごん》副将軍になっている。[2]

広成は征東副将軍、墨縄は前軍別将で、左中軍別将池田朝臣真枚《まひら》とともに三軍を引率していた。真枚は上野国那波《なは》郡池田郷を本拠とする上毛野氏系の豪族で、この頃には本貫《ほんがん》を都に移していたかもしれないが、坂東にルーツを持つ人物である。墨縄・真枚は鎮守副将軍であり、広成を含めたこの三人こそが今回の征討で前線の指揮官を務めるべき役柄であった。しかし、彼らは軍営に籠もり、最前線には出ずに、部下を突入させて敗績を招いてしまう。戦死したのは別将丈部《はせつかべの》善理《ぜんり》、進士高田道成《たかたのみちなり》・会津壮麻呂《あいづのたけまろ》・安宿《やすか》戸《べ》吉足《よしたり》・大伴五百継《いおつぐ》らで（『続日本紀』延暦八年六月甲戌条）、陸奥・坂東の将兵であったと思われる。
今回の征討は桓武朝の第一回目の戦役であった。紀古佐美は中央の名族出身で、桓武天皇の寵臣、その下に経験豊富な坂東出身の豪族を実質的な指揮官に起用し、万全を期したものである。しかし、今回の軍事の前に気になる動向もあった。『類聚三代格《るいじゅうさんだいきゃく》』巻十九延暦六年正月二十一日太政官符には「応《まさ》に陸奥按察使、王臣・百姓の夷俘と交関《こうげん》するを禁断すべき事」とあり、中央の王臣家（王族や大臣クラスの貴族）や国司たち、諸豪族が蝦夷の馬や奴婢を競って購入し、代金として支払う綿や甲冑が蝦夷側の襖として防寒具になったり、農器になって生産を助けたりしているという。

こうした状況は少し遡って『続日本紀』延暦二年四月辛酉条にも見え、

　比年、坂東の八国、穀を鎮所に運ぶ。而《しか》して将吏ら、稲を以てその穀に相換へて、代は軽物《けいもつ》にて京に送り、苟得《こうとく》して恥づること無し。また、濫《みだり》に鎮兵を役して多く私田を営む。茲《これ》に因りて、鎮兵疲弊して干戈に任《た》へず。

と指弾されている。「軽物」は軽貨ともいい、米・塩などの重貨に対して軽量な繊維製品を指す。ここでは軍粮《ぐんろう》として苦労して運送した物品が陸奥国の特産の狭布《さふ》や北方交易によって獲得される毛皮などの購入、蝦夷との交易に消費される様子が看取される(3)。また坂東から到来した鎮兵たちも私田の耕作に役使されているとある。

三十八年戦争の期間で、緊張状態が続いているが、常に戦闘が勃発するという状況ではなかった。坂東からは大量の物資と膨大な数の人兵が集まり、ここに見られる対蝦夷交易によって利益を得る人びともいたのである。特に将士に起用された坂東の豪族にはその疑いがあり、ずるずると適度に戦争状態が続くことが彼らの利害に適っていたのかもしれない。結局のところ、真枚と墨縄は厳しく叱責され、その過失を認めたという。墨縄は斬刑、真枚は官職・位階ともに剝奪すべきであるが、墨縄は「久しく辺戍《へんじゅつ》を歴して仕奉《しぶ》」したので、官位の剝奪、真枚は北上川で溺れた軍卒を助けたので、位階はとどめ、解官《げかん》のみに処するという処断になった（延暦八年九月戊午条）。

古佐美と広成も過失を認めたが、処罰の対象にはなっていない。古佐美は桓武天皇の母高野新笠《たかののにいがさ》の周忌御斎会司《しゅうきごさいえのつかさ》に登用されており（延暦九年正月癸亥条）、なお寵愛を失っていなかった。広成は外従五位下から従五位下に昇叙し、常陸介《ひたちのすけ》に任じられている（延暦九年二月癸巳・三月丙午条）。広成は延暦十八年に造東大寺司次官になっており、中央で官歴が続いたようである。彼らが優待されたのは、巣伏村合戦後に、撤退前に再戦して一定の戦果があったためとする説も呈されているが、[4] 合戦の様相については後述の阿弖流為の項で見ることにしたい。

註

（1）拙稿「「郡的世界」と郡家の機構―武蔵国入間郡を中心に―」（『古代東国の地方官衙と寺院』山川出版社、二〇一七年）。
（2）関幸彦「安倍猿嶋臣墨縄とその周辺」（『日本歴史』四六六、一九八七年）。
（3）蓑島栄紀「古代の陸奥・出羽における交易と交易者」（『古代国家と北方社会』吉川弘文館、二〇〇一年）。
（4）樋口知志『阿弖流為』（ミネルヴァ書房、二〇一三年）二二五～二三六頁。

18　槻本公老——桓武天皇即位秘話

槻本公老《つきもとのきみおゆ》は生江臣東人の項で登場した人物で、天平勝宝元年（七四九）には越前国足羽《あすは》郡擬《ぎ》主帳《しゅちょう》として東大寺の野占《やせん》に立ち会っていた（『大日本古文書』五―五四三～五四四）。彼はその後中央出仕に転身したらしく、宝亀九年（七七八）に従六位上から外従五位下に昇叙、右兵衛佐《うひょうえのすけ》に任じられたことが知られる（『続日本紀』宝亀九年正月癸亥・三月丙辰条）。それ以降の活動は不明であるが、老には桓武天皇即位を手助けしたという裏話があり、ここで閑話休題、時間を少し戻して、桓武天皇の即位事情や地方豪族から中央進出した老の後裔の行方を見ておきたい。

『類聚国史』巻七十九賞功・延暦二十二年（八〇三）正月壬戌条

外従五位下槻本公奈弖麻呂《なでまろ》に従五位上を授く。弟正七位上豊人《とよひと》・豊成《とよなり》に従五位下。並びに姓宿禰を賜ふ。奈弖麻呂の父故右兵衛佐外従五位下老、天宗高紹天皇《あまむねたかつがすめらみこと》の旧臣なり、初め庶人東宮に居るとき、暴虐尤《もっと》も甚し。帝と穆《むつ》まず、これに遇《あ》へども礼《うやま》ふこと無し。老、心を竭《つく》して帝を奉じ、陰かに輔翼《ほよく》の志有り。庶人及び母廃后、老が帝の昵《なじ》む所と為るを聞き、甚だ怒りてこれを喚して切責すること数《しばし》ばなり。后に巫蠱《ふこ》の事有るに及びて、老、其の獄を按験《あんけん》して多く奸状《かんじょう》を発《あば》く。此を以て母子共に廃し、社稷《しゃしょく》以て寧んず。帝、其の情を追思し、故に此の授有り。

図18－1　桓武天皇の図像（延暦寺所蔵）

桓武天皇は天智天皇の孫光仁天皇（和風諡号は天宗高紹天皇）の子、母は百済系渡来氏族高《たか》野新笠《ののにいがさ》で、本来皇位継承を視野に入れる存在ではなかった。奈良時代末に天武系皇統が途絶する際、白壁王《しらかべおう》と称した光仁天皇が即位できたのは、聖武天皇の女井上《いのえ》内親王を皇后とし、その間に母系で天武系を継承する他戸《おさべ》親王がいたので、合意形成がなされたものと考えられる。桓武天皇は山部《やまべ》親王という名前で、大学頭《だいがくのかみ》などを歴任し、律令官人として能力を発揮していた。

そうしたなかで、宝亀三年（七七二）に突如井上内親王が粟田広上《あわたのひろかみ》・安《あ》都堅石女《とのかたしわめ》らとともに光仁天皇を巫蠱の呪術で厭魅《えんみ》するという出来事が発覚し、井上皇后・他戸皇太子廃号事件となる（『続日本紀』宝亀三年三月癸未・五月丁未条）。史料中の「帝」は桓武天皇、「庶人東宮」が他戸親王、「母廃后」が井上内親王で、この母子はさらに翌年十月に光仁天皇の同母姉難波《なにわ》内親王が死去した際に、厭魅を行ったとして大和国宇智《うち》郡の没官《もっかん》宅に幽閉され（宝亀四年十月辛酉条）、同六年四月二十五日にともに死去しており（宝亀六年四月己丑条）、殺害されたものと思われる。他戸に代わって皇太子になったのが山部親王であり、桓武天皇即位の起点となる重要な出来事である。この事件の裏には藤原百川《ももかわ》ら桓武天皇の后妃を輩出する藤原式家《しきけ》の陰謀があったといわれるが、[1]

光仁天皇に近侍していた老の活躍もあったことが知られる。

ちなみに、『水鏡《みずかがみ》』光仁天皇条には、次のような伝奇的な話も伝えられている。

（上略）宝亀三年に帝、井上の后と博奕《ばくえき》し給ふとて、戯ぶれ給ひて「われまけなば、さかりなる男を奉らん、后まけ給ひなば、色・容双《かたちならび》なからん女を見させ給へ」との給ひしに、帝まけ給ひき。后まめやかにみかどをせめ申給ふ。帝戯れとこそおぼしつるに、事にがりて思ひ煩ひ給ふ程に、百川この事を聞きて、山部親王を后に奉り給へと帝にすゝめ申しき。（下略）

下略部分には山部親王は父の命令により井上内親王のもとに行ったといい、その後百川はこの醜聞をもとに、さらに厭魅事件を摘発したとある。皇位継承の傍系列にあった桓武天皇即位には、こうした荒技が必要であったことを窺わせる。[2]

弘仁六年（八一五）に万多《また》親王らが撰上し、畿内一一八二氏の由来を記した『新撰姓氏録《しんせんしょうじろく》』には、左京皇別上に坂田宿禰の条があり、榎本公は坂田宿禰に改氏姓しており、さらに坂田朝臣→南淵《みなぶちの》朝臣となる。老の祖父は天武朝に出家入道し、信正《しんしょう》という法名であったが、近江国榎本公転《くる》戸《べ》の女を娶り、老の父石村《いわれ》が誕生、母氏姓により榎本公を名乗っていたという。老の子奈弖麻呂は薬子《くすこ》の変（平城太上天皇の変、八一〇年）で嵯峨《さが》天皇側として活躍し、極位は従四位下、奈弖麻呂の子弘貞《ひろさだ》・永河《なかがわ》は学問によって立身し、南淵朝臣賜

図18－2　『東北院職人歌合絵巻』の博打（東京国立博物館所蔵）

姓、そして永河の子年名《としな》は碩儒《せきじゅ》として大納言にまで昇進している。(3)

ただし、議政官を輩出する氏族として定着し、公卿の一角にとどまることはできなかった。『菅家後集』四八三「少《わか》き男女を慰む〈五言〉」には「往《い》にし年窮れる子を見たり。京の中に迷ひて拠を失へり。身を裸にして博奕する者、道路《どうろ》南助《なんすけ》と呼べり」と、賭博に傾倒して家産を失う人物が描かれている。「南大納言の子、内蔵助、博徒《ばくと》なり。今なほし号して南助といへり」と解説されており、「南大納言」は南淵年名、「南助」はその子内蔵助良臣《くらのすけよしおみ》で、僧として放浪していた先祖返りをしたのであろうか、家産・家名を維持することの難しさを教えてくれる。

註

(1) 角田文衛「宝亀三年の廃后廃太子事件」(『律令国家の展開』塙書房、一九六五年)、林陸朗「奈良朝後期宮廷の暗雲」(『上代政治社会の研究』吉川弘文館、一九六九年)など。

(2) 村尾次郎『桓武天皇』(吉川弘文館、一九六三年)、井上満郎『桓武天皇』(ミネルヴァ書房、二〇〇六年)など。

(3) 林陸朗「古代史を貫く一本の家系―郡の主帳から大納言まで―」(『史学研究集録』一〇、一九八五年)

19　大墓公阿弖流為——坂上田村麻呂とも対峙した蝦夷の英雄

大墓公《たものきみ》阿弖流為《あてるい》は北上盆地南部の胆沢《いさわ》地方を拠点とする蝦夷《えみし》の首長で、上述の入間宿禰《いるまのすくね》広成《ひろなり》が敗退した延暦八年（七八九）の巣伏村《すぶしむら》合戦で初めて姿を現し、長らく蝦夷側の中心人物として桓武天皇の征蝦事業に対抗することになる。巣伏村は岩手県奥州市水沢区佐倉河の北上川本流西岸の四《し》丑《うし》の地に比定するのが有力で、阿弖流為の本拠地もその付近に存したと考えられている[1]。

『日本紀略』延暦二十一年（八〇二）八月丁酉条

夷《えびす》大墓公阿弖利為・盤具公《ばんぐのきみ》母《も》礼《れ》等を斬す。此の二虜は、並びに奥地の賊首なり。二虜を斬する時、将軍等申して云ふ、「此の度は願に任せて返入せしめ、其の賊類を招かん」と。而るに公卿執論して云ふ、「野性獣心にして、反復定无《さだめな》し。儻《たま》ま朝威に縁りて此の梟帥《きょうすい》を獲ふ。縦《も》し申請に依りて奥地に放還すれば、所謂虎を養ひて患を遺すならん」と。即ち両虜を捉へて、河内国の植山《うえやま》に斬す。

史料は阿弖流（利）為の最期を描いたものであるが、まずは延暦八年の征討軍との戦いぶりを見てみたい。征東副将軍入間広成と鎮守副将軍の池田真《ま》枚《ひら》・安倍猿《さ》嶋《しま》墨縄《すみなわ》は、前・中・後三軍が

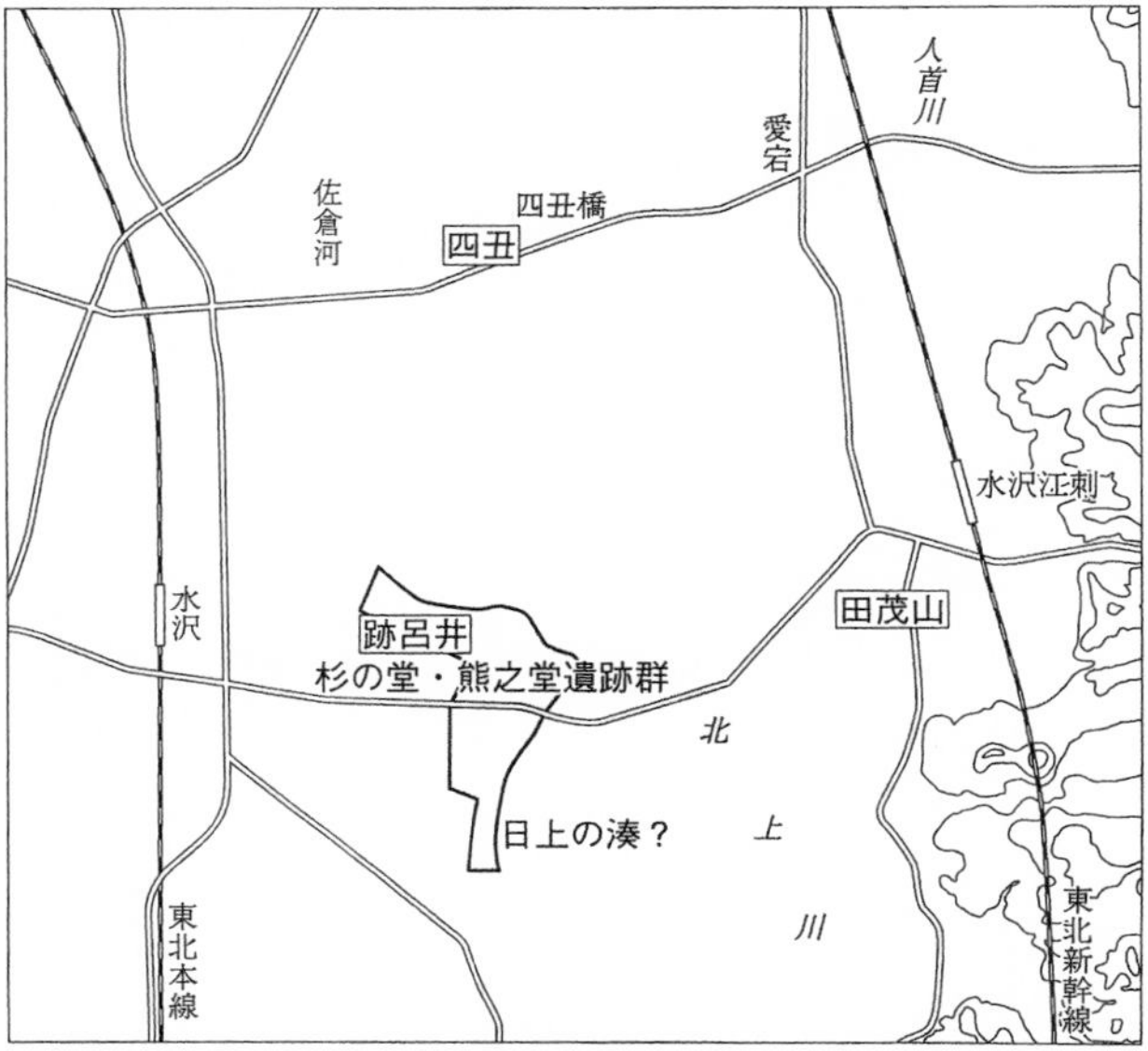

図19－1　阿弖流為の本拠地（樋口知志『阿弖流為』〔ミネルヴァ書房、2013年〕45頁）

連携して北上川を渡河して胆沢の地を攻略する作戦を立てた。進軍は北上川の両岸を北上するもので、東岸（左岸）では中・後軍から各二千人、計四千人を抽出し、賊帥阿弖流為の本拠を攻撃、蝦夷側では三百人ほどが防戦したが、これを撃破し、戦闘と焼掃《しょうそう》を行いつつ、巣伏村で前軍と合流する手筈で前進を続ける。一方、前軍は西岸（右岸）を北上し、渡河して巣伏村に至ろうとするが、蝦夷軍に拒まれて渡河できない状況になり、そこに新たに八百人の蝦夷軍が出現、その勢力は強大で、退却しようとしたところ、東山からさらに四百人の蝦夷軍が参戦し、前後を挟撃される形で、退路を遮断されてしまう（『続日本紀』延暦八年六月甲戌条）。

阿弖流為の見事な戦術で、この時に別将丈部善理《はせつかべのぜんり》らが殺害され、広成らは後方で指示を出すのみで、最前線には行かなかったので、桓武天皇から厳しく叱責された次第である。征討軍の被害は大きく、戦死者二五人、負傷者二四五人、溺死者一〇三六人、裸で川を泳ぎ生還した者が一二五七人といい、渡河地点で不利な状況を突かれて混乱が拡大し、大惨敗になった。ただし、征東将軍紀古佐美は蝦夷の村を一四村・宅八〇〇烟《えん》を焼亡したと報告しており、阿弖流為側の被害も甚大なものであったことが窺われる。

また征東軍の死傷者数と戦果に関しては、「斬獲《ざんかく》せる賊首八十九級にして、官軍の死亡千余人なり。その傷害せらるる者殆ど二千ならむ」という別の報告があり（延暦八年七月丁巳条）、上述の巣伏村合戦との齟齬に着目して、征討軍は撤退前に再度の胆沢への攻撃を行ったとする説が呈されている。(2) この点については別の理解も可能で、やはり一度の会戦とする見解も示されており、(3) なお検討課題とせねばならないが、いずれにしても次々と

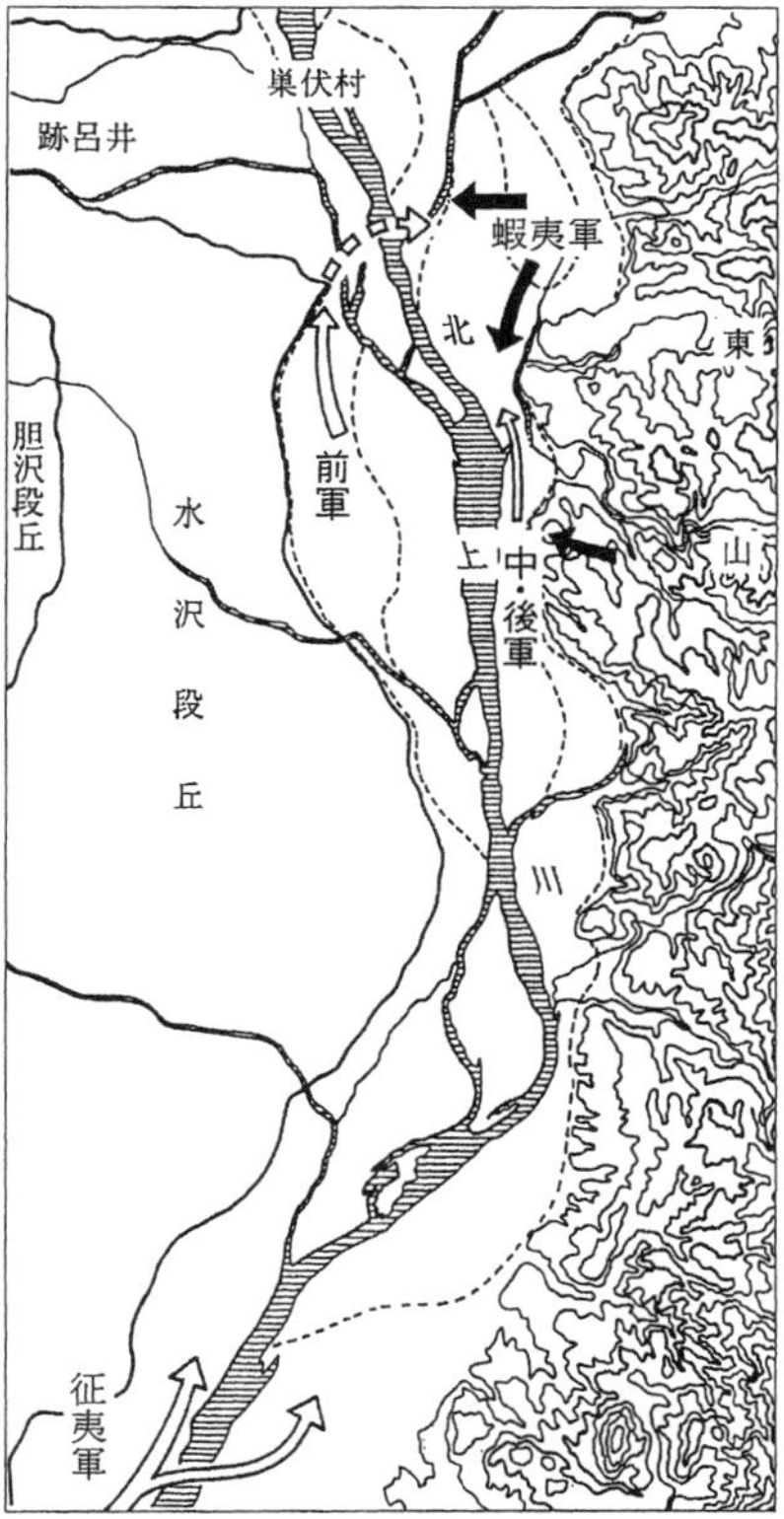

図19－2　巣伏村合戦想定図（樋口知志『阿弖流為』〔ミネルヴァ書房、2013年〕218頁）

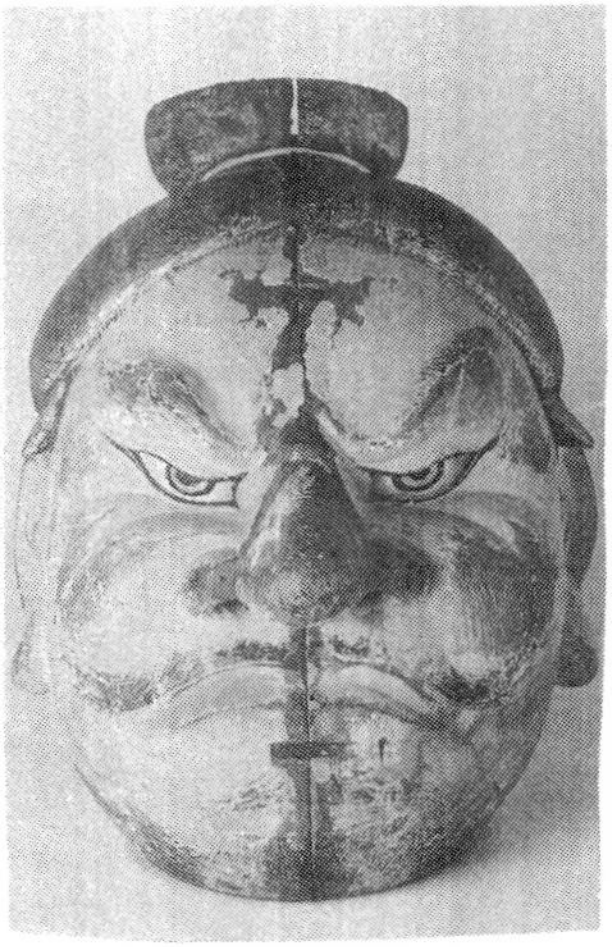

図19－3　悪路王（阿弖流為）の首級（鹿島神宮蔵）

軍隊を送り込むことが可能な律令国家側と、自分たちの居住・生産活動の場を死守する立場の蝦夷側では、ダメージは蝦夷側の方が大きく、今後の戦争をどのように継続するかが課題になったはずである。

桓武天皇は軍事と造作、征夷事業と平安京遷都（七九四年）・造営を推進し、特に延暦十年（七九一）に始まる大伴弟麻呂《おとまろ》の征討軍は坂上田村麻呂も征東副使として参陣しており、十万人規模で、実際の発遣は延暦十三年、この年十月の平安京遷都に合わせるように(4)、斬首四五級・捕虜一五〇人・獲馬《かくば》八五疋・焼落七五処の戦果が報告されている（『日本紀略』延暦十三年十月丁卯条）。この間、蝦夷側では斯波《しわ》村《むら》の夷胆沢《いさわの》公阿奴志己《きみあぬしこ》（『類聚国史』巻百九十俘囚・延暦十一年正月丙寅条）、夷爾散南公阿波蘇《にさなのきみあわそ》・宇漢米公隠《うかめのきみおん》賀《が》（七月戊寅・十一月甲寅条）など、朝廷に帰服を申し入れる人びとが出現しており、戦争終結に向けて行動する動きも見えていた。

延暦十九年には陸奥国から「帰降せる夷俘、各城塞を守り、朝参相互続きて、出入寔《まこと》に繁し」との報告がなされており（五月戊午条）、律令国家側の懐柔策がさらに進展したことが窺われる。延暦十六年の征夷大将軍坂上田村麻呂による征討は、『日本後紀』の欠失によって戦闘内容が不明であるが、むしろ懐柔策を中心とするもので、蝦夷社会の武装解除・平和的解決への方向を模索するものであったと考えられている。そこで、延暦二十年に始まる坂上田村麻呂の征討活動である。これも『日本後紀』の欠失で詳細不明であるが、岩手県の太平洋岸の閉伊《へい》地方にまで掃討が及んでいるようであり（『日本紀略』弘仁二年〔八一一〕十二月甲戌条）、胆沢地方よりも遥か北方まで活動範囲が拡大している。こうしたなかで胆沢城の築城（八〇二年）と鎮守府の移転や志波城築城（八〇三年）が実施されていく。

その決着の前提になったのが阿弖流為の帰服である。阿弖流為は延暦二十一年四月に「種類五百余人」を率いて造陸奥国胆沢城使陸奥出羽按察使《あぜち》の坂上田村麻呂の下に帰降したといい（『類聚国史』巻百九十俘囚・延暦二十一年四月庚子条）、七月に田村麻呂とともに入京している（『日本紀略』延暦二十一年七月甲子条）。盤具公《ばんぐのきみ》母《も》礼《れ》はここにしか見えないが、阿弖流為とともに蝦夷側の中心人物であったと目される。史料には田村麻呂ら陸奥国で従軍していた人びとは阿弖流為らの助命と居住地での宣撫《せんぶ》工作への起用を提言したことが記されている。しかし、公卿らはこの間の抵抗の中心人物を戻すことは虎を野に放つようなものだとして処刑を主張し、阿弖流為らは河内国の植山で斬刑に処せられた。彼らの死は三十八年戦争の実質的な終結を示すものであった。阿弖流為は華々しく戦場に登場したが、その後は平和的な解決を模索し、既に覚悟の上の上京であったと評される所以である。

註

（1）樋口知志『阿弖流為』（ミネルヴァ書房、二〇一三年）。

（2）樋口知志「延暦八年の征夷」（『古代蝦夷と律令国家』高志書院、二〇〇四年）。
（3）熊谷公男編『アテルイと東北古代史』（高志書院、二〇一六年）。
（4）鈴木拓也「桓武朝の征夷と造都に関する試論」（『文学・芸術・文化 近畿大学文芸学部論集』一三―二、二〇〇二年）。

20 佐伯直真魚（空海）――真言宗の将来と布教

佐伯直真魚《さえきのあたいまお》は真言宗の開祖として知られる空海《くうかい》（七七四～八三五）の俗名である。空海は讃岐《さぬきの》国多度《くにたど》郡の出身、佐伯直は郡領氏族と目され、系図史料であるが、父田公《たぎみ》は少領とあり(1)、兄弟の鈴伎麻呂《すずきまろ》は天長四年（八二七）に巡察使の検校により郡司を褒賞した際に外正六位上から外従五位下に昇叙されているので（『類聚国史』巻九十九叙位・天長四年正月甲申条）、郡司であったことはまちがいない。

空海は当初母方の舅《おじ》阿《あ》刀宿禰《とのすくね》大足《おおたり》について漢学を学び、十八歳で大学明経科《めいぎょうか》に入学したが、ある時、一沙門《しゃもん》から虚空蔵求聞授法《こくうぞうぐもんじほう》を授けられ、奈良時代に遣唐使によって将来されていた密教の経典（雑密《ぞうみつ》と呼ばれる未体系の密教）に魅了され、阿波の大瀧嶽《たいりょうがたけ》や土佐の室戸崎《むろとみさき》で超人的な修行に励む。奇跡的な体験も得たが、『大日経』の疑義を正し、密教の正統を体得するために、延暦度遣唐使の留学僧として渡海することになる(2)。

上新請来経等目録（大同元年〔八〇六〕十月二十二日／『平安遺文』四三二七号）

（上略）西明寺《さいめいじ》の永忠《ようちゅう》和尚の故院に留住す。是において城中を歴し、名徳を訪ひ、偶然に青《せい》龍寺《りゅうじ》東塔院和尚法諱恵果《けいか》阿《あ》闍梨《じゃり》に遇《あ》ひ奉れり。和尚、見《まみ》えながら笑《えみ》を含みて、喜歓して告げて曰く、「我、先に汝が来らんことを知りて、相待つこと久し。今日相見《まみ》ゆること大《はなは》だ好し、大だ好し。報命竭《ほうみょうつ》きなんと欲するに、付法に人なし。必ず須く速やかに香花《こうげ》を弁じて、灌頂壇《かんじょうのだん》に入るべし」と。

（下略）

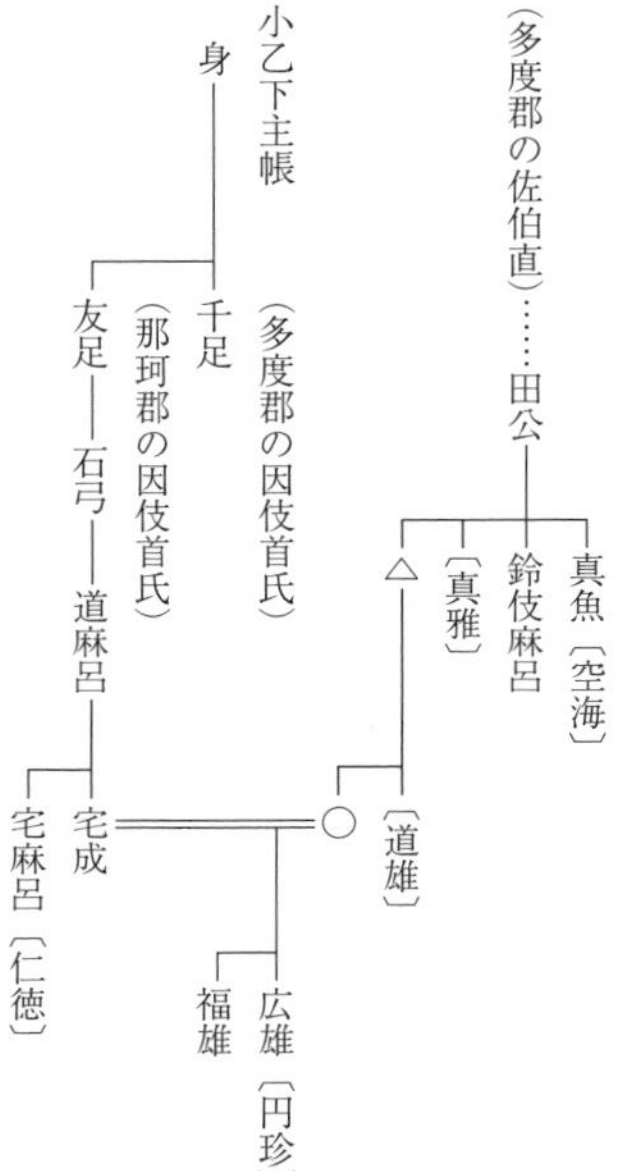

図 20－1　空海の略系図
＊〔 〕は出家者

空海は大使藤原葛野麻呂《かどのまろ》の第一船で入唐《にっとう》したが、遣唐使の歴史の中では最南端になる福州に到着し、福州観察使の赴任直後という条件も重なって、入国手続きがなかなか進展しなかった。その際に空海が文筆を振るって事なきを得たというエピソードがあり（『性霊集《しょうれいしゅう》』巻五「為大使与福州観察使書」）、大学で学んだ文筆能力や学識が役立った場面もある。

史料は空海が帰国後に遣唐判官高階遠成《たかしなのとおなり》に託して朝廷に提出した報告書で、典籍二一六部四六一巻、曼荼羅《まんだら》などの図像一〇鋪、法具九種、付嘱物《ふしょくもつ》一三種などを列挙して、上表文を付したもの、「御請来目録《ごしょうらいもくろく》」と呼ばれる入唐求法の成果を示すものである。空海は宝亀初年に渤海経由で入唐し、延暦度遣唐使とともに帰朝した永忠（七四三～八一六）の西明寺の宿所を受け継ぎ、ここを拠点に長安を歩き回り、密教の師とすべき人物を探索している。八世紀以降の後期遣唐使は二〇年に一度ほどの派遣で、どのような学匠がいるか正確な知識がないままに渡海し、次回の遣唐使来航までじっくりと学修・求法するという形であった(3)。

西明寺は外国僧が多く居住し、日本の遣唐留学僧も代々寄宿しており、国際交流の場になっていた(4)。空海は醴泉寺《れいせんじ》にいた罽賓国《けいひんこく》の般若三蔵《はんにやさんぞう》と北インドの牟尼室利《むにしつり》三蔵《さんぞう》について、密教の伝授・灌頂を受けるために不可欠な梵語の修得やインド哲学（悉曇《しつたん》）の学修に努めたようである。こうした準備をふまえて、青龍寺の恵果（七四六〜八〇五）を師と仰ぐことになる。恵果は不《ふ》空《くう》三蔵の弟子、善無畏《ぜんむい》—玄超《げんちょう》の『大日《だいにち》経《きょう》』系（胎蔵法）と金剛智《こんごうち》—不《ふ》空《くう》の『金剛経』系（金剛法）の中国密教の二大潮流を継承する最後の学匠であった(5)。空海と相見した恵果は、自分の命が竭きようとしているのに、密教の体系を伝授する人物がいないこと、空海こそが伝法人として相応しいことを述べたといい、確かに恵果から両部の伝法灌頂を得たのは空海と中国僧の義明《ぎめい》しかお

不空

空海

恵果

図20－2　不空・恵果・空海の画像（東寺蔵）

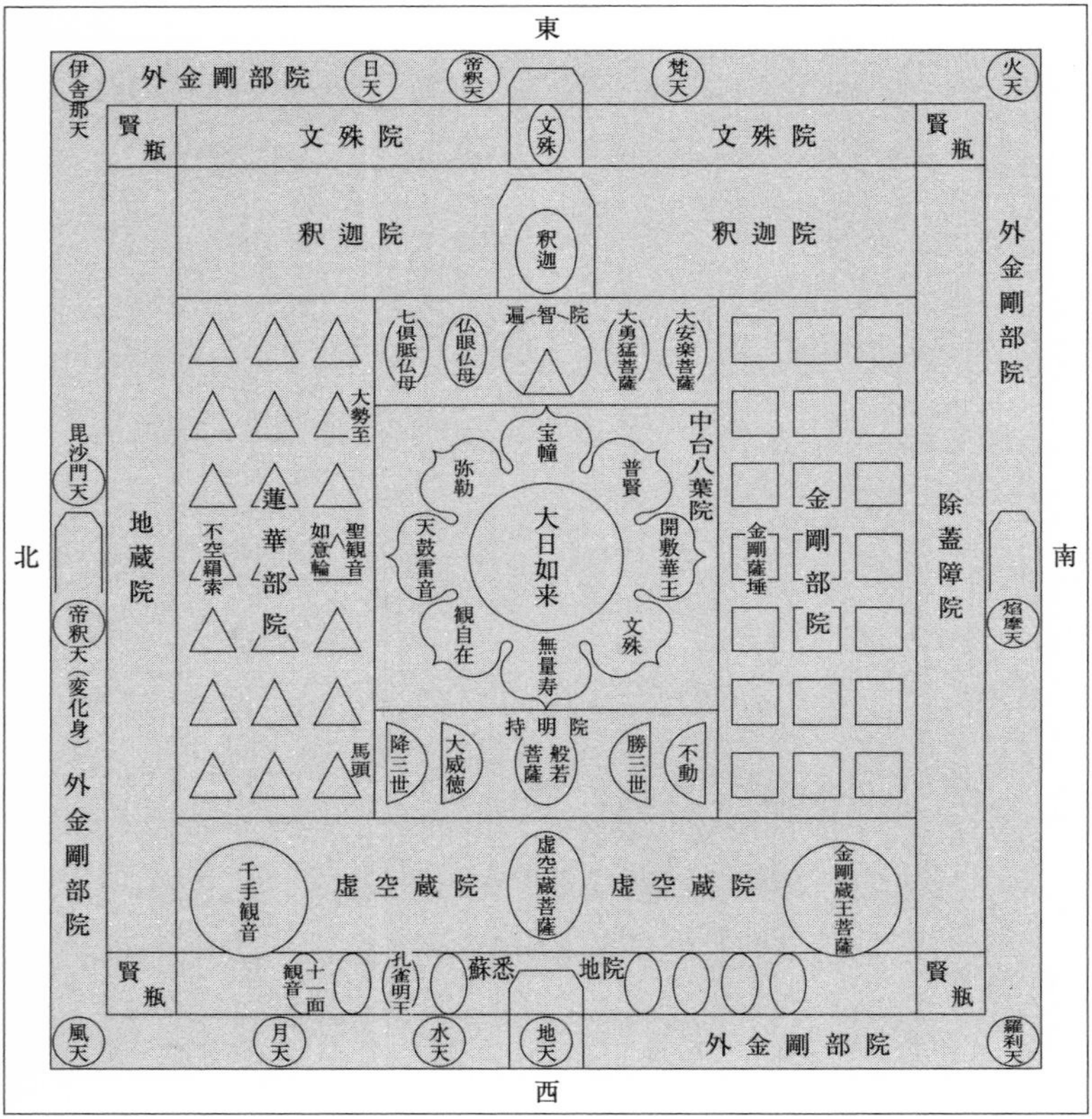

胎蔵界曼荼羅

図20－3　胎蔵界・金剛界曼荼羅（左頁）の図解（曾根正人『空海』〔山川出版社、2012年〕40・42頁）

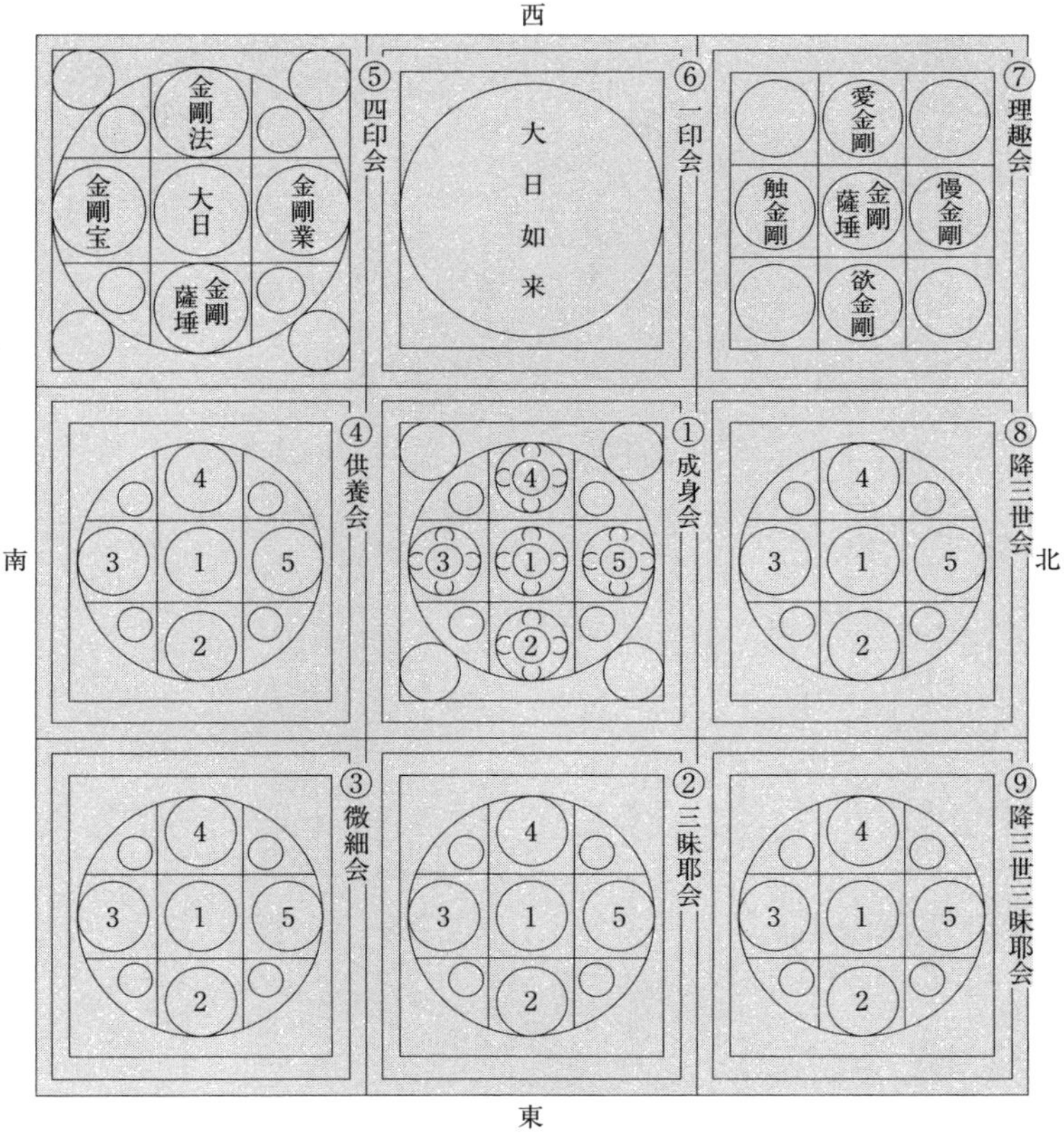

1＝大日如来（中央円）　四方親近菩薩（四波羅蜜）
2＝阿閦如来（東方円）　四方親近菩薩
3＝宝生如来（南方円）　四方親近菩薩
4＝無量寿如来（西方円）　四方親近菩薩
5＝不空成就如来（北方円）　四方親近菩薩

金剛界曼荼羅

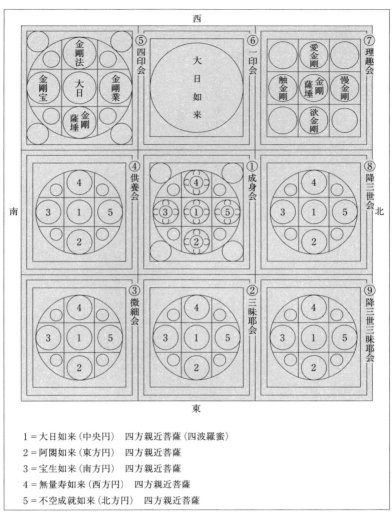

らず、空海は密教の正統を受け継ぐことができた。

空海の灌頂名は遍照金剛《へんじょうこんごう》であるが、これは永貞《えいてい》元年（八〇五＝延暦二十四）六月・七月の二度にわたる灌頂の際、曼荼羅の上に花を投げたところ（投花得仏《とうけとくぶつ》）、二度とも中尊の大日如来《だいにちにょらい》の上に花が落ちたことによるもので、恵果も「不可思議、不可思議」と再三讃歎《さんたん》したという（「御請来目録」）。その後、ほどなくして恵果は示寂《じじゃく》、密教のすべてを伝授された空海は、長期留学を切り上げ、遅れて到来していた延暦度遣唐使第四船の判官高階遠成の帰国に随伴して帰朝を遂げる。次回の承和度遣唐使は延暦度から三十三年の間隔があり、遣唐使以外に通交手段がなかった当時にあっては、帰国の機会を逃すと、折角修得した密教の正統を日本に伝来することができなかったかもしれない。

帰朝後の空海はしばらく北部九州に滞留し、嵯峨天皇即位後に入京、紆余曲折はあるが、真言密教を定着するのに尽力し、入定《にゅうじょう》（三月二十一日）前、承和《じょうわ》二年（八三五）正月に真言宗年分度者《ねんぶんどしゃ》の勅許《ちょっきょ》を得て、宗派としての真言宗を確立する。密教の修法は南都六宗《なんとろくしゅう》や天台宗のなかにも受容されており、同じく新宗派で南都六宗《なんとろくしゅう》と何かと軋轢のあった天台宗とは異なり、真言宗は南都六宗とも融和的であった。ただし、経典の教学探究に基づく従来の顕教《けんきょう》に対して、即身成仏《そくしんじょうぶつ》を目指す密教においても、顕教教義と同次元の密教教義が存し、それが正統法門として最高位にあることを宣布・浸透させるには不断の努力が必要であったという。

空海は讃岐国の満濃池《まんのういけ》修築を行い、出身地のためにも尽力している。讃岐国は後代の讃岐守藤原保則《やすのり》や菅原道真も辟易したように（『藤原保則伝』、『菅家文草《かんけぶんそう》』巻三―二二二「衙後勧諸僚友、共遊南山」)、訴訟好きな人が多く、奈良時代以来著名な明法家を輩出しているが、宗教界にも讃岐人脈が広がっていた。(6)南都六宗の中にも宝亀度①遣唐使の請益僧《しょうやくそう》となった大安寺《だいあんじ》の戒明《かいみょう》を始め、讃岐国出身者がおり、後に空海から受法を得る道雄《どうゆう》や空海の実弟で弟子になる真雅《しんが》のような真言宗の僧も輩出している。こうした同郷者の存在も空海の活動の手助けになったと思われる。ちなみに、天台宗の密教化(台密《たいみつ》)を確立する円珍《えんちん》は、空海の姻戚であった。ただし、教義上の論争は別で、円珍は「十住心《じゅうじゅうしん》を立てて一代の教を判ずるも、未だ此の疏に合《そ》はず、論と為すには足らざるのみ」と、空海の著作『十住心論《じゅうじゅうしんろん》』を厳しく批判する言辞も見られる(『大毘盧舎那経指帰《だいびるしゃなきょうしき》』)。

註

(1) 宝賀寿男『古代氏族系譜集成』(古代氏族研究会、一九八六年)「佐伯直、佐伯宿祢」。
(2) 空海の生涯については、曾根正人『空海』(山川出版社、二〇一二年)、武内孝善『弘法大師空海の研究』(吉川弘文館、二〇〇六年)、『空海伝の研究』(吉川弘文館、二〇一五年)などを参照。空海の入唐資格や延暦度遣唐使に関しては、拙稿「延暦度遣唐使の研究」(『遣唐使と古代対外関係の行方』吉川弘文館、二〇二二年)を参照。
(3) 拙著『遣唐使の光芒』(角川学芸出版、二〇一〇年)、『阿倍仲麻呂』(吉川弘文館、二〇一九年)などを参照。
(4) 蔵中しのぶ「長安西明寺と大安寺文化圏」(『奈良朝漢詩文の比較文学的研究』翰林書房、二〇〇三年)。
(5) 藤善眞澄『隋唐時代の仏教と社会』(白帝社、二〇〇四年)。
(6) 堀池春峰「弘法大師と南都仏教」(『南都仏教史の研究』下巻、法蔵館、一九八二年)、拙稿「奈良時代後半の遣唐使とその史的意義」(註(2)書)など。

21　壬生吉志福正——国分寺塔の再建と子息涯分の租税前納

壬生吉志福正《みぶのきしふくせい》は武蔵国男衾《おぶすま》郡榎津《えなつ》郷（埼玉県寄居《よりい》町付近）の人である。「吉志（吉士）」は百済では「王」を意味する語で（『周書』百済伝）、古朝鮮語に由来するものと目され、吉士集団は新羅・加耶系の渡来系氏族であって、六・七世紀には倭王権の外港である難波《なにわ》を拠点に、対朝鮮諸国外交に活躍していた[1]。吉士はその他の地域にも分布しており、武蔵国では橘樹《たちばな》郡に飛鳥部《あすかべ》吉志、多磨郡に吉志、そして男衾郡に壬生吉志が知られる。橘樹郡には武蔵国造の地位をめぐる争乱の後に橘花屯倉《たちばなのみやけ》が設置されており、飛鳥部吉志は屯倉の管理に携わったと推定されている。壬生吉志は七世紀に設置された壬生部《みぶべ》の管理と貢納の拠点となる屯倉を管掌し、当該地域に勢力を扶植したのではないかと考えられる。

『類聚三代格』巻八承和八年（八四一）五月七日太政官符

（上略）己が身は課役を免ぜらるると雖《いえど》も、位蔭《いおん》は子に伝ふることを得ず。方《まさ》に今、年齢衰老し、命は冥途に臨めり。今、二男有るも、皆一才も無く、定めて調庸《ちょうよう》の民として負担を免れずと知る。父たるの道、慈しみ無きこと能《あた》はず。望み請ふらくは、件の継成《つぐなり》等の各々の身の調庸、中男《ちゅうなん》より始めて不課に至るまで、年を計《かぞ》へて総《すべ》て進め将来の賦を免れんことをてへ

り。（下略）

「応《まさ》に百姓二人の身の分の調庸を総て収むべき事」という事書《ことがき》の官符で、榎津郷戸主外従八位上壬生吉志福正の申請を男衾郡司が取り次ぎ、武蔵国から太政官に上申された案件を認可するという内容である。福正自身は八位の位階を帯しており、八位から六位の者は本人は租税を免除されるが、その恩恵は子には及ばない（戸令戸主条、賦役令三位以上条）。福正は後述の承和十二年の段階では前大領《ぜんたいりよう》であったことが知られ、外従八位上は大領の帯位として相応しいが、この申請の時点で現任郡司であったか否かは不明とせねばならない。

福正は言う、自分は課役を免除されているが、その特権を子に伝えることはできず、年老いて死んでいくことになる。しかし、二人の子は才がなく官人、おそらくは郡司になる見込みがないので、父として彼らに慈愛を施すために生涯分の調庸を前納したいと。武蔵国司は「例なしと云ふと雖も、公に益あり」として、太政官に口添えしてくれており、これは郡司（前郡司）として長年勤務した福正の業績を評価してのことであろう。

現在の税制とは異なり、税を負担する男子（課丁《かてい》）の年齢区分によって調・庸の額は決まっていたから、一生分の納入額を算出することは可能であった。その計算は養老元年（七一七）以来、成年男子である正丁《せいてい》（令文では二十一～六十歳／この時点では二十二～五十九歳）の調・庸は麻布の場合、調・庸合わせて四丈二尺で一端である。老丁《ろうてい》（次丁《じてい》とも。令文では六十一～六十六歳／六十～六十五歳）は正丁の半分の負担、また中男《ちゆうなん》（少丁《しようてい》とも。令文では十七～二十歳／十八～二十一歳）

年次	国・郡名	地位／人名：内容	
和銅7·11·9	大倭・添上	大倭忌寸果安：病人を私粮看養	
天平6·6·14	大倭・葛下	白丁／花口宮麻呂：私稲により貧乏救養	
天平神護2·6·13	丹波	家部人足：私稲により飢民57人資養	
神護景雲2·5·28	信濃・水内	倉橋部広人：私稲6万束で百姓の負担を償う	
宝亀2·3·4	遠江・磐田	主帳／若湯坐部龍麻呂：私物により窮民20人以上を養う	
		蓁原	主帳／赤染造長浜：同上
		城飼	主帳／玉作部広川：同上
		主帳／檜前舎人部諸国：同上	
		讃岐・三野	丸部臣豊捄：同上
宝亀11·7·22	伊予・越智	越智直静養女：私物により窮弊百姓158人を資養	
延暦3·10·21	越後・蒲原	三宅連笠麻呂：稲10万束を蓄え、寒者に衣、飢者には食を与える等の施を行う	
延暦5·10·21	常陸・信太	大領／物部志太連大成：私物を以て百姓の急を周す	
延暦9·12·19	常陸・信太	大領／物部志太連大成：居官不怠・頗著功績、以上私物賑恤所部	
		新治	大領／新治直大直：同上
		播磨・明石	大領／葛江我孫馬養：同上
		下総・猿島	主帳／孔王部山麻呂：同上
延暦24·7·20	常陸	生部連広成：私物を以て貧民を救う	
天長5·3·10	豊前	俘囚／吉弥候部衣良由：酒食百姓360人を輸す	
		豊後	俘囚／吉弥候部良佐閇：稲964束を輸し、百姓327人を資す
天長10·2·20	筑後	夷第五等／都和利別公阿比登：私稲を輸し、弊民を資す	
天長10·3·9	肥後・葦北	少領／他田継道：私物を輸し、飢民を済す	
		白丁／真髪部福益：同上	
承和7·2·25	相模・大住	大領／壬生直広主：窮民の代わり私稲1600束を輸し、戸口5350人を増益	
承和7·3·12	陸奥・宮城	権大領／物部巳波美：私稲1万1千束を輸し、公民を賑す	
承和8·8·4	相模・高座	大領／壬生直黒成：貧民に代わり調布360端2丈8尺・庸布345端2丈8尺・正税11172束2把を填進し、飢民に稲5504束を給付、戸口3186人を増益	
承和14·5·22	若狭	白丁／膳臣立岡：窮民に代わり塩5斛・庸米152斛、准稲4608束を輸す	
嘉祥3·7·9	伊予	力田／物部連道吉：私産を傾け窮民を賑贍す	
			力田／鴨部首福主：同上
仁和1·③·19	下総・海上	大領／海上国造他田日奉直春岳：百姓の調庸を代済	
仁和2·12·18	越中・新川	擬大領／伊弥頭臣貞益：私物で官用を助け、民の公事を代済	

表21－1　社会的救済行為の事例

（備考）出典はすべて当該国史。

は中男作物《ちゅうなんさくもつ》を負担し、紙の場合は一年分が四〇張《はり》となる。

上略部分によると、福正の子継成は十九歳、中男作物が二年分で紙八〇張、調・庸は正丁三八

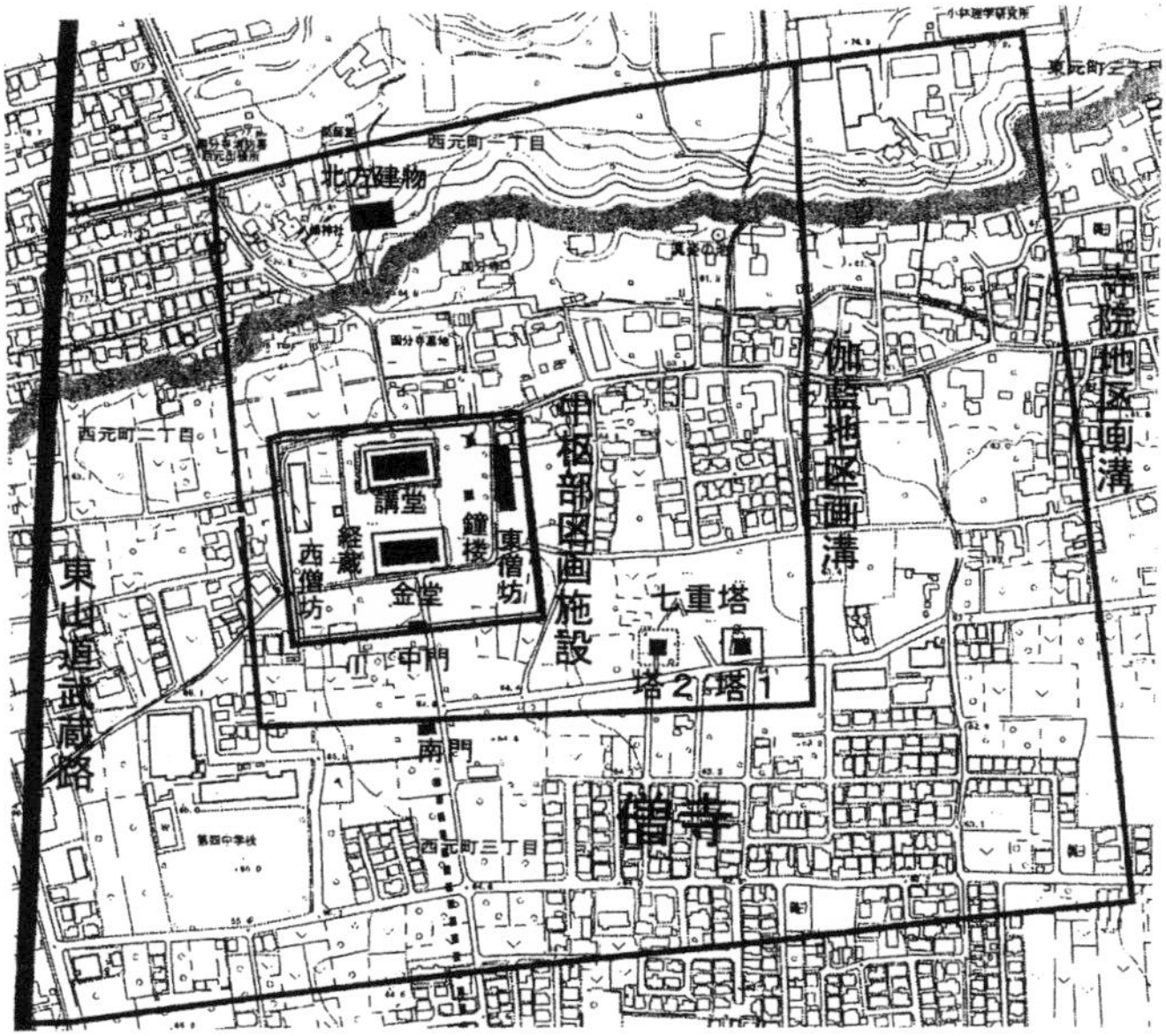

図21－1　武蔵国分寺の遺構配置図

年分の布三八端と老丁五年分の二端半、計四〇端二丈一尺となる。十七歳の真成《さねなり》は調・庸は同額、中男作物は四年分で紙一六〇張である。ただし、地方官衙の様々な用務に従事する雑徭《ぞうよう》は一括納入の対象とはされなかったので、雑徭には駆使されることになるが、これもその時々で代納するなどを考えればよかったのであろう。

同様の事例としてはもう一例が知られ、尾張国春部《かすがべ》郡の大領尾張宿禰弟広《おとひろ》がやはり二人の子息の調・庸と中男作物、そしてこちらは雑徭分も一括納入が認められている（『日本三代実録』仁和元年〔八八五〕十二月

二十九日条）。十六歳の安文《やすふみ》は調絹一〇疋七尺五寸、庸米一二斛一斗五升、中男作物油二升八合、徭分商布《ようぶんしょうふ》一五二端、十五歳の安郷《やすさと》も同額である。弟広は郡司として四〇余年間勤務したが、二人の子息は一芸もなく、郡司にはなれそうにもないと述べており、子の行く末を案じる親心は一致している。

では、これらは郡司氏族の零落を示しているのであろうか。九世紀には東アジア規模の気候変動が続き、旱魃《かんばつ》や水害による不作、飢饉や疫病の発生、さらには地震・火山噴火や大風（台風）などの自然災害も頻発している。こうした中で中国の唐や朝鮮半島の新羅・渤海はいずれも十世紀前半に滅亡するが、日本だけは王朝交替がなく、今日に至るという歴史の分岐点が訪れる。日本ではこれらの国々ほどには中央集権化が徹底しておらず、九世紀には郡司を含む「富豪」と称される人びとによる調庸代納《ちょうようだいのう》などの社会的救済行為が知られる。(2) 調庸代納は何百端もの布や一万束を超える正税《しょうぜい》などを納入するもので、郡司クラスの福正や弟広にとっては、それぞれ二人分の生涯分の納税といっても、痛痒も感じない支出であったと思われる。むしろこうした行為によって地域での名望を高め、国衙《こくが》機構に転身するなどして、地方支配の維持を図る事例も少なくない。(3) 郡司氏族の再生産が容易ではない状況も看取されるが、郡司氏族の歴史的支配は簡単には低下せず、社会を支える基層勢力として意外に長く存続していくのである。

壬生吉志福正の活動もこれで終わりではなかった。承和十二年というから、四年後にもまた、福正は承和二年に「神火《しんか》」（落雷）によって焼失した国分寺の七層塔一基を建立したいと言上し、許可されている（『続日本後紀』承和十二年三月己巳条）。武蔵国分寺跡の調査によると、七重塔とされる塔跡1とその西方五〇メートルの塔跡2が存在し、どちらかが福正が関与したものである(4)(図21－1参照)。塔跡1は奈良時代の国分寺創建時の塔として建立され、九世紀中頃に火災を受けた後に再建されて、その後、十～十一世紀の武蔵国分寺の最終段階まで存続している。一方、塔跡2は九世紀中頃に造られたと目されるが、礎石や基壇外装の部材が残っていないことや屋根瓦の出土量が少ないことなどに鑑みて、未建設の可能性も考えられるという。

福正が再建を願い出て造営に着手したのが塔跡2とすれば、福正の再建は未完成に終わり、別の人物ないしは国衙の力によって塔跡1が再建されたことになる。塔跡1が福正により再建されたものとすれば、塔跡2は途中まで国衙が再建を試みたが、福正の申請によって、そちらに切り換えられたと説明することができる。福正および壬生吉志の行方は不明であるが、一郡司氏族が国家的事業であった国分寺の七層塔再建に挑む姿は、財力・信仰心に基づく在地豪族の勢威をかいまみる材料として興味深い。

註

(1) 拙稿「古代難波における外交儀礼とその変遷」(『古代日本の対外認識と通交』吉川弘文館、一九九八年)。
(2) 拙稿「九世紀の郡司とその動向」(『古代郡司制度の研究』吉川弘文館、二〇〇〇年)。
(3) 拙稿「国書生に関する基礎的考察」(『在庁官人と武士の生成』吉川弘文館、二〇一三年)。
(4) 福田信夫『鎮護国家の大伽藍 武蔵国分寺』(新泉社、二〇〇八年)、中道誠「近年の僧寺伽藍の発掘調査成果」(『武蔵国分寺跡資料館だより』二一、二〇一五年)など。

22　春澄宿禰善縄——祖父の学業支援と最優秀成績者の足跡

春澄朝臣善縄《はるすみのあそんよしただ》（七九七〜八七〇）は伊《い》勢国員弁郡《せのくにいなべ》（三重県員弁郡全域と桑名市の一部）の出身、本姓は猪名部造《いなべのみやつこ》で、郡司の家系である。伊勢国の猪名部は物部《もののべ》系で、木工に長じた存在、特に『日本書紀』雄略紀にその動向が知られる（雄略十二年十月壬午条、十三年九月条、十八年八月戊申条）。当該期には物部目連《めのむらじ》らが伊勢朝日郎《あさけのいらつこ》を討伐し、この方面への倭王権の進出、また伊勢神宮奉斎の開始など伊勢地域との関係が深まり、部民《べみん》制的奉仕や宮廷組織整備が萌芽するなかで、猪名部も朝廷に仕奉することになるのであろう。猪名部造は猪名部を管掌する役柄であった。

善縄の祖父財麿《たからまろ》は員弁郡の少領、父豊雄《とよお》は周防大目《すおうのだいさかん》とあるから、父の代には中央官人への転換が図られたものと思われる。善縄は幼少より明慧で、骨法は常人と異なっていたので、祖父財麿が奇童として意を加えて養育し、孫のために家産を傾けて惜しむところがなかったといい、紀《き》伝道《でんどう》（中国の歴史や文学を学修）を学び、文章生《もんじょうしょう》（定員二十人）から文章得業生《もんじょうとくごうしょう》（定員二人）を経て、対策及第して官人として活躍することになる。[1]天長五年（八二八）に猪名部造から春澄宿禰に改姓、仁寿《にんじゅ》三年（八五三）に朝臣を賜姓された。

『日本三代実録』貞観十二年（八七〇）二月十九日条

図22－1　伊勢国の概略図（森公章『武者から武士へ 兵乱が生んだ新旧社会集団』〔吉川弘文館、2022年〕67頁）

（上略）文章博士たりし時、諸博士は毎《つね》に各々名家《めいか》にして、更に以て相軽んじ、短長口に在り。亦、弟子は門を異にし、互いに分れ争ふこと有り。善縄、門徒を謝遣《しやけん》し、恬退《てんたい》して自ら守り、終に謗議《ぼうぎ》の及ぶ所とならず。（中略）年歯《ねんし》頽暮《たいぼ》すと雖《いへど》も、而して聡明転倍せり。文章の美、晩路《ばんろ》加《か》麗《れい》なり。貞観年中、策判を追改し、進めて乙第となす。ただ子姪《してつ》の外、家に嘉客稀《まれ》なり。賓筵《ひんえん》展びず、風月長閑なり。（下略）

史料はこの年の春に病気になり、二月七日に従三位を授与された後、七十四歳で死去した善縄の薨伝である。上略部分には上述の家系や善縄の官歴が記されているが、善縄は弱冠にして大学に入学（弱冠は二十歳を示すが、成年に達すること、元服のこともいい、大学入学年齢は十三〜十六歳なので、十五歳のことか）、群籍《ぐんせき》を耽読し、博覧強記で、時の好学の徒も彼の学問には及ばなかったという。斯道《しどう》からの登科《とうか》で最終試験となる対策では二題を出題、一題は文学的・哲学的な発問、一題は時事を取り入れた設問になっており、論述形式での解答が求められる。これは文章博士や紀伝道を基本とする職務に就いた際に、勘申《かんじん》という諮問奉答《しもんほうとう》の場で直面する諸問題への対応能力を測るための作題・解答と考えられる(2)。

対策の判定は大変に厳しく、問題・答案・判文のすべてが残る菅原道真の例では（『都氏文集《としぶんしゆう》』巻五、『菅家文草』巻八―五六六・五六七）、策問を担当した問頭都良香《みやこのよしか》は論述の順序の整理や論理的展開が不充分で、いくつかの事実誤認や誤字もあるが、理は大筋で通じており、「病累《びようるい》」があるものの、その文章は見るべきものがあるとし、二題を総合的に勘案して、「中上」で合格という評価であった。「中上」は「丁第《ていだい》」ともいい、上から四番目、現在で言えば「C」とか「可」で、ぎりぎり合格ラインである。しかし、これは当時の通例で、道真の祖父で「菅家廊下《かんけろうか》」の創設者清公《きよきみ》（七七〇～八四二）、父是善《これよし》（八一二～八八〇）も「中上」であった。

合格できればましな方で、清公は実は一度「不第」、不合格になり、二十日後くらいに合格に転じたとある（『公卿補任』承和六年〔八三九〕条尻付）。宇多《うだ》天皇即位時に関白の権能確定に関わって勃発した阿衡《あこう》事件で道真の盟友である紀長谷雄《きのはせお》（八四五～九一二）らとともに藤原基経《もとつね》側に立って議論を展開した藤原佐世《すけよ》（八四七～八九七）は、やはり都良香によって一旦は不第と判定され、後日に「佐世の才学、漸く長じ、国用と為すに当たれり。何ぞ一日の失対を責め、ただ千年之人を得るを善しとせんや。今、長短相補ひ、纔《わずか》に中上に処す」として、丁第に改められている（『都氏文集』巻五）。道真も文章博士の時に元慶五年（八八一）に三善清行《みよしのきよゆき》（八四七～九一八）を不第にしており、清行は元慶七年五月に改判及第とされたが（『公卿補任』延喜十七年〔九一七〕条尻付）、道真との間に確執が残り、昌泰《しょうたい》の変（九〇一年）による道真左降《さこう》にも一役買うような活動を行うことになる。(3)

試験結果は学生の人生を左右することもあるので、自戒の意味を含めて、亀鏡《きけい》としたい。善縄は道真の祖父清公と父是善の間の世代、「菅家廊下」の菅原氏やそれと相並ぶ大江氏など学問の家系が勃興し、いわば学閥の形成期であった。地方豪族出身の善縄は承和十年（八四三）に清公の後を継ぐ形で文章博士《もんじょうはかせ》になったが、この頃諸博士はそれぞれに名家の出で、互いに門戸を誇り、相手を謗ることを常とし、弟子の帰属を争う状況であったという。善縄は門徒を謝絶し、そうした競争には加わらなかったので、人びとから悪く言われることはなかったとあり、一つの処世術を示している。

善縄の対策の成績は「丙第《へいだい》」（上下）であったというから、よほど秀逸であったのであろう。さらに年老いても聡明さは少しも衰えず、文章はますます美しさを加えたとあり、貞観年間（八五九～八七六）には対策時の成績を「乙第《おつだい》」（上中）にまで引き上げられたと記されている。これは管見の限りでは最高成績である。仁明《にんみょう》天皇一代の国史である『続日本後紀《しょくにほんこうき》』二十巻の編纂に携わっており、学者としての業績も積み重ねている。貞観二年（八六〇）には参議に任じられ、ついに公卿となった。

中略部分には、善縄は陰陽道《おんみょうどう》を信じ、怪恠《かいかい》があると、門を閉じて斎禁《さいきん》し、一カ月のうち十日もそうしたことがあったといい、身を慎む暮らしぶりも処世術の一つである。『続日本後紀』には怪恠記事が比較的多く採択されており、そこには善縄の嗜好が反映されているのかもしれない[4]。また家宅の造作にはこだわらず、垣・屋も修理しないという有様で、これも来訪者を避ける方途であった。実際にも知己は少なかったと思われ、晩年には子姪以外の訪問者は稀であったとある。

善縄には男女四人の子どもがあり、長女洽子《ひろこ》は清和・陽成《ようぜい》・光孝《こうこう》・宇多・醍醐《だいご》天皇の女房として奉仕し、正四位下典侍にまでなっている。二人の男子は五位にはなったが、「家風」、即ち学業を継ぐ者はおらず、残念ながら善縄の学統は継承されることなく、春澄朝臣も貴族社会に留まることはできなかった。一代の起家《きか》が累代の学業に対峙することの困難さを示している。

註

（1）拙稿「地方豪族と人材養成」（『地方木簡と郡家の機構』同成社、二〇〇九年）。

（2）学制のしくみについては、桃裕行『上代学制の研究』（吉川弘文館、一九四七年）、高田義人『平安貴族社会と技能官人』（同成社、二〇二〇年）などを参照。

（3）拙著『天神様の正体　菅原道真の生涯』（吉川弘文館、二〇二〇年）。

（4）坂本太郎『六国史』（吉川弘文館、一九七〇年）。

23　円仁——入唐求法の辛苦と天台密教の確立

円仁《えんにん》（七九四〜八六四）は下野国都賀《つが》郡の出身、俗姓は壬生《みぶ》氏であるが、カバネや名前はわかっていない。『熊倉系図』には下毛野君《しもつけののきみ》の系譜が示され、円仁の父首麻呂《おびとまろ》は国府所在の都賀郡の三鴨《みかも》駅長、兄は秋主《あきぬし》という名前であったとある。[1]鑑真《がんじん》の弟子で「東国の化主《けしゅ》」と称された道忠《どうちゅう》門下の大慈寺《だいじじ》の広智《こうち》に師事し、十五歳で上京、日本における天台宗の開祖最澄《さいちょう》の弟子になる。弘仁五年（八一四）に天台宗年分度者として得度、法華経を中心とする止観業《しかんぎょう》を専門とした。天台山で宗派の難儀に対する「唐決《とうけつ》」を得ることを使命に承和度遣唐使の請益僧《しょうやくそう》になったが、唐の不安定な情勢などにより天台山行きを果たせず、いわば唐に不法滞在して求法《ぐほう》を続け、在唐は十年に及んだ。その渡海日記である『入唐求法巡礼行記《にっとうぐほうじゅんれいこうき》』四巻は「世界三大旅行記」の一つと評せられている。[2]

『入唐求法巡礼行記』巻一開成四年（八三九＝承和六）三月五日条

斎の後、前より画《か》ける胎蔵《たいぞう》曼荼羅一鋪《ぽ》五副《ふく》を了んぬ。但し未だ綵色《さいしょく》せざるのみ。また求法の遂げ難きに縁りて、唐国に留住《るじゅう》すべきの状を大使相公《しょうこう》に献ず。具状《ぐじょう》は別に在り。相公の報宣に云く、「もし留住を要《もと》めば、是れ仏道のためなり、敢へて意に違《たが》はじ。住せんことを要めば、即ち留まれよ。但し此の国の政は極めて峻《きび》しければ、官家知聞《ちぶん》せば、便《びん》に違勅《いちょく》の罪といいて、擾悩《じょうのう》有らんか。ただ能く思量あらんことのみ云々」と。

承和度遣唐使は実際に渡海したものとして最後の事例で、「最後の遣唐使」であった[3]。前回の延暦度からは三十三年の間隔で、二度も渡海に失敗し、犠牲を出しながら、三度目で漸く入唐を果たした。唐では治安悪化などにより入京人数を大幅に制限され、円仁の台州天台山来訪も許可されなかった。大使藤原常嗣《つねつぐ》は入京時に円仁の天台山行きを何度も申請してくれたといい（『入唐求法巡礼行記』巻一開成四年二月二十四・二十七日条）、「いい人」であった。ただ、三度目の発遣の際に副使小《お》野篁《ののたかむら》が遣唐使船の交換で不満を示し、渡海を拒否して処罰されており、また帰路に新羅船を雇って帰国する際に、航路の判断をめぐって判官以下と意見が対立する場面もあり、統率者としての能力には疑問なしとはしない[4]。

図23－1　円仁の図像（一乗寺所蔵）

史料は本来短期留学で、その回の遣唐使とともに帰朝すべき円仁が、大使に唐への留住、つまりは不法滞在して求法を続ける希望を述べた場面で、藤原常嗣は正面から禁圧することなく、仏道探究のためであれば仕方ないと理解を示している。ただし、

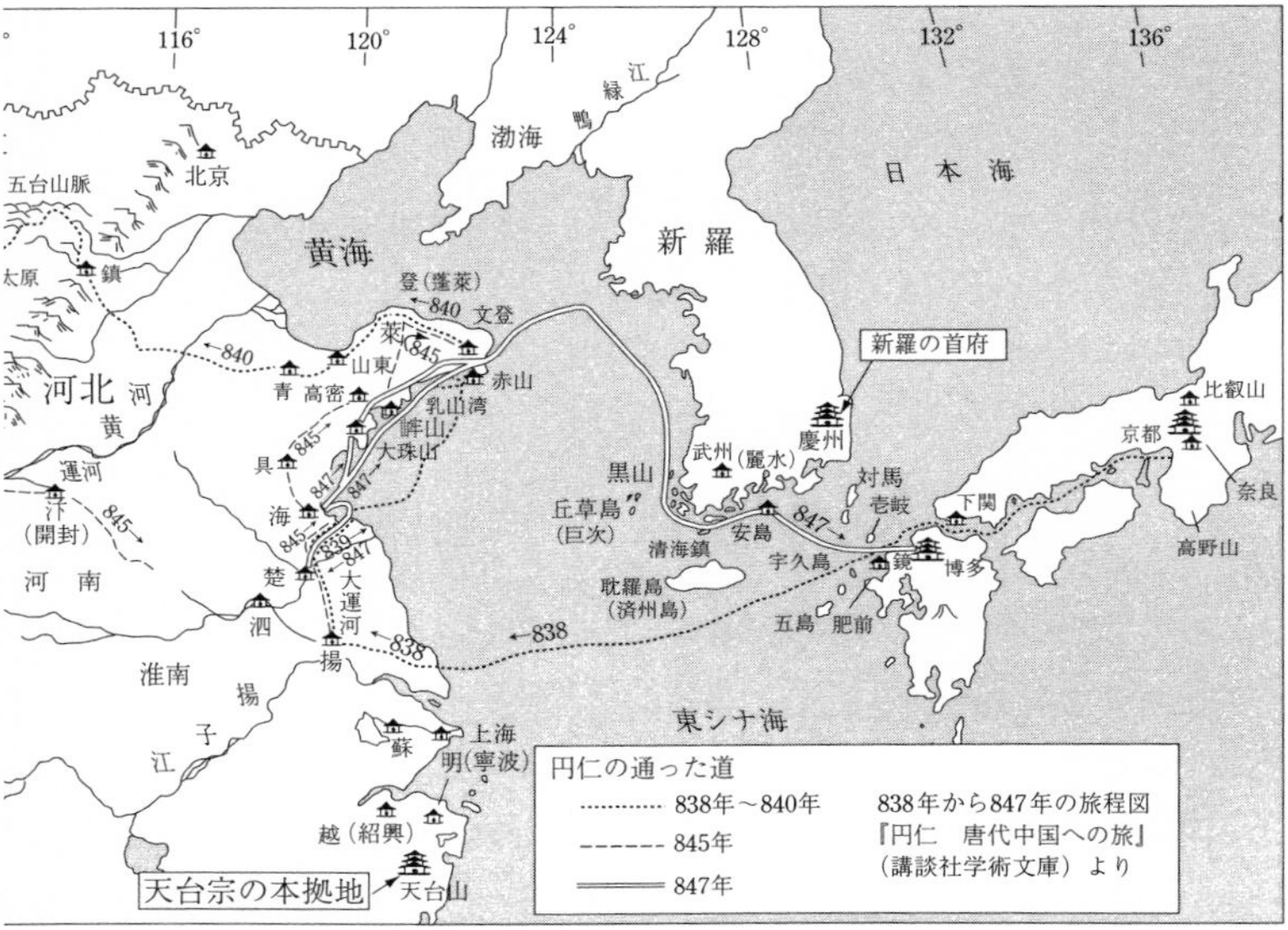

図23-2　円仁の中国旅程地図（坂上康俊『日本の歴史』05〔講談社、2001年〕165頁）

唐の法律が厳しく、もし発覚したら処罰を被るので、この点をよく検討するように、そしておそらくは唐の不安定な政情を慮って、よくよく考えるようにと示唆したのであろう。

円仁はこの大使の黙認を得て、滞留を決意する。山東半島の登州文登県《としゅうぶんとうけん》赤山村《せきざんそん》の赤山法花《せきざんほっけ》院《いん》に拠る在唐新羅人の助力で、国内移動に必要な公験《くげん》（証書、パスポート）を獲得し、五臺山《ごだいさん》、次いで長安にて求法を続けることができた。しかし、会昌《かいしょう》の廃仏（八四二～八四六）に際会《さいかい》し、[5]還俗・国外退去を命じられるという稀有の体験を重ね、嘉《か》祥《しょう》元年（八四八）に唐商人（在唐新羅人）の船という新しい通交手段によって帰国を果たしている。近年、帰路の足跡を知る史料として、『入唐求法巡

礼行記』の記事不在部分の円仁の移動経路を窺わせる法王寺釈迦舎利蔵誌が発見され、話題になった。(6)

円仁は帰朝後に大法師に任ぜられ、斉衡《さいこう》元年（八五四）に第三代天台座主《ざす》になり、比叡山の充実・教学の発展や天台密教の確立に寄与した。大師号賜与の初例で、貞観八年（八六六）七月に慈覚《じかく》大師の諡号《しごう》を贈られている。なお、遣唐使事業は寛平度遣唐使計画を経て、唐そのものの滅亡（九〇七年）もあって、自然と沙汰止みになるが、円仁の帰朝前後から出現した新しい通交形態によって、俗人は僅少であるものの、僧侶に関しては中国渡航と求法・巡礼が継続していく。(7)その先達としての円仁の雄飛は歴史的意義が大きく、また彼の渡海日記はいわばガイドブックとしての役割を果たすのである。

註

（1）宝賀寿男『古代氏族系譜集成』（古代氏族研究会、一九八六年）五七四〜五七七頁。

（2）E・O・ライシャワー『円仁 唐代中国の旅』（講談社、一九九九年）、佐伯有清『慈覚大師伝の研究』（吉川弘文館、一九八六年）、『円仁』（吉川弘文館、一九八九年）、小野勝年『入唐求法巡礼行記の研究』全四巻（法蔵館、一九八九年）など。

（3）佐伯有清『最後の遣唐使』（講談社、一九七八年）、拙著『遣唐使の光芒』（角川学芸出版、二〇一〇年）など。

(4) 拙稿「承和度の遣唐使と九世紀の対外政策」(『遣唐使と古代日本の対外政策』吉川弘文館、二〇〇八年)。

(5) 藤善眞澄『隋唐時代の仏教と社会』(白帝社、二〇〇四年)。

(6) 鈴木靖民編『円仁の石刻と史料学』(高志書院、二〇一一年)。

(7) 拙著『古代日中関係の展開』(敬文舎、二〇一八年)。

24　於保臣（磐城臣）雄公――地域を支配する郡司氏族の力

於保臣雄《おほのおみお》公《きみ》は陸奥国磐城《いわき》郡の大領である。彼の一族の本姓は石城直《いわきのあたい》（磐城臣→阿倍陸奥臣）、あるいは丈部《はせつかべ》と目され、丈部氏であれば埼玉県行田市稲荷山古墳出土鉄剣銘に見える杖刀人の系譜を引く部民、その統括を任務とする豪族で、東国や陸奥国などに広く分布している。[1]『続日本紀』神護景雲三年（七六九）三月辛巳条で陸奥大国造の道嶋宿禰嶋足《みちしまのすくねしまたり》の申請により陸奥国の人びとに改賜姓がなされた時、磐城郡人で外正六位上丈部山際《やまぎわ》には於保磐城臣《いわきのおみ》が賜与されたとあるので、於保臣は於保磐城臣の略称と考えられる。

とすると、磐城臣の方が略称に用いられることもあったと思われ、同じく磐城郡の大領で、活躍時期からも、同一人物と見られる磐城臣雄公の活動が注目される。[2]こちらの雄公は『続日本後紀』承和七年（八四〇）三月戊子条には外正六位上勲八等と見え、大領就任以来、大橋二四処・溝池《こうち》堰《えん》二六処・官舎正倉一九〇宇を修造したことを褒賞され、外従五位下を借授されている。これは借位《しゃくい》というもので、さらなる功績によって正式の叙位に至るしくみであり、[3]雄公は承和十年十一月己亥条で公勤を褒めて外従五位下とされた。

荒田目《あっため》条里《じょうり》遺跡は福島県いわき市に所在、陸奥国磐城郡家《ぐうけ》に比定される根岸《ねぎし》遺跡やそれに近接し郡寺ないしは郡領建立の氏寺と目される夏井《なつい》廃寺《はいじ》跡《あと》からはさらに内陸部に位置している（北西約一・五キロメートル）[4]。夏井川下流の右岸で、太平洋の海岸から西二・五キロメートルの地点になるが、三〇点ほど出土した木簡の中には郡符《ぐんぷ》、郡家や郡司からの下達文書の様式で、郡雑任《ぐんぞうにん》である立屋津長《たつやのつちょう》宛に客料を遣召《けんしょう》する指示があり（第一号木簡）、郡津が存したと考えられる。[5] 出土木簡にはまた、仁寿三年（八五三）十月の公廨米《くがいまい》検納の返抄《へんしょう》（収納領収書）もあり、これには於保臣雄公が自署を加えて確認を示している。年紀のあるものはこれだけであるが、伴出《ばんしゅつ》木簡全体の年代を推定させる材料であり、また当地が郡内に複数存在し、郡家を中心とする郡統治を支える郡家出先機関の一つであったことを窺わせる。[6]

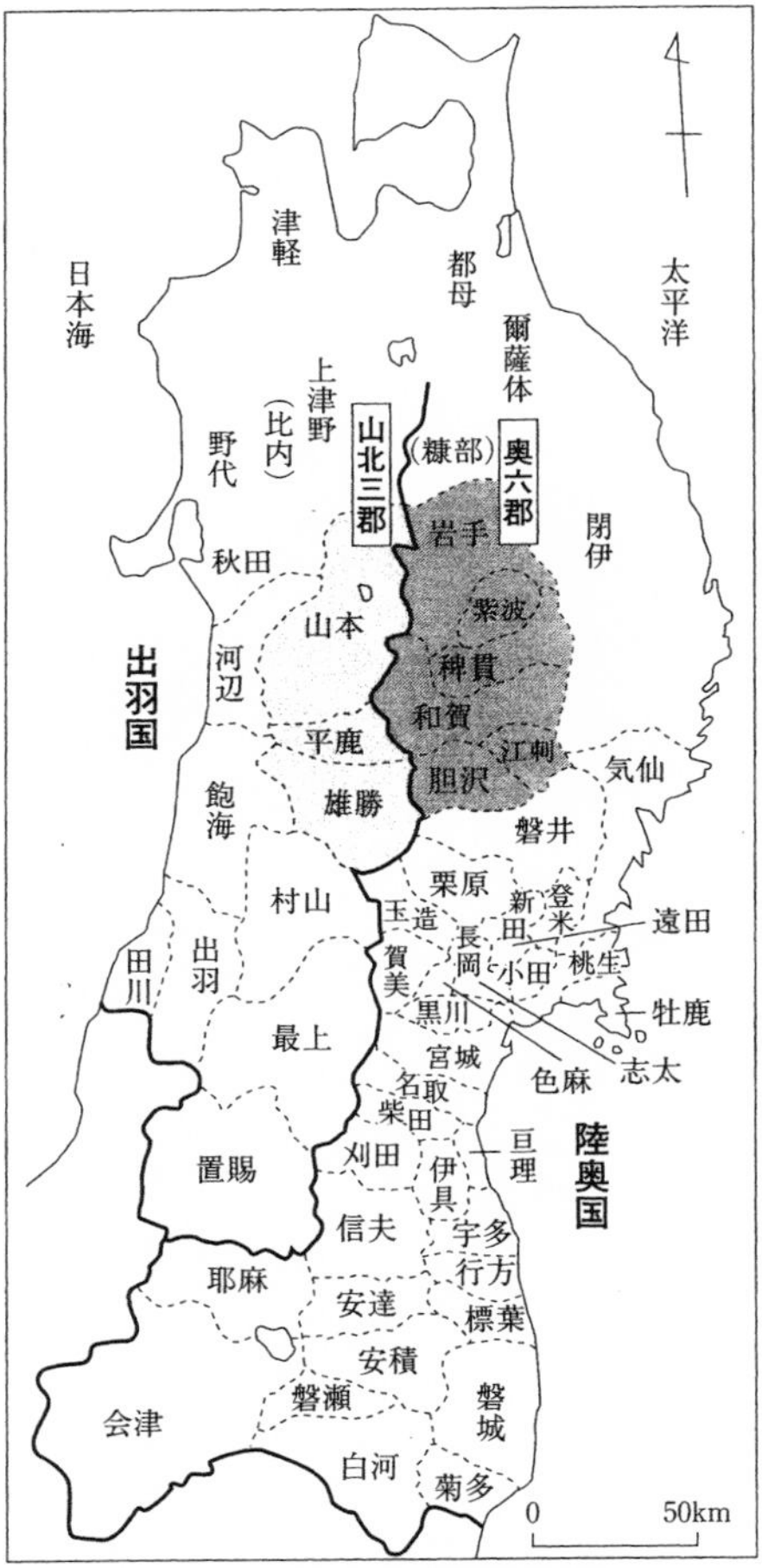

図24－1　陸奥・出羽国の郡の配置（森公章『武者から武士へ 兵乱が生んだ新旧社会集団』〔吉川弘文館、2022年〕91頁）

史料（図24－2）は完存する郡符木簡で、約六〇センチメートルの長さ、二尺は国符・郡符の規格で、地方行政を掌る権力の大きさを視覚的に強調するものである。発信者は大領於保臣、つまり於保臣雄公で、里刀《さとと》自《じ》を筆頭とする計三六人に対して、五月三日に職田《しきでん》の「殖《うえ》」、田植えに参向すべきことを伝達するもので、人名の右肩にチェックがついているのは参上した人、「不」

・「郡符　、里刀自　、手古丸　、黒成　、宮澤　、安継家　、貞馬　、天地　、子福積　、奥成　得内　、宮公　、吉惟　、勝法　、圓隠　、百済部於用丸
　、真人丸　、奥丸　、福丸　、蘇日丸　、勝野　勝宗　、貞継　、浄人部於日丸　、浄野　、舎人丸　、佐里丸　、浄継　、子浄継　、丸子部福継　『不』足小家
　、壬部福成女　、於保五百継　、子槐本家　、太青女　、真名足　「不」子於足　『合卅四人』
　右田人為以今月三日上面職田令殖可扈發如件」

・「大領於保臣　　奉宣別為如任件□〔宣カ〕
　以五月一日」

592・45・6　011

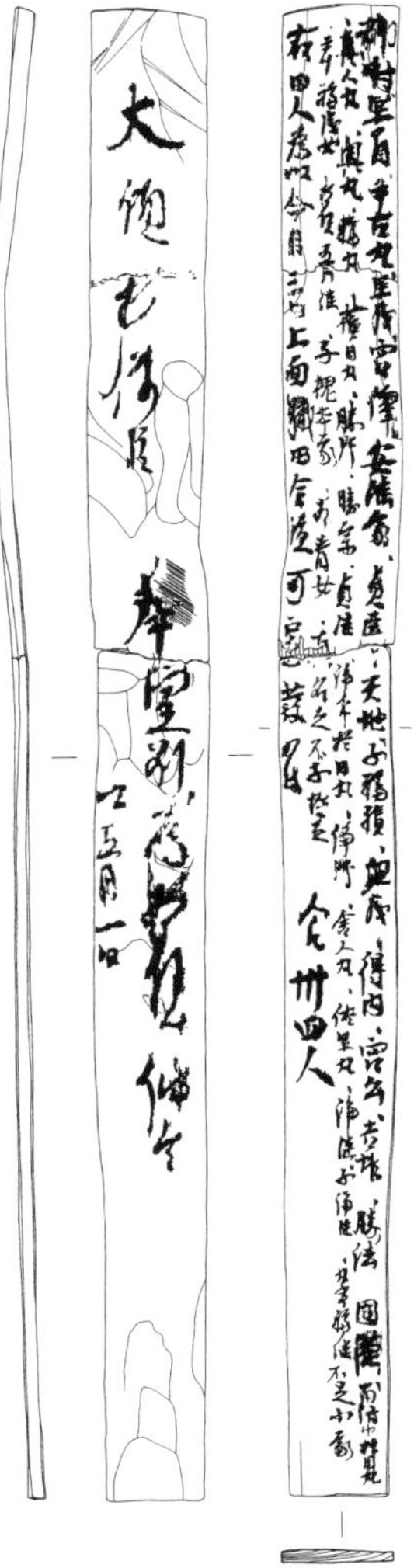

裏　表

図24－2　荒田目条里遺跡出土二号木簡の釈文と見取図（いわき市教育委員会『荒井田目条里遺跡』〔2001年〕380頁）

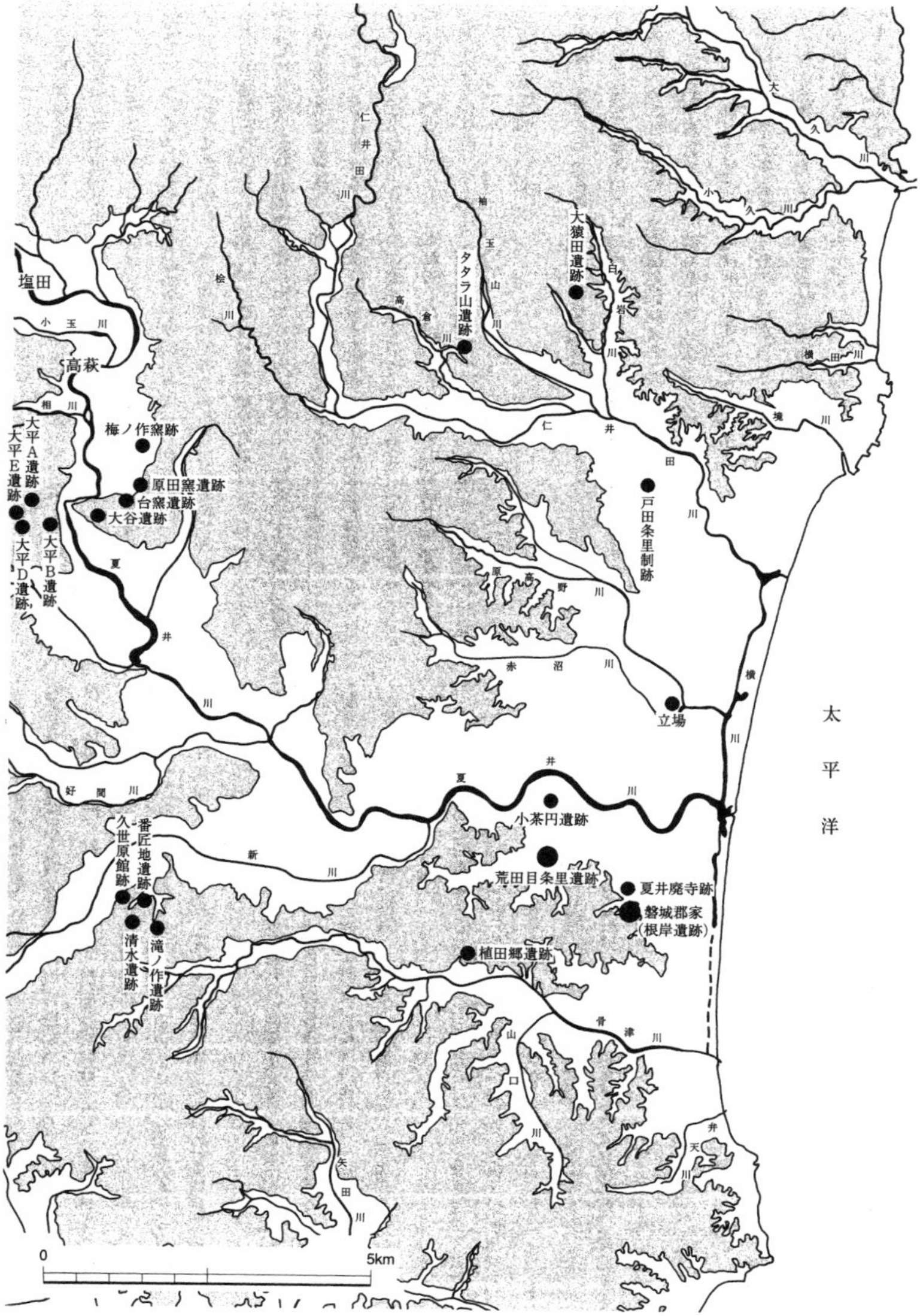

図24－3　荒田目条里遺跡と磐城郡家のネットワーク（いわき市教育委員会『荒井田目条里遺跡』〔2001年〕401頁）

は不参加で、二名の不参加者があり、計三四人が到来したことが別筆で記されている。職田は郡司職分田《しきぶんでん》のことで、郡司には大領六町、少領四町、主政・主帳には各々二町の職分田が給付されていたから（田令郡司職分田条）、この木簡は郡司職分田の経営実態を示す稀有な史料として注目される。(7)

里刀自に関しては、郡の下の行政組織である里（当該期には制度上は郷）を束ねる里長《りちょう》の妻と見る説と、統率者を示す私称とする説があるが、(8)いずれにしても三〇余人の田人を引率する役割を果たす女性の有力者であることはまちがいない。本木簡は五月一日に発信されたもので、郡司が一声かけると、その二日後には田人《たびと》が参集し、田植えが可能なしくみ、郡内統治の力学が存したことが窺われる。これが郡司の伝統的支配を支える構造であった。郡符木簡は里刀自らのもとに届けられ、彼らはこの木簡を持参して参集し、チェックを受けた上で労務に従事、不用になった木簡は当地で廃棄されたことになる。

伴出木簡には種籾《たねもみ》の管理に必要な稲の品種を記した種子札《たねふだ》があり、(9)当地は大領雄公の郡司職分田の所在地で、農業経営の拠点であったと解される。彼が自署した検納の返抄が存するのも、この点を裏付けると言えよう。九世紀中葉においても郡司の政治・経済基盤がなお維持されていたことを知る材料として重要な史料である。

註

（1）佐伯有清「丈部氏および丈部の研究」（『日本古代氏族の研究』吉川弘文館、一九八五年）。

(2) 平川南「里刀自小論」(『古代地方木簡の研究』吉川弘文館、二〇〇三年)。
(3) 鈴木鋭彦「郡司の五位借授について」(『愛知学院大学論叢』三、一九五六年)、加藤順一「郡司を対象とする借位について」(『名古屋明徳短期大学紀要』一二、一九九七年)など。
(4)『荒田目条里遺跡』(いわき市教育委員会、二〇〇一年)。根岸遺跡に関しては、『根岸遺跡』(いわき市教育委員会、二〇〇〇年)を参照。
(5) 拙稿「郡津の管理と在地豪族」(『地方木簡と郡家の機構』同成社、二〇〇九年)。
(6) 拙稿「郡符木簡再考―郡家出先機関と地域支配の様相―」(『東洋大学大学院紀要』五二、二〇一六年)。
(7) 磐下徹「郡司職分田試論」(『日本古代の郡司と天皇』吉川弘文館、二〇一六年)。
(8) 平川註(2)論文、義江明子「村と宮廷の「刀自」たち」(『日本古代女帝論』塙書房、二〇一七年)など。
(9) 平川南「種子札と古代の稲作」(註(2)書)。

25 武蔵武芝――平将門の乱を誘発したもう一つの武士への道

武蔵武芝《むさしのたけしば》は武蔵国足立《あだち》郡の郡司で、判官代《ほうがんだい》という国衙《こくが》の在庁官人として勤務する人物である。武芝の一族は本姓丈部直《はせつかべのあたい》で、八世紀後半には中央出仕して武官などとして活躍する不破麻呂《ふわまろ》、足立郡出身の采女家刀自《うねめのいえとじ》や大領弟総《おとふさ》の存在が知られる。不破麻呂は神護景雲元年（七六七）に武蔵宿禰を賜姓されており（『続日本紀』神護景雲元年十二月壬午条）、同年に武蔵国国造になり（十二月甲申条）、弟総も国造に就任している（『類聚国史』巻十九延暦十四年（七九五）十二月戊寅条）。律令体制成立以前の武蔵国造の氏姓はなお検討の余地があるが、(1)律令制下においてはこの丈部直→武蔵宿禰が国造であったことはまちがいない。

武芝は足立郡の譜第郡領の家系に属し、後に武蔵国一宮《いちのみや》となる氷川《ひかわ》神社の奉祀にも携わっており（「西角井《にしつのい》従五位物部忠正家系」）、政・祭両面で伝統的支配を維持する存在で、国衙官人への転換も進めつつあった。そこで際会するのが天慶《てんぎょう》の乱の一つである平将門《たいらのまさかど》の乱であり、武士成立の端緒となるこの出来事により彼の一族も大きな進路変更を迫られることになる。(2)

『将門記』承平《じょうへい》八年（天慶元＝九三八）二月条

（上略）武芝は、すでに郡司の職を帯ぶと雖も、本より公損の聆《きこえ》なし。虜掠《りょりゃく》せられしところ

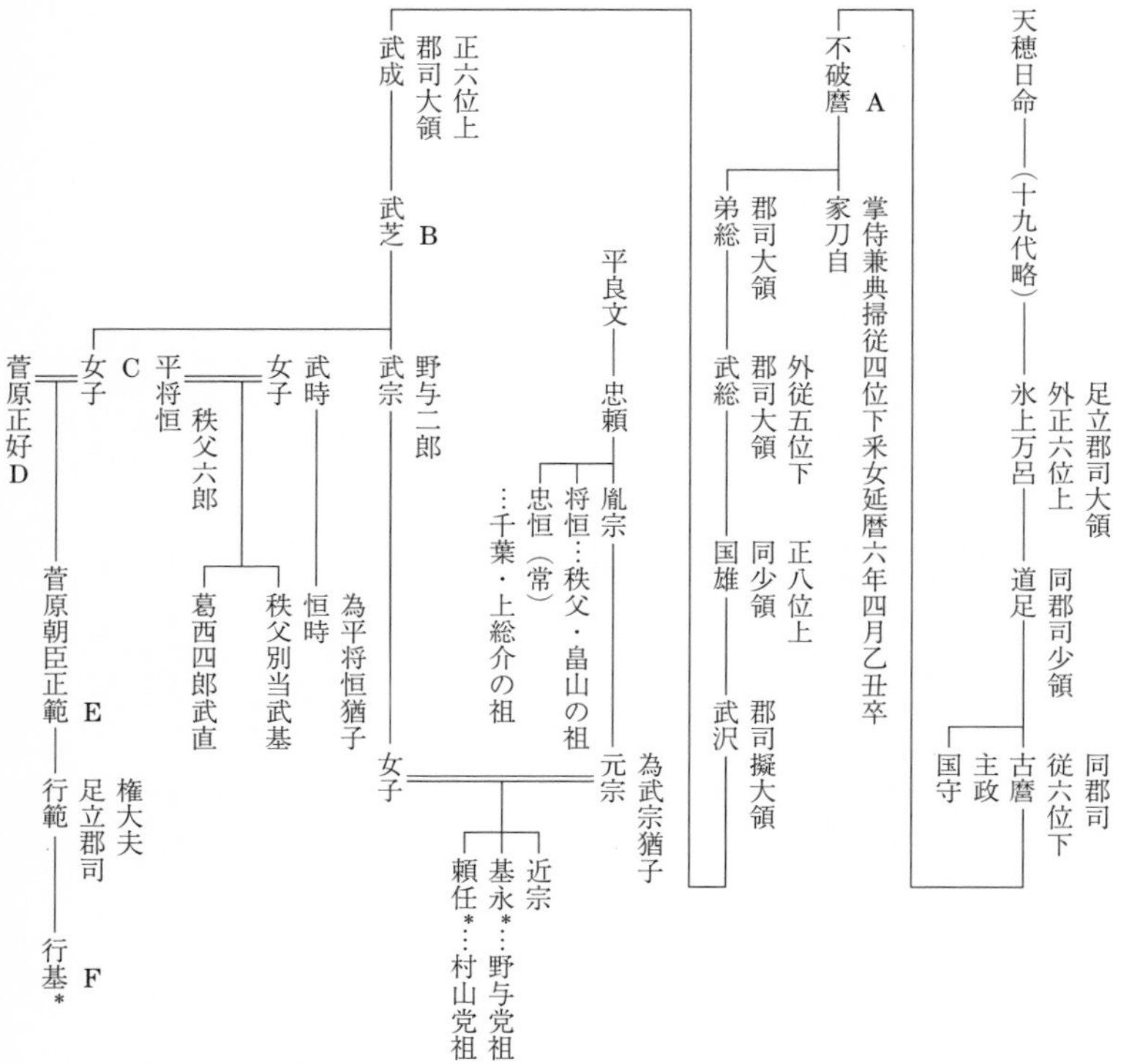

図25－1　武蔵武芝関連略系図

（備考）

・人名の右下の*は前九年の役への従軍者を示す。

・系図中のA～Fは事績を示す。

A「神護景雲元年十二月壬午一族等改大（丈）部直賜姓武蔵宿禰、同甲申日為武蔵国造」

B「郡司判官代外従五位下、承平八年二月与国司守興世王・介源経基不和争論、依此事郡家退、不預氷川祭事」

C「社務相承、武蔵介菅原正好妻」

D「勘ケ由次官、武蔵介従五位下、永観二年四月下向于当国」

E「兵武少丞、継外祖父跡為氷川社務司」

F「無双精兵、太郎、武蔵大掾、承平（ママ）年中陸奥国合戦時、従源頼義朝臣押切」

の私物、返し請《う》くべきの由、屢々覧挙《しばしばらんきょ》せしむ。而《しか》して曾《かつ》て弁糺《べんきゅう》の政なく、頻《しき》りに合戦の構を致す。時に将門は、急にこの由を聞きて、従類《じゅうるい》に告げて云く、「かの武芝等、我が近親の中に非ず。またかの守・介は我が兄弟の胤《いん》に非ず。然《しか》れども彼此が乱を鎮めむがために、武蔵国に向ひ相むと欲す」てへり。即ち自分の兵仗《へいじょう》を率ゐて、武芝が当《あたり》の野に就く。（下略）

天慶の乱を起こした平将門は承平年間（九三一～九三八）には平氏一族と紛擾を繰り広げていたが、これはあくまで私闘で、摂関家の藤原忠平《ただひら》を私主とする王臣家人《おうしんけにん》、新土着者の将門は、朝廷からはむしろ理ありと認定される状況であった。藤原純友《すみとも》も承平年間には海賊を追捕する側として伊予国《いよのくに》で活動していた。将門については、この天慶元年二月に敵対する平貞盛《さだもり》を一時坂東から撤退させており、兵乱は収束するかに思われたが、武蔵国の武蔵武芝事件への介入、それに続く常陸国の藤原玄明《はるあき》と国守藤原維幾《これちか》の対立への介入と常陸国府襲撃・受領《ずりょう》の捕縛により、将門の行為は国家への反乱に発展し、「新皇《しんのう》」と称して坂東を席巻する大乱になる。[3]

上略部分によると、武蔵武芝事件は次のような展開を見せている。武芝は郡司としての治績を評価される存在であったが、十世紀の郡司は徴税請負の責務を免除されており、[4]「代々の国宰は、郡中の欠負《かんぷ》を求めず。往々の刺史は、更に違期《いご》の譴責《けんせき》なし」という状態であった。事件は新任の武蔵権守《ごんのかみ》興世《おきよ》王《おう》と介源経基《みなもとのつねもと》（清和天皇の孫で、六孫王《ろくそんのう》と称し、清和源氏の祖）が正任の守百済《くだらの》貞連《さだつら》着任以前に、代々の未進官物を徴収しようとして紛擾《ふんじょう》になったもので、これは「尾張国郡司百姓等解文」（九八九年）第八条に指弾されている尾張守藤原元命《もとなが》の非法と同様の行為である（『平安遺文』三三九号）。武芝はこの徴収に応じず、当初山野に匿れたところ、興世王らは「武芝が所々の舎宅・縁辺の民家に襲ひ来りて、底を掃ひて捜し取り、遺るところの舎宅は検封して弃《す》て去りぬ」という実力行使に出ている。

国務に参画する在地勢力である国書生《くにのしょしょう》らは、「越後国《えちごのくに》の風」、その当時起きた越後国の受領告発事件に倣って、「不治悔過《ふじけか》一巻《いっかん》」（国司の政務の非道を悔恨するものか）を造り、国庁の前に落書《らくしょ》したので、国中に不正が知れ渡り、興世王らは国内の人々の支持を失ってしまう。そこで、武芝が私物返還を要求したところ、興世王らは訴訟を取り上げず、合戦の準備を進め、妻子を伴って、比企郡狭服山《さやきやま》に立て籠もってしまったので、これを武芝が包囲する国司襲撃事件、国司苛政上訴《こくしかせいじょうそ》が激化した形になったのである。ここで隣国の下総国猿島郡を拠点とする将門の介入となる。将門は双方ともに利害関係になかったが、自らの武威を誇示するために隣国の紛争を鎮めようとする。

下略部分によると、武蔵武芝事件は将門の仲裁によって、興世王と武芝が和合するところまでいったが、手違いからか、武芝の後陣が経基の営所《えいしょ》を囲んだので、経基は興世王と将門が武芝と結託して自分を討とうとしていると誤解し、逃走、上京して将門と興世王を告発した。この時点では「介経基、いまだ兵の道に練れず」と評されており、都では告言者《ごうごんしゃ》として拘束されていたが、常陸国の事件により将門の国家への反乱が明らかになり、面目を回復、その後大宰権少弐《だざいごんのしょうに》に起用され、藤原純友の乱平定に関与して、武者の種胤《しゅいん》となることができた。

興世王の方は将門と結合し、天慶の乱拡大の中心人物の一人になるが、武芝の行方は不明である。「西角井《にしつのい》従五《じゅご》位《い》物部忠正家系《もののべのただまさかけい》」(『埼玉叢書』第三巻、武蔵国一宮氷川神社書上)には、武芝は郡司を解任され、氷川神社の祭祀にも与らなくなると記されている。武蔵国では小野牧《おののまき》の小野諸興《もろおき》や秩父牧《ちちぶのまき》の藤原惟条《これえだ》、また坂東平氏《ばんどうへいし》諸流の祖となる平良文《よしぶみ》などの武力保有者が将門の乱平定に活躍しているが、武芝は乱に加担することはなく、また平定との関係も不明とせねばならない。

武芝の直系は郡司に就任していないが、氷川神社の奉祀は武芝の女子に引き継がれ、女婿となった菅原氏に郡司・社務が相承されている。菅原行基《ゆきもと》は前九年合戦を描いた『陸奥話記』にも登場し、「坂東精兵」の一員として源頼義《よりよし》に随従したことが知られ、女系を介してではあるが、在地武力としての発展・武士への成長という道を辿ることになる。また武芝の男系は野与党《のよとう》・村山《むらやま》党《とう》など武蔵の党的武士につながる系譜を有しており、良文流と融合する中で、やはり地域の武力を支える役柄を務めている。郡司氏族の転展の方向として注目したい。

註

(1) 鈴木正信「武蔵国造と物部直」(『日本古代の国造と地域支配』八木書店、二〇二三年)。

(2) 拙稿「武蔵国足立郡司武蔵武芝とその行方」(『日本律令制の展開』吉川弘文館、二〇〇三年)。

(3) 川尻秋生『平将門の乱』(吉川弘文館、二〇〇七年)、松原弘宣『藤原純友』(吉川弘文館、一九九九年)など。なお、寺内浩「天慶の乱と承平・天慶の乱」(『平安時代の地方軍制と天慶の乱』塙書房、二〇一七年)も参照。

(4) 拙稿「雑色人郡司と十世紀以降の郡司制度」(『古代郡司制度の研究』吉川弘文館、二〇〇〇年)。

26　真髪成村――膂力の相撲人

真髪成村《まかみのなりむら》は常陸国の相撲人《すまいにん》である。真髪は真上とも記すが、真壁《まかべ》郡の出身と目され、真壁郡はもと白壁《しらかべ》郡と称し、光仁天皇の名前白壁王の忌諱《きき》により改称されている。したがって本姓は白髪《しらが》部《べ》で、清寧《せいねい》天皇の名代《なしろ》の部を管理する役柄であり(1)、相撲人には郡領氏族出身者も多いので、成村も常陸国真壁（白壁）郡の譜第郡領の一族と思われる。

相撲の鼻祖野見宿禰《のみのすくね》の項で述べたように、平安時代の相撲の行事は七月末に開催されていた。その年の二・三月に近衛府官人が部領使《ことりづかい》として諸国に派遣され、相撲人を参集、京上した相撲人は擬近衛奏《ぎこのえのそう》によって、仮に近衛に任用され、左右に分かれるが、実際には左方・右方の所属は代々決まっており、譜第《ふだい》の相撲人が存在していたのである。相撲は武芸の基本なので、日常的に鍛錬が可能な者、つまりは譜第郡領氏族のような地方豪族、あるいは地方武士などが相撲人として供節《ぐせつ》することになる。

七月中旬に召仰《めしおおせ》があり、関係役人に準備が命じられ、順次参集した相撲人は内取《うちどり》という稽古を行い、この中で相撲人の序列が定められる。最上位の相撲人を最手《ほて》といい、その次を助手《すけて》（腋《わき》）と称した。最手には相撲免田《めんでん》八十町、耕営のための浪人八十人、助手には四十町・四十人、一般の相撲人でも二十町・二十人が付与されたので、郡司職分田などよりは遙かに高い待遇であった。

また近衛府との関係形成、長年の供節《ぐせつ》により居住地の任用国司《にんようこくし》に補任《ぶにん》されるなど、中央と直結するメリットは大きい。

内取には所属先の近衛府での府の内取と、また御前の内取があった。そして、本番を召合《めしあわせ》といい、当初二十番であったが、平安時代中期には十七番が基本で、勝負が決しない時は、天皇が判定を下す天判《てんばん》という方法もとられた。けがなどによる「障《さわり》」申告を認めて、勝負なしという場合も散見する。召合の翌日には優秀な相撲人を選んで、天皇・貴族などのお好みの対戦（抜《ぬき》出《で》）が行われ、その他に臨時相撲を開催、布引《ぬのびき》という綱引きの力比べなども実施された。『今昔物語集《こんじゃくものがたりしゅう》』巻二十三第二十一〜二十五話には諸国の相撲人に関するエピソードが記され、その冒頭と最後に取り上げられているのが成村で、代表的な相撲人と目されていたようである。

常陸守源頼信
- A館ノ者共 〜2000人
- B国ノ兵共…大中臣成平、真髪高文
- C常陸国の左衛門大夫平惟基 〜3000人

国守
- A館人
  - a同胞…守の子息など
  - b他人…郎等
- B庁衆…書生・判官代（任用国司）、郡司
- C独立を維持する者
  - α在地有力豪族
  - β新在地層…前守の子などの新土着者

図26－1　源頼信の率いた軍勢と十世紀の国務関係者の構図

『今昔物語集』巻二十三第二十五話「相撲人成村、常世勝負語」

（上略）然テ、成村六度マデ障ヲ申。（中略）成村嗔《いかり》テ起《たつ》マ、ニ、只寄ニ寄テ取合ヌ。恒世《つねよ》ハ頸《くび》ヲ懸テ小脇ヲスケリ。成村ハ前俗衣《まえのたふさぎ》ト喬ノ俗衣ノカタヲ取テ、恒世ガ胸ヲ差テ只《ひた》

畿内	摂津…《真上為成》、藤井（遠藤）為清*、県憑*・県知清、出雲正光
東海道	伊賀…清原重国*／伊勢…〔大鹿正頼〕／尾張…豊原惟遠*・是成*・惟長〈…小熊郡司〉、藤井宗里（重ヵ）、藤井氏弘／参河…伴背多世、藤井季助／駿河…私宗平、大宅清光*・〔光房*〕／甲斐…大井光遠*、〔三枝為忠〕／武蔵…伴国末／安房…御厩安介師景／常陸…真髪成村、公侯有恒、県結、〔宇治部利里〕
東山道	近江…中臣季廉／下野…藤井家綱*・成綱*・正家*／陸奥…阿閉（阿倍）長嶋、名取勝村
北陸道	加賀…玉祖真実、〔江沼永利〕／能登…〔能登良任〕／越中…県高行／越後…紀重近、平群重房
山陰道	但馬…大宅正志／丹波…高津景光／丹後…海常吉（世）、宍人師廉（門）・穴人諸光・〔完人高行〕、清原延貞・弘高／因幡…丸部貞宗・貞成・永定・貞恒・季永・助近、服（伊福部）常方・助常・恒道、尾張則貞／出雲…蝮部臣真嶋、出雲盛利、藤井守正
山陽道	播磨…〔播磨常則〕／美作…海利守／備中…中原弘高／備後…紀頼末
南海道	紀伊…中臣忠高／淡路…藤井家直・近助／讃岐…苅田秀定、額田連光・秀貞・秀遠・実遠・守貞・〔松行・成連・時茂・正頼〕、藤井守遠、綾貞久・久利、藤井助光、佐伯遠方／伊予…多治比宗安〈→周敷郡大領〉、越智常世・富永・惟永・〔是海・敦光・光世〕、他戸秀高、巨智時直、紀恒弘、藤井守次、物部助貞／土佐…中臣為男、八木頼高
西海道	豊後…大蔵永季〈…日田郡司〉／肥前…県為永／肥後…県恒方、藤井貞季（末）、〔阿曾経平・成清〕／大隅…秦吉高／薩摩…大秦元平・元光〈…牛屎郡司〉、〔薩摩利生〕、伴信房　／？（肥前または肥後か）…真上勝岡

表26－1　相撲人の出身地と出自

（備考）〔 〕は氏姓からの推定。《 》の真上為成はもと常陸国相撲人だったが、摂津に移住したと考えられる。下線は郡領氏族と推定されるもの、*は武士としても知られる人物を示す。なお、相撲人は藤原→藤井、源→県、平→平群、伊福部→服のような改姓で名乗る例もある。

絡《くり》ニ絡《くれ》バ、恒世蜜《ひそかに》、「物ニ狂ヒ給カ、此ハ何カニシ給フゾ」ト云ヘドモ、成村聞キモ不入《いれず》シテ、強ク絡テ引キ寄テ、外懸《そとがけ》ニ懸ルヲ待《まち》テ、内ガラミニカランデ、引覆《ひきおおい》テ仰様《のけざま》ニ棄《すつ》レバ、成村、仰様ニ倒ヌ。其上ニ恒世ハ横様ニ倒レ懸リタリケル。（中略）将共、寄テ、恒世ニ、「成村ハ何ガ有ツル」ト問ケレバ、只、「手」と許《ばかり》答テケル。（下略）

左方の最手真髪成村と右方の最手で丹後国出身の海恒世《あまのつねよ》との対戦の話である。恒世は海部《あまべ》の統括や籠《この》神社の奉祀に与る与謝《よさ》郡の郡領氏族海直《あまのあたい》の一族と目される。(2)ともに村上天皇（在位九四六〜九六七年）の代から供節しており、体格は成村の方が少し大きかったが、恒世は相撲巧者とされていた。この二人が円融《えんゆう》天皇（在位九六九〜九八四年）の永観《えいかん》二年（九八三）七月に対決することになった。相撲人は十五歳くらいから供節を始めるので、二人ともに古強者であるが、成村の方がやや先輩格で、負ける訳にはいかないという立場であったらしい。

成村は六度も「障」、待ったをし、対戦の免除を申請するが、許可されず、七度目についに取り組みが始まる。最初の中略部分によると、恒世は敢えて勝負を決する必要はないと思っていたとあり、押っ取り刀であったが、成村は嗔然《しんぜん》として起ち、体を寄せてきた。恒世は頸を懸けて一方の手で脇をさしたが、成村は俗衣＝犢鼻褌（たふさぎ、ふんどし）の前と横、前みつと横みつを取り、胸を押しつけて、しゃにむに引きつけたので、プロレスで言えば、さば折りのような技になる。恒世は成村に「気でも狂われたか」と声がけしたが、成村は聞き入れず、強く引きつけて外掛けをしかけたので、恒世が内掛けで覆うように足を引いて、うっちゃりを打ったところ、成村は仰向けに倒れ、その上に恒世が横向けに倒れかかる状態になった。

次の中略部分には、この異様な取り組みに見物人たちは声をひそめ、勝負の判定が定まらないまま日暮れになったとあり、この間に成村は起き上がり、相撲屋《すまいや》に入ると、狩衣袴《かりぎぬばかま》を着して退去し、やがて常陸国に帰ってしまったという。一方、恒世は起き上がることができず、右方の大将が下襲《したがさね》を脱いで被物《かづけもの》として与え、中・少将が恒世のそばに寄って「成村はどうであったか」と尋ねたところ、恒世は息も絶え絶えにただ「取り手でした」と答えた。下略部分には、恒世はその後に丹後国《たんごのくに》に戻る途中の播磨国で死去し、これは胸骨が折れていたためであると記されている。

この頃には左・右の最手が勝負するのは珍しいことではなかったが、翌年の八月に円融天皇が譲位してしまったこともあり、不吉な例とされたためか、以降は左・右最手の対戦を忌避するようになったという。実際にもこれ以後の相撲では最後の三番くらい、助手同士、最手同士の取り組みは、日没になり暗くなったなどの理由で実施されないことが通例になっている。この二人の勝負に関しては、『中右記部類《ちゆうゆうきぶるい》』第七・相撲の「臨時五番」所引「或人記《あるひとき》」延久《えんきゆう》三年（一〇七一）八月三日条には、天元《てんげん》五年（九八二）御覧《ごらん》の出来事と記されており、円融朝であることは同じであるが、年次は異なっている。ただ、最手同士の対戦がなくなった原因であることや異様な相撲ぶりに見物人が色を失う先例になったことはまちがいない。

成村はその後十余年は生存したが、「恥をかいた」と言って、二度と供節することはなく、「敵」に討たれて死去したという。成村の子為成《ためなり》も相撲人として活躍し、最手になったが、「敵」との紛争や成村の異様な取り組みのためか、常陸国を離れて摂津国《せつつのくに》に居住していたことが知られる（『小右記』万寿《まんじゆ》四年〔一〇二七〕八月一日条）。為成はまた、「国司濫行下手《こくしらんぎようげしゆ》」として武威を発揮したようであり（長元《ちようげん》四年〔一〇三一〕七月二十八日条）、相撲人が武力に秀でていたことを裏付ける事例となろう。[3]

成村の系統の真髪氏は常陸国を離れているが、真髪氏そのものは常陸国の国衙の武力として地歩を保ったと考えられる。上総・下総両国を中心とする平忠常《ただつね》の乱（一〇二八〜一〇三一年）が勃発する二十年近く前の出来事であるが、常陸介源頼信《よりのぶ》が良文《よしぶみ》流の忠常と対立する繁盛《しげもり》流の平惟《これ》基《もと》（維幹）とともに忠常を降服させたことがあった（『今昔物語集』巻二十五第九話）。忠常が船を隠してしまったため、霞《かすみ》ヶ浦《うら》を渡って急襲する計画を実行できなくなった際、頼信は「家ノ伝ヘ」、清和源氏代々の極秘軍事情報によると、海中に幅一丈（三メートル）ほどで、馬の腹くらいの深さで渡ることができる道があるはずだと告げたところ、真髪高文《まかみのたかふみ》という者がそれを知っており、彼の先導によって内海を渡り、油断していた忠常を奇襲して、降服を得ることができた。この内海の道は多くの軍勢の中でも三人しか知らず、秘中の秘で、真髪氏の軍事情報把握、武力提供の準備ぶりを示すものである。(4)

註

（1）岸俊男「「白髪部五十戸」の貢進物付札」（『日本古代文物の研究』塙書房、一九八八年）。

（2）鈴木正信「『海部氏系図』の構成と成立過程」、「『海部氏系図』の歴史的背景」（『日本古代の氏族と系譜伝承』吉川弘文館、二〇一七年）など。

（3）拙稿「常陸国の相撲人と国衙機構」（『在庁官人と武士の生成』吉川弘文館、二〇一三年）、「真上勝岡異見」（『東洋大学文学部紀要』史学科篇四四、二〇一九年）。

（4）拙著『古代豪族と武士の誕生』（吉川弘文館、二〇一三年）、『武者から武士へ 兵乱が生んだ新社会集団』（吉川弘文館、二〇二二年）など。

27 安倍頼時――源頼義・義家との対決

安倍頼時《あべのよりとき》（?〜一〇五七）は陸奥国に置かれた鎮守府《ちんじゅふ》が所在する胆沢《いさわ》城以北の奥六郡《おくろくぐん》（胆沢・江《え》刺《さし》・和賀《わが》・稗貫《ひえぬき》・紫波《しわ》・岩手）を拠点とする豪族で、安倍氏一族は河内源氏《かわちげんじ》の源頼義《よりよし》（九八八〜一〇七五）・義家《よしいえ》（一〇三九〜一一〇六）父子が武名を高めた前九年《ぜんくねん》合戦（一〇五一〜一〇六二年）で討滅されている。前九年合戦の様子を描いた『陸奥話記《むつわき》』のうち、広く流布した群書類従《ぐんしょるいじゅう》本の冒頭には安倍氏は「東夷酋長《とういしゅうちょう》」と記されており、長らく俘囚《ふしゅう》の反乱と解されてきた。しかし、尊《そん》経閣《けいかく》文庫本には「自ら酋長を称し」とあり、頼時の父忠良《ただよし》（好）は『範国記《はんこくき》』長元九年（一〇三六）十二月二十二日条に陸奥権守《ごんのかみ》に任じられたことが見え、頼時も『陸奥話記』で「安大夫《あんたいふ》」と称されているので、蝦夷系か、中央からの下向者の子孫かは別にして、鎮守府下で勢威を振るった在庁官人のような立場にあったと考えるのが有力になっている。[1]

安倍頼時はもとの名を頼良《よりよし》といい、父からの通字を継承している。頼時は源頼義の前の陸奥守藤原登任《なりとう》と紛擾になり、鬼切部《おにきりべ》で大戦して国司側を敗績させた。そこで、頼義が陸奥守として赴任するのであるが、ちょうど天下大赦があり、頼時は同音の頼良の名を改めて、頼義に服従したので、頼義の任期は無事に経過し、任終年を迎えることになる。

『陸奥話記』天喜四年（一〇五六）条

（上略）ここに将軍怒りて、貞任《さだとう》を召して罪せむと欲するに、頼時、その子・姪《てつ》に語りて曰《いわ》く、「人倫の世にあるは、皆妻子のためなり。貞任愚なりといへども、父子の愛は弃《す》て忘るること能はず。一旦誅《ちゅう》に伏《したが》へば、吾何ぞ忍びむや。しかじ関を閉ぢて聴かざるのみ。来りて吾を攻めば、いはむや吾が衆また拒《ふせ》ぎ戦ふに足れり、いまだもて憂と為さず。たとひ戦利あらずして、頼時等死すともまた可ならざらむや」といふ。（下略）

「将軍」は鎮守府将軍を兼帯する源頼義のことで、安倍氏一族との全面的戦闘の発端となる阿久《あく》利河《とがわ》事件の一齣《ひとこま》を描いている。任終年《にんしゅうねん》となった頼義は府務のため鎮守府胆沢城に到来し、数十日滞在した。この間、頼時は十二分の供給を行い、安倍氏の勢威の源泉である奥州の馬・砂金と北方交易の利（毛皮・鷹の羽など）のうち、駿馬と金を献上して頼義との穏便な関係維持に努めた。ところが、国府多賀《たが》城への帰路に阿久利河のあたりで権守藤原説貞《ときさだ》の子光貞《みつさだ》・元貞《もとさだ》らが人馬の殺傷を受けたと訴え、頼義が嫌疑人を尋ねたところ、先年に頼時の子貞任が光貞の妹に婚儀を申し込んできたが、これを許さなかったので、おそらくは貞任の仕業ではないかと答えたという。

これが上略部分の経緯で、頼義は大いに怒り、貞任を召して処罰しようとしたところ、頼時は貞任を見捨てることはできないと述べ、一族の人びとに頼義への拒戦《きょせん》を宣言することになる。下略部分には、安倍氏側の人びとが衣川関《ころもがわのせき》を閉じてしまえば、撃破されることはないと豪語したとあり、ここに長い戦闘が始まる。頼時には多くの子女があり、『陸奥話記』は貞任を「長男」と

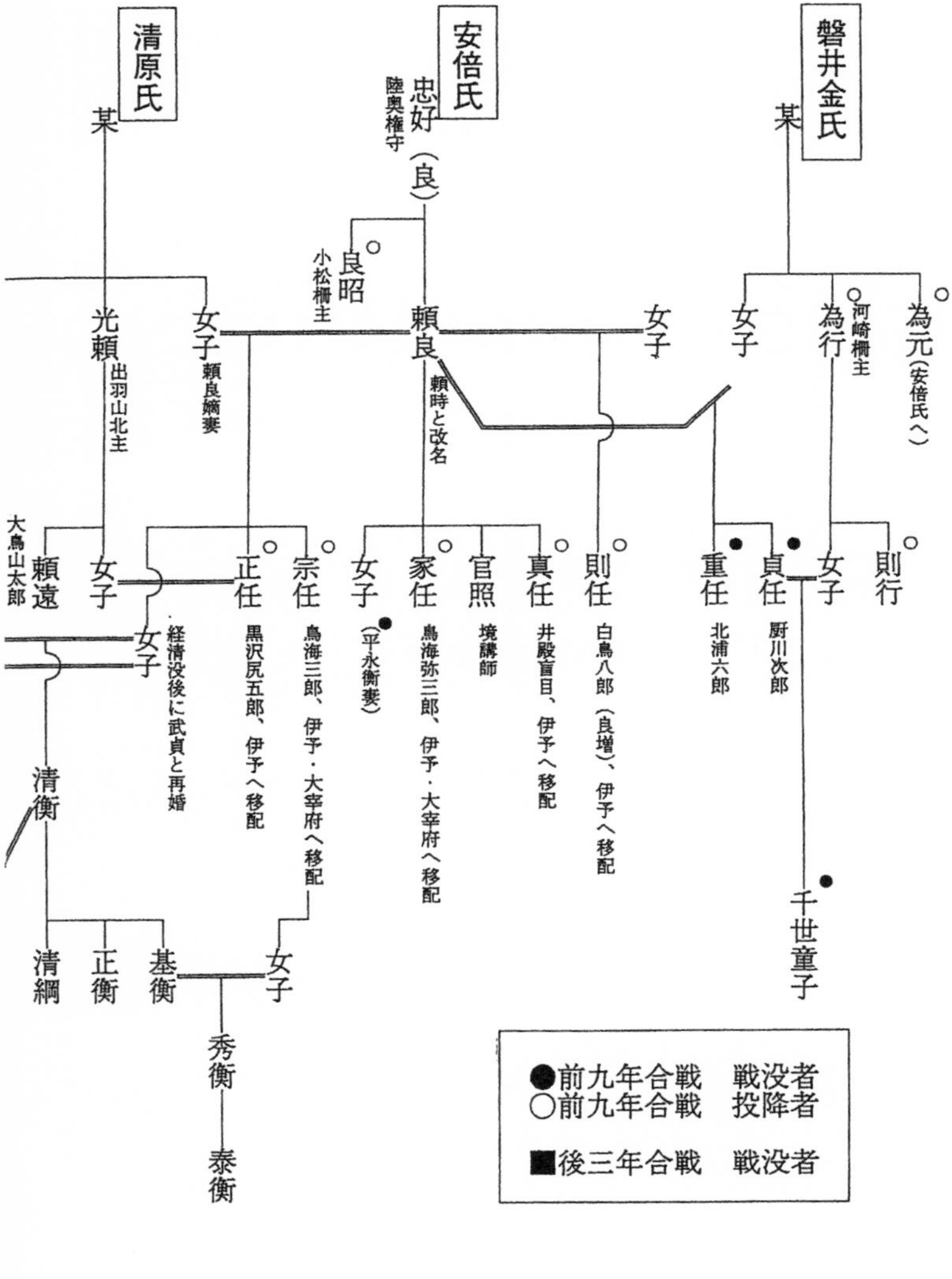
清原氏
某
光頼
出羽山北主
頼遠
大鳥山太郎
女子
女子
経清没後に武貞と再婚
清衡
清綱
正衡
基衡
秀衡
泰衡
安倍氏
忠好
陸奥権守
（良）
良昭
小松柵主
女子
頼良嫡妻
頼良
頼時と改名
女子
正任
黒沢尻五郎、伊予へ移配
宗任
鳥海三郎、伊予・大宰府へ移配
女子
（平永衡妻）
家任
鳥海弥三郎、伊予・大宰府へ移配
官照
境講師
真任
井殿盲目、伊予へ移配
則任
白鳥八郎（良増）、伊予へ移配
女子
磐井金氏
某
女子
為行
河崎柵主
為元
（安倍氏へ）
重任
北浦六郎
貞任
厨川次郎
女子
則行
千世童子
●前九年合戦　戦没者
○前九年合戦　投降者
■後三年合戦　戦没者

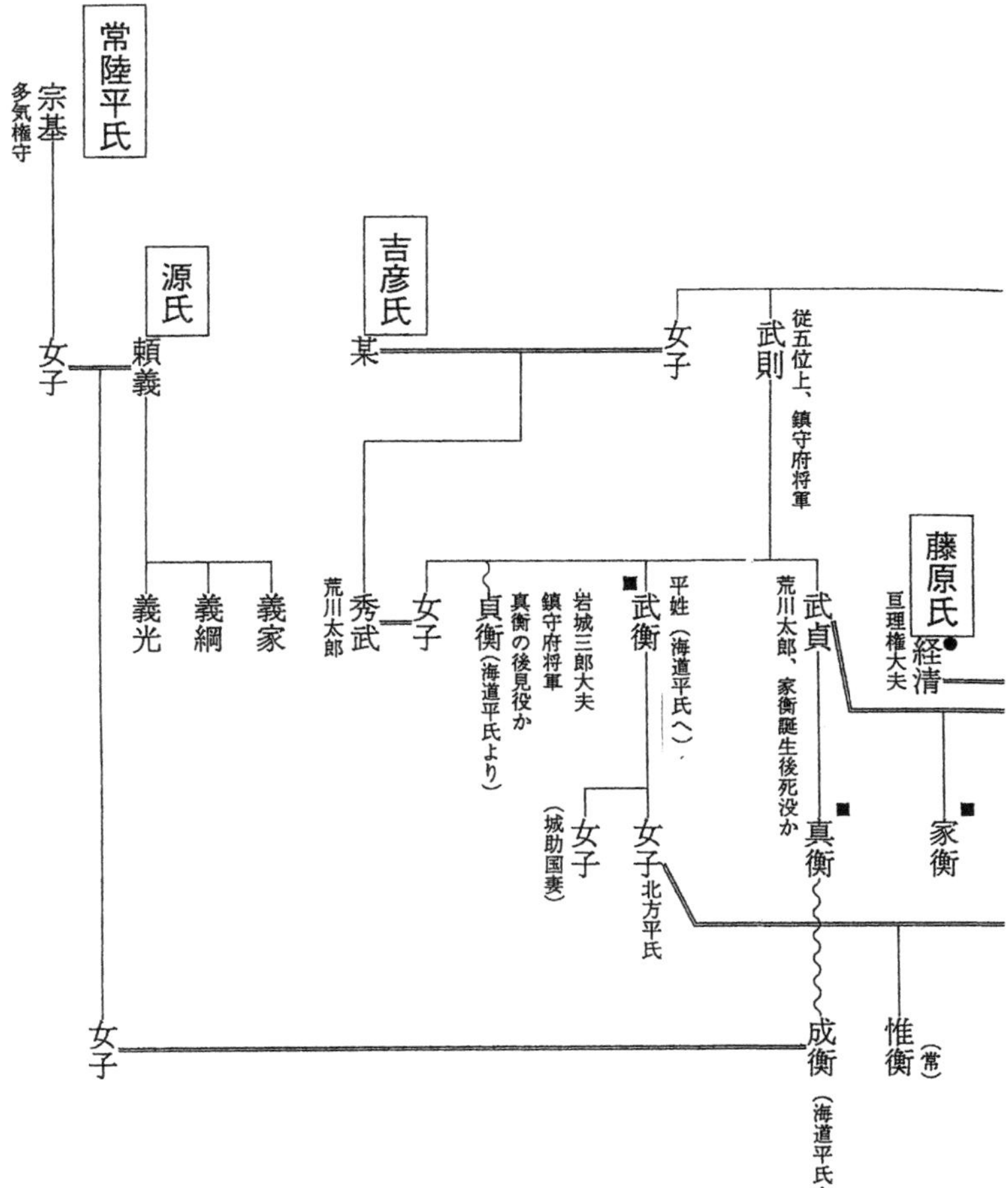

図27－1　前九年・後三年合戦人物関係図（樋口知志『前九年・後三年合戦と奥州藤原氏』〔高志書院、2011年〕系図1を改変）

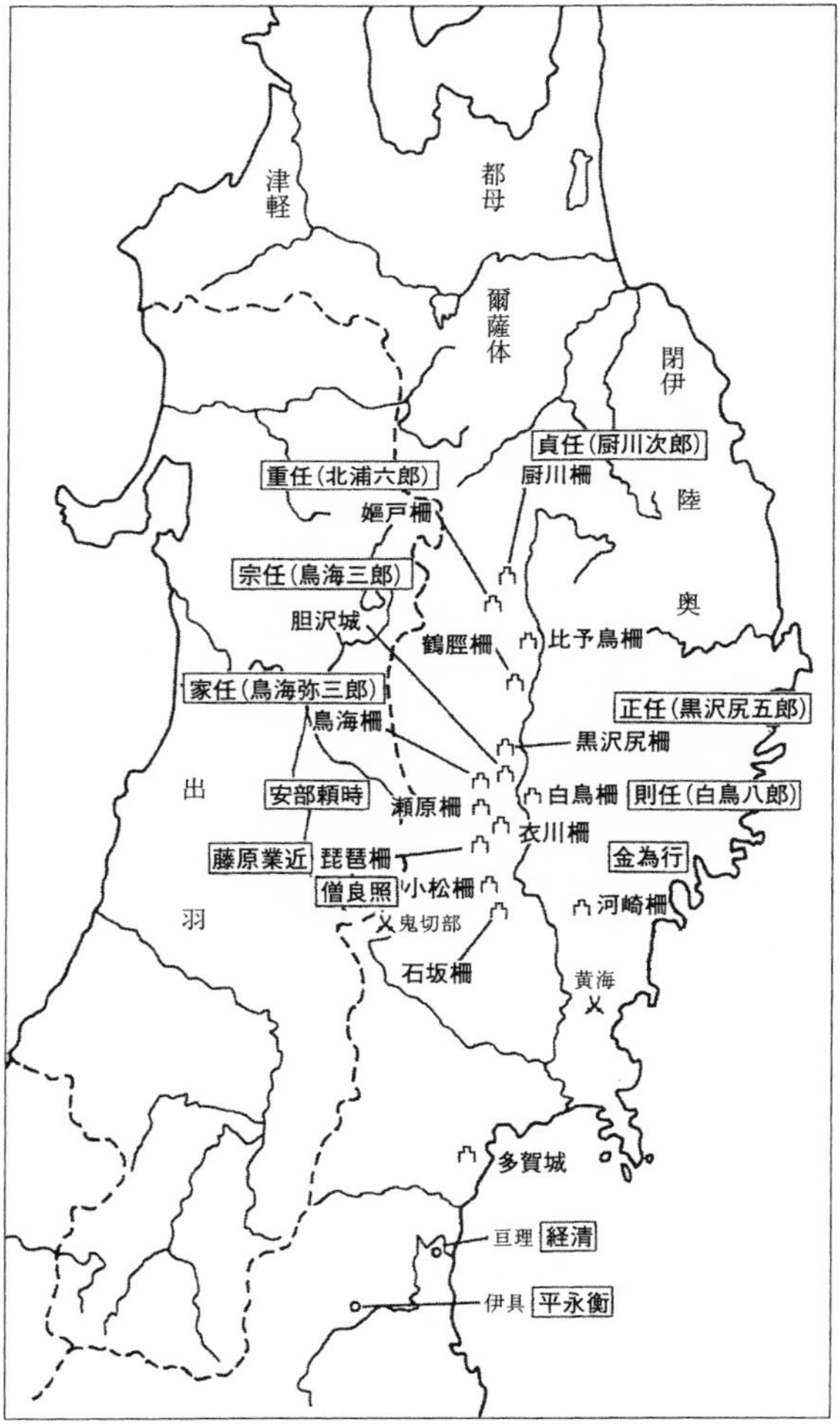

図27－2　安倍氏一族の拠点分布図（森公章『武者から武士へ 兵乱が生んだ新旧社会集団』〔吉川弘文館、2022年〕96頁）

記すが、「厨河《くりやがわ》次郎」の呼称が知られるので（『吾妻鏡《あづまかがみ》』文治五年〔一一八九〕九月二十七日条）、次男が正しい。長男は「井殿《いどの》盲目」とある人物で（『朝野群載《ちょうやぐんさい》』巻十一康平七年〔一〇六四〕三月二十九日太政官符に見える真任《さねとう》〔身病あり〕か）、貞任が実質的な長子の役割を果たしていたのであろう。

貞任は安倍氏一族の勢力圏の最北部にあたる厨川柵《くりやがわのさく》を拠点としており、『陸奥話記』で戦場に登場するのも遅れるから、この阿久利河事件には関与していないと思われる。事件は任終年を迎えても隙を見せない頼時に対して、陸奥国への進出を企図する頼義が仕掛けたものとする見方が根強いが、当該期には所領や拠点確保の動きが見られず、頼義は前九年合戦後には受領《ずりょう》の最高峰である伊予守になり、中央での河内源氏の発展を模索している。権守藤原説貞は国府を拠点とする在庁官人と目され、むしろ彼らこそが安倍氏一族の勢力拡大を警戒し、武勇の国司である頼義在任中に安倍氏を掣肘しようとして戦端を開くことになったと見るのがよいであろう[2]。

頼時は前司《ぜんじ》藤原登任の郎等として到来し土着した平永衡《ながひら》（伊具十郎《いぐじゅうろう》）、前々司《ぜんぜんじ》で頼義の弟源頼《より》清《きよ》の郎等と目される秀郷流《ひでさとりゅう》藤原氏の藤原経清《つねきよ》（亘権守《わたりのごんのかみ》・亘理権大夫《わたりのごんのたいふ》）を女婿にしており、陸奥国南部を拠点とする国衙周辺の武勇者との結合も進めていた。永衡・経清は当初頼義を支持して、衣川関合戦に従軍するが、永衡が銀冑《ぎんちゅう》を着ていたところ、これは合戦の際に安倍氏側からの攻撃を避ける目印で、内応するという風聞があり、頼義はそれを信じて、永衡を処刑してしまう。これを見た経清は自分も嫌疑をかけられるのではないかと不安になり、安倍氏側につこうとし、頼義が衣川関を攻撃している間に、頼時が間道から国府を襲撃し、府下の妻子が危ういという流言を広めたので、国衙《こくが》軍を中心とする頼義の軍勢は引き返さざるを得なくなってしまう。

衣川関合戦では頼義側の気仙郡司金為時《こんのためとき》が奮戦し、頼時と弟の僧良昭《りょうしょう》が防戦したが、為時は後援を得ることができずに撤兵、この混乱の中で経清は頼時側に参陣した。その後、交替となった頼義の後任者が到来するはずであったが、合戦を聞いて赴任せず、頼義が重任《ちょうにん》となり、安倍氏と対峙を続ける。頼義は金為時と下毛野興重《しもつけのおさしげ》を「奥地俘囚」、安倍氏勢力圏の北方に派遣して、彼らを味方にして挟撃する作戦を立てる。頼時との族的関係は不明であるが、安倍富忠《とみただ》という者が呼応したので、頼時が説得に向かったところ、伏兵に攻撃されて流矢で負傷、頼時は天喜五年（一〇五七）七月二十六日に拠点である鳥海柵《とりみのさく》に戻って死去してしまう（『百錬抄』天喜五年九月二十三日条参照）。

　頼時は一族を拠点となる城柵《じょうさく》に配置し、安倍氏一族の結束は保たれていたので、戦闘は継続する。この年十一月に頼義は兵一三〇〇余人（『扶桑略記』天喜五年十一月条）で、貞任の精兵四〇〇〇余人と黄海《きのみ》合戦で対決し、気候の厳しさ、遠征軍の軍粮・輜重《しちょう》不足、そして兵力の差によって大敗し、子義家ら僅かな手勢に守られてかろうじて生還する「七騎《しちき》落《お》ち」の憂き目に会ってしまう。頼義は必ずしも秀逸な軍略者とはいえず、陸奥国の人びとの信服を失ったため、その後は兵力が整わない状況が続く。鎌倉幕府創設に参画した坂東武者との固い主従関係が存し、「坂東精兵」が大挙して参陣したというのは幻想で[3]、前九年・後《ご》三年《さんねん》合戦を通じて、陸奥守であった頼義・義家はともに国衙軍や在地豪族の兵卒を主力として戦わざるを得なかった。

　安倍氏側も母が異なる兄弟同士の結合は必ずしも一枚岩ではないという弱点があったが、結局のところは頼義が出羽国の山北《せんぼく》三郡（雄勝《おがち》・平鹿《ひらか》・山本）の支配者である清原氏を参陣させることにより、康平五年（一〇六二）八月の小松柵《こまつのさく》合戦を皮切りに、安倍氏の拠点となる柵を次々に陥落させ、九月十六・十七日の厨川柵をめぐる攻防戦で安倍氏を討滅することができた。しかし、河内源氏は陸奥国を去り、鎮守府将軍となった清原武則《たけのり》が清原氏の当主として奥六郡を入手、清原氏の勢威が拡大する結果となる。その後、陸奥守源義家が清原氏の内紛に介入し、後三年合戦（一〇八三〜一〇八七年）で清原氏を討伐するが、最終的な勝利者は安倍頼時の女と藤原経清の子で、母が清原武則の子武貞《たけさだ》に再嫁したため、清原氏を名乗っていた清衡《きよひら》で、実父の藤原姓に戻り、奥州藤原氏（平泉藤原氏）の全盛を築いていくのである。[4]

註
（1）樋口知志『前九年・後三年合戦と奥州藤原氏』（高志書院、二〇一一年）、樋口知志編『東北の古代史』五（吉川弘文館、二〇一六年）など。
（2）拙稿「前九年・後三年合戦と武力―河内源氏と地域権力の様相―」（『東洋大学文学部紀要』史学科篇四七、二〇二二年）。
（3）野口実『源氏と坂東武士』（吉川弘文館、二〇〇七年）、元木泰雄『河内源氏』（中央公論新社、二〇一一年）など。
（4）斉藤利男『平泉 北方王国の夢』（講談社、二〇一四年）、菅野成寛監修『平泉の文化史』一〜三（吉川弘文館、二〇二〇年）など。

28　阿波民部大夫成良——神戸港の礎を築いた平清盛の家人

阿波民部《あわのみんぶ》大夫《たいふ》成良《しげよし》（重能）は阿波国出身で、民部丞《みんぶのじょう》・五位になった者として民部大夫を称しており、平家の有力家人である。子の成直《しげなお》（教能《のりよし》、則良、信良《のぶよし》）が「田内左衛門《でんないさえもん》」と記され、「田内」は田口氏で内舎人《うどねり》と解するところから、成良の姓は田口氏とされてきたが、「内舎人粟田《あわた》則良」とする史料があるので（『山槐記《さんかいき》』治承《じしょう》二年（一一七八）十月十九日条）、粟田姓であったことが判明する。成良の弟良遠《よしとお》は桜庭介《さくらばのすけ》を名乗る在庁官人の上首者で、鎌倉時代においても国衙の税所を掌握する粟田姓者がおり（『鎌倉遺文』一四八一・二二〇一号）、粟田氏はまた、後の富田庄《とみたのしょう》につながる名東郡南助任保《みょうとうぐんみなみすけとうほ》を有していた。[1]

国府近辺に所領を有し、有力在庁として活動する「粟」を冠する氏姓と言えば、粟（阿波）国造粟凡直《あわのおおしのあたい》氏との系譜関係如何も注目されるところであるが、粟田氏の系譜をこれ以上遡ることは難しく、伝統的在地豪族である粟凡直氏との関係は不明とせねばならない。[2]成良は『保元《ほうげん》物語』『平治《へいじ》物語』には登場せず、いつ頃から平家に奉仕するようになったのかはわからないが、承安三年（一一七三）に平清盛《たいらのきよもり》が大輪田泊《おおわだのとまり》に経島《きょうがしま》を築いて港湾機能安定を図った際、その工事を指揮しているので（『延慶本《えんぎょう》平家物語』第三本「十六 太政入道経島突給事」）、水上交通の掌握者、民部大夫の肩書に相応しい財力保有者として起用されたと考えられる。清盛は仁安《にんあん》元年（一一六

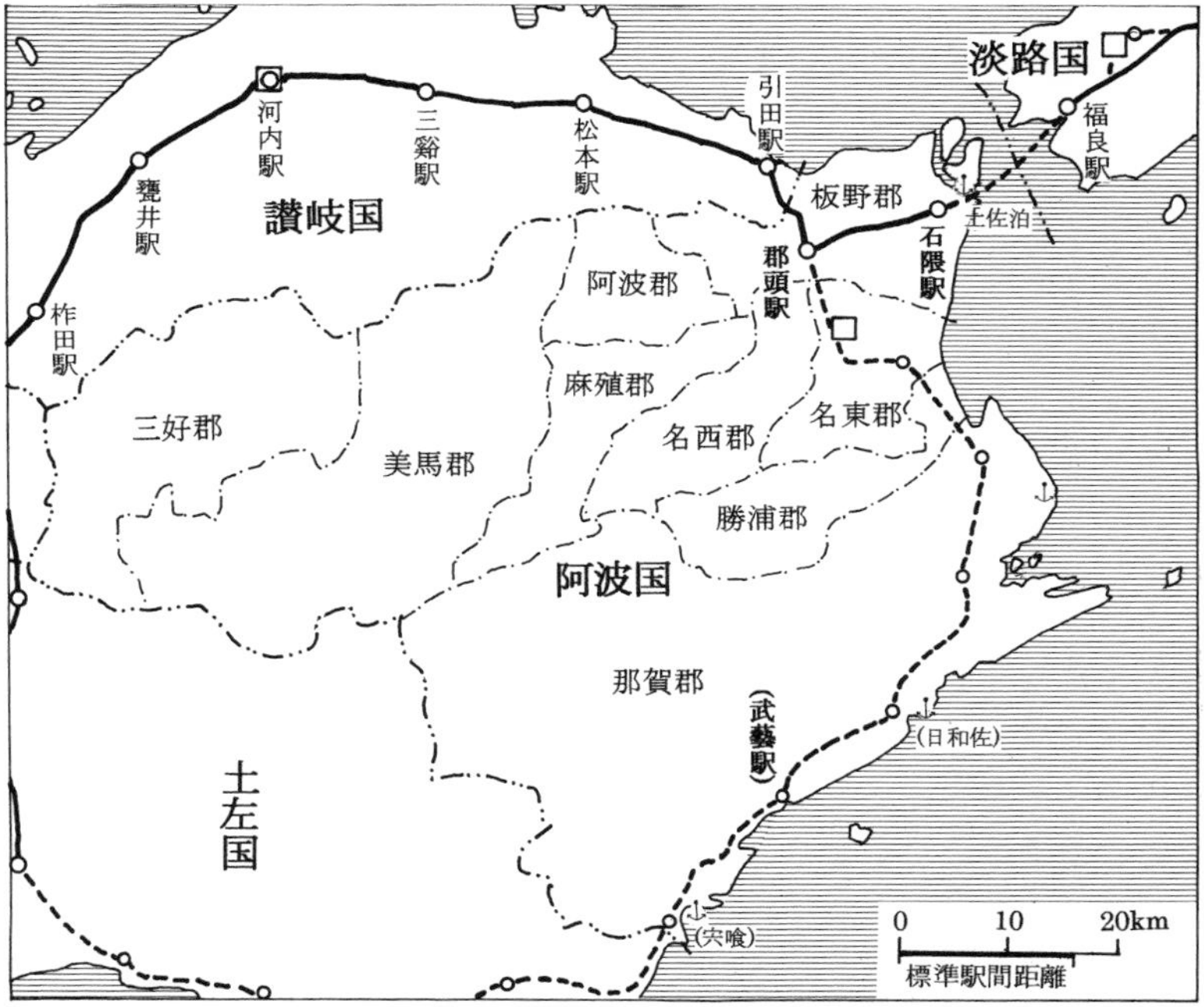

図28－1　阿波国の概略図（木下良『事典日本古代の道と駅』〔吉川弘文館、2009年〕278頁）

七）五月に太政大臣《だいじょうだいじん》を辞任し、翌年二月には出家しており、平家の中心的武力は重盛《しげもり》に継承され、譜第の伊勢・伊賀の家人はそちらに随従していた。清盛は備前国の難波《なんば》氏、備中国の妹尾《せのお》氏など西国家人を直属させており[3]、成良もその一員として近侍することになったのである。

『平家物語』（覚一本系）巻十一「遠矢」

（上略）阿波民部重能《しげよし》は、この三ねんがあひだ、平家によくよく忠をつくし、度々の合戦に命をしまずふせきた丶かひけるが、子息田内左衛門をいけどりにせられて、いかにもかなはじとや思ひけん、たちまちに心かはりして、源氏に同心してんげり。平家の方には、はかりことに、よき人をば兵船に乗せ、雑人《ぞうにん》どもをば唐船《からぶね》に乗せて、源氏心にくさに唐船を攻めば、なかにとりこめて討たんとしたくせられたりけれども、阿波民部がかへいちうのうへは、唐船には目もかけず、大将軍のやつし乗り給へる兵船をぞ攻めたりける。（下略）

図28－2　阿波民部大夫成良の略系図

治承《じしょう》・寿永《じゅえい》内乱の掉尾《とうび》となる壇《だん》ノ浦《うら》合戦（一一八五年三月）の一齣である。治承四年（一一八〇）五月の以仁王《もちひとおう》の挙兵を端緒として平家による諸国源氏や反対勢力への抑圧が強まるなか、坂東での源頼朝《よりとも》の蜂起を始めとして、兵乱が全国に広がっていく。成良は平重衡《しげひら》の南都追討軍の先陣を務めており（『山槐記』治承四年十二月二十七日条）、翌年閏《うるう》二月四日に清盛が死去した後も、三月の墨俣《すのまた》合戦では源行家《ゆきいえ》を撃破するなどの活躍ぶりであった。しかし、寿永二年（一一八三）になると、木曾《きそ》義仲《よしなか》が北陸道を席巻、入京が迫ると、平家都落ちとなり、平家は西国を拠点に勢威維持に努めねばならなくなる。(4) そこで、成良ら西国家人の奮闘が一層求められ、「この三ねんがあひだ、平家によくよく忠をつくし」という尽力が回顧されるところである。平家は瀬戸内海の制海権を保持しており、追討に下向した源行家や義仲も敗退し、都に戻らざ

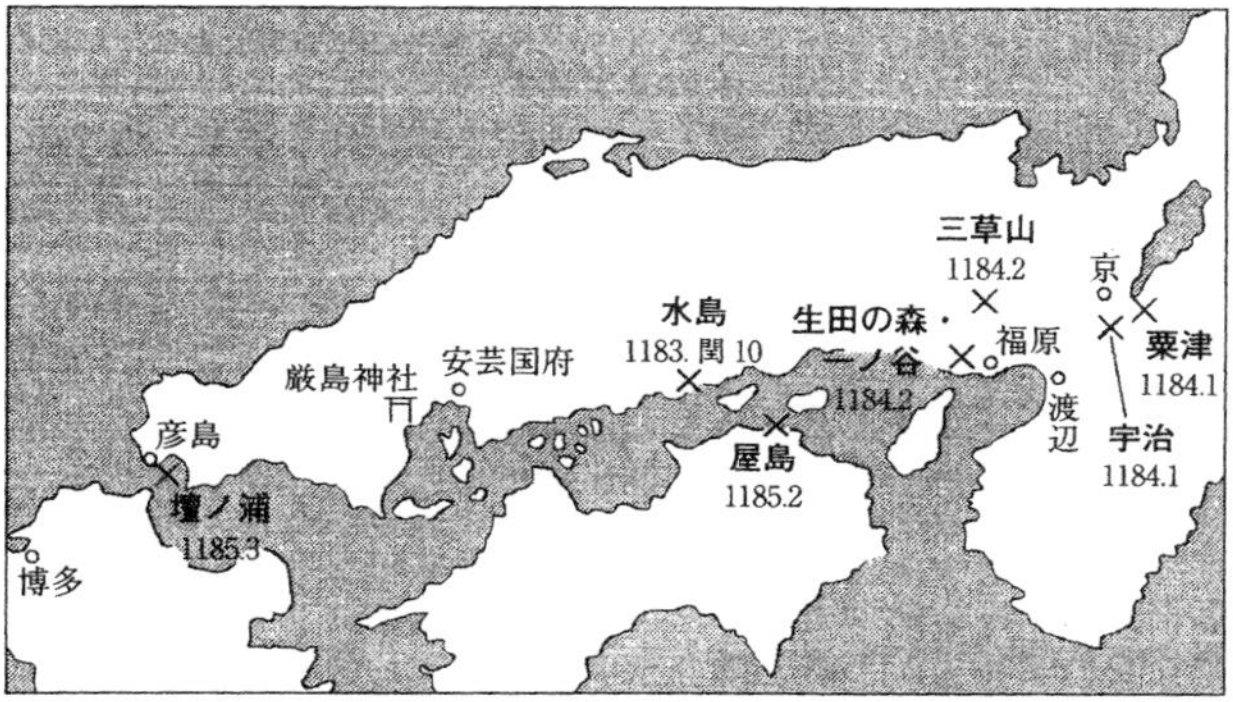

図28－3　治承・寿永内乱の合戦略図（森公章『武者から武士へ 兵乱が生んだ新旧社会集団』〔吉川弘文館、2022年〕242頁）

るを得なかった。一方で、後白河《ごしらかわ》法皇は粗暴な義仲らを排除しようとして、頼朝軍の上洛を要請、源範頼《のりより》・義経《よしつね》の上京により、義仲は寿永三年（一一八四＝元暦元）正月の粟津《あわづ》合戦で敗死の結末になる。次いで二月の生田《いくた》の森・一ノ谷合戦で平家に勝利した頼朝の戦略は、義経には京都を守護させ、範頼が山陽道から九州に行軍、徐々に平家方を制圧し、三種の神器を取り戻して、朝廷との交渉に臨むというものであったらしい[5]。

しかし、平家討滅に逸る義経が突出し、元暦《げんりゃく》二年（一一八五＝文治元）二月、暴風のなか摂津国渡辺津《わたなべのつ》から阿波国椿津《つばきのつ》に渡海、もとは阿波国の在庁官人出身で、鹿《しし》ヶ谷《たに》事件で処刑された西光《さいこう》（藤原〔近藤〕師光《もろみつ》）の一族と目される近藤親家《ちかいえ》の案内を得て、成良の弟桜庭介良遠を撃破し、阿波国から讃岐国《さぬきのくに》に進軍して、平家の拠点である屋島《やしま》を急襲したので、一気に戦局が動くことになる。この頃に成良の子成直は伊予国《いよのくに》の河野《こうの》氏討伐に向かっていたため[6]、屋島が手薄になっていたという僥倖もあった。そして、急いで引き返して来た成直は義経軍の捕虜になってしまう。

そこで、最終決戦となるのが三月二十四日の壇ノ浦合

戦である。諸書に記された船数は区々であるが、源氏方の数が多かったことはまちがいない。源

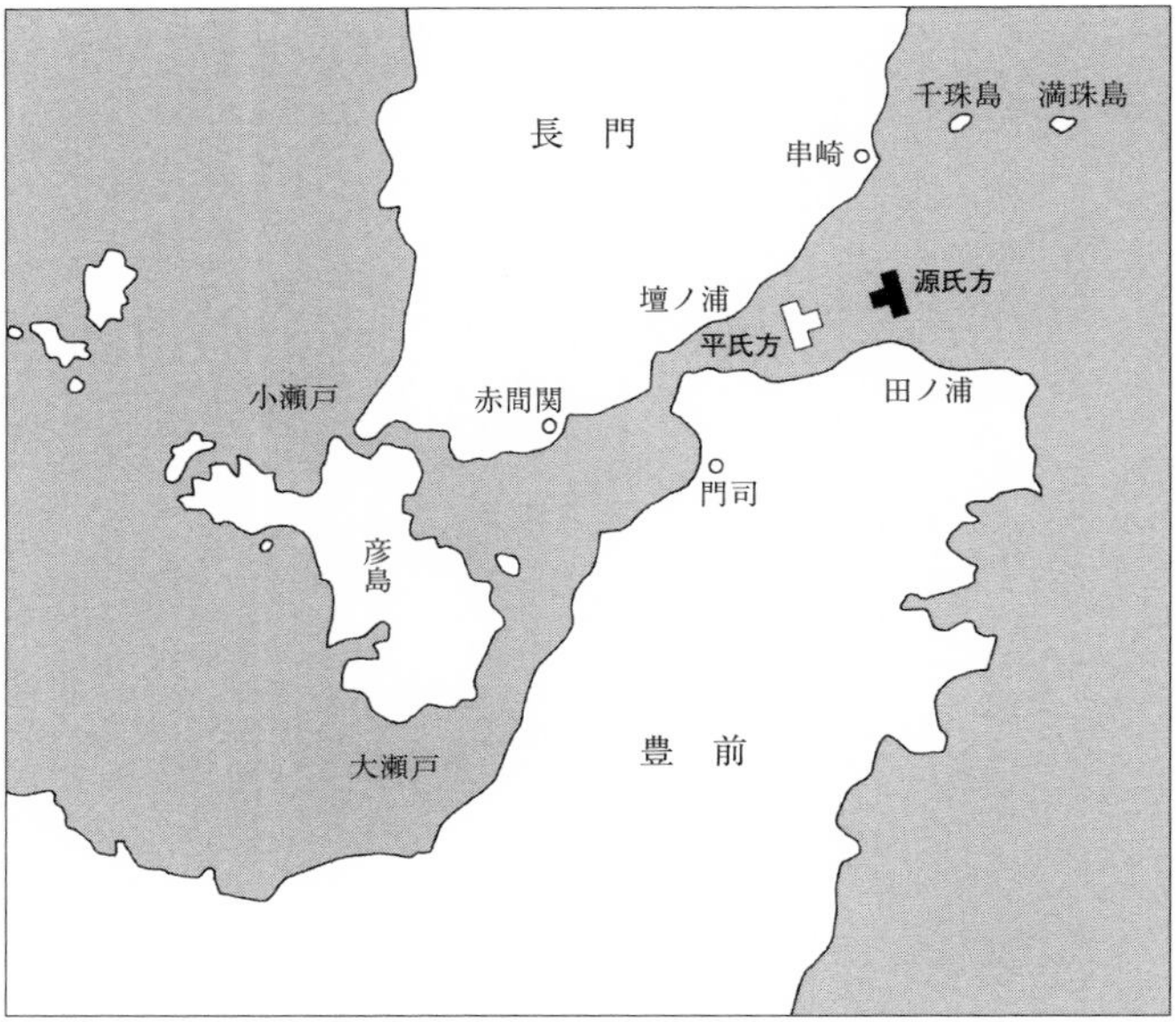

	源氏方	平氏方
『吾妻鏡』	840 与艘	500 余艘
『覚一本平家物語』	3000 余艘（他に湛増 200 余艘・河野通信 150 艘）	1000 余艘
『延慶本平家物語』	3000 余艘	700 余艘
『源平衰退期』	700 与艘	500 余艘

図28－4　壇ノ浦合戦図と水軍規模に関する諸書の記載比較（森公章『武者から武士へ 兵乱が生んだ新旧社会集団』〔吉川弘文館、2022年〕255頁）

氏方は長らく水軍不足に苦慮していたが、この時点では国衙の水軍統括者の協力を得ており（『吾妻鏡』文治元年三月二十一日条・周防国の「在庁船所《ふなどころ》五郎正利《まさとし》」、『延慶本平家物語』第六末・土佐国の「一宮《いちのみや》の梶取赤次郎大夫」など）、大いに気勢が上がっていた。平家方は次のような布陣であったが、二・四陣は殆ど機能していない。

一陣　山鹿《やまが》兵藤次秀遠《ひょうとうじひでとお》・松浦《まつら》党《とう》二〇〇余艘
二陣　阿波民部大夫成良ら四国者共一〇〇余艘　↓源氏方に寝返り
三陣　平家の公達三〇〇余艘または二〇〇余艘
四陣　九国住人菊地・原田ら一〇〇余艘…最初から戦意を失い、戦力外か

史料には子成直を捕獲された成良の心境が描写され、源氏方に寝返る様子が記されている。平家方は唐船に雑人を乗せて源氏の攻撃目標にさせ、実は兵船の方に主力が乗って攻撃する作戦であったが、これを成良が源氏方に伝えたため、源氏方は的確な攻撃を加えることができ、ついに勝利したという。成良は勝利者側につくが、南都焼き討ちの悪業を指弾され、誅殺されてしまう（『東大寺《とうだいじ》造立《ぞうりつ》供養《くよう》記《き》』）。ただし、上述のように、阿波国の粟田氏は鎌倉時代にも在庁官人として存続している。成良はまた、東大寺浄土堂《じょうどどう》の願主《がんしゅ》であったといい、造営が終了しないうちに処刑されたものの、願主として歴史に名を留めることができた。

註

（1）五味文彦「東大寺浄土堂の背景」（『院政期社会の研究』山川出版社、一九八四年）、野中寛文「阿波民部大夫成良」（『古代文化』五四の六、二〇〇二年）、山下知之「阿波国における武士団の成立と展開」（『立命館文学』五二一、一九九一年）、福家清司「阿波国富田荘の成立と開発」（『阿波・歴史と民衆』南海ブックス、一九八一年）、野口実「十二世紀末における阿波国の武士団の存在形態」（京都女子大学宗教・文化研究所『研究紀要』二七、二〇一四年）など。

（2）拙稿「古代阿波国と国郡機構」（『在庁官人と武士の生成』吉川弘文館、二〇一三年）。

（3）拙稿「在庁官人と中央出仕」（『海南史学』五二、二〇一四年）。

（4）上杉和彦『源平の合戦』（吉川弘文館、二〇〇七年）、拙著『武者から武士へ 兵乱が生んだ新社会集団』（吉川弘文館、二〇二二年）など。

（5）宮田敬三「元暦西海合戦試論」（『源平合戦と京都軍制』戎光祥出版、二〇二〇年）。

（6）下石敬太郎「伊予国の治承・寿永内乱」（『日本中世の政治と制度』吉川弘文館、二〇二〇年）。

29 伴信明——島津庄の経営と薩摩平氏との対立

伴信明《とものぶあき》は日向《ひゅうが》・大隅《おおすみ》・薩摩三国に広がる摂関家領として著名な島津庄《しまづのしょう》の別当である。島津庄は藤原頼通《よりみち》（九九二～一〇七四）の時代に大宰府の府官である平季基《すえもと》が開発・寄進したもので、頼通の曾孫忠実《ただざね》（一〇七八～一一六二）の時代に庄園公領制の確立を迎え、大幅に拡大されて八千町歩にも及ぶ所領となっている。(1) 五摂家《せっけ》（近衛《このえ》・鷹司《たかつかさ》・九条《くじょう》・一条《いちじょう》・二条《にじょう》）のうち、近衛家に伝領され、江戸時代の薩摩藩との関係を含めて、長らく当地との交流が続く。

久安三年（一一四七）には忠実の子で摂政であった藤原忠通《ただみち》の下に西海《さいかい》庄《のしょう》（島津庄か）から孔雀《くじゃく》・鸚鵡《おうむ》が貢上されている。これは宋商人が献上したもので、西海道《さいかいどう》の庄園は唐物を入手する窓口として重要な役割を果たしている。(2) 孔雀・鸚鵡はさらに鳥羽《とば》法皇に献上されており、鳥羽法皇から禅閤《ぜんこう》藤原忠実に借給された鸚鵡が人語を話す様子を観察して忠通の弟頼長《よりなが》は、「但し其の鳴くを聞くに言語無し。疑ふらくは、是れ漢語に依れば、日域の人は聞知せざるか」と述べている（『台記』久安三年十一月十・二十八日条）。

寿永二年（一一八三）八月八日島津庄別当伴信明解　（入来院文書／『平安遺文』四一〇一号）

（上略）御庄御領薩麻国薩麻《さつま》郡内山田《やまだ》村は、信明先祖相伝の所領なり。然れども不慮の外、

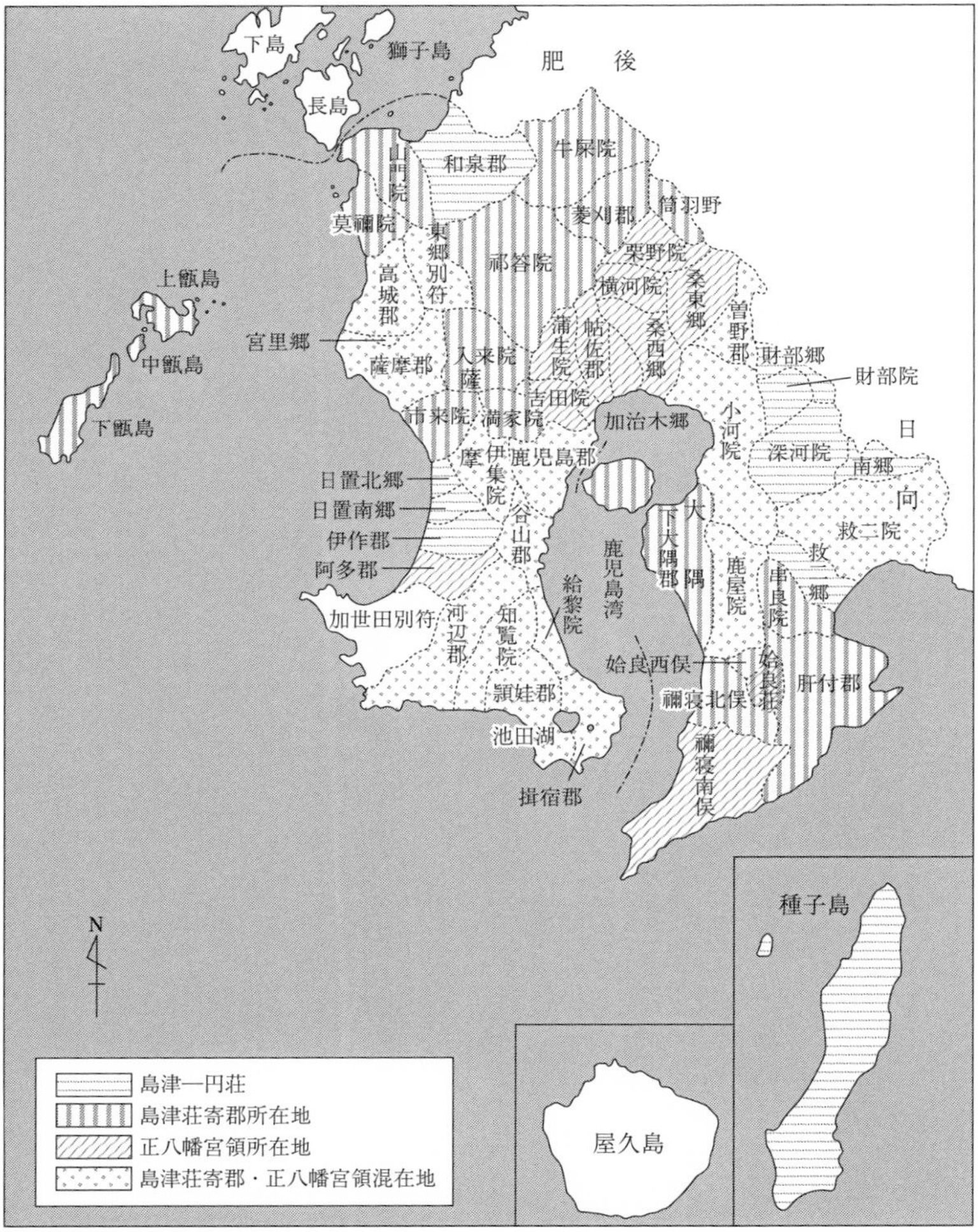

図 29－1　大隅・薩摩国の中世郡郷院庄配置図（日隈正守「平安後期から鎌倉期における大隅正八幡宮の禰寝院支配」〔『鹿児島大学教育学部研究紀要』人文･社会科学編 61、2010 年〕4 頁）

信明の父信房《のぶふさ》の時、同国住人忠景《ただかげ》無本（謀叛）を企つるの尅《きざみ》、押領せられて以後、領知せざる不当の状。（中略）其の後、字《あざな》仁六郎大夫兼宗《かねむね》、彼の郡弁済使《べんさいし》職《しき》と為《な》り、限り有る地頭《じとう》職を指したる雑怠無くして、本家《ほんけ》の裁を蒙《こうむ》らず、地頭に知らせずして、恣《ほしいまま》に押領の条、言語の及ばざる事なり。（下略）

山田村の所領押妨《おうぼう》に関して、留守所《るすどころ》の裁断を求める文書である。伴氏は元来「大伴」と記されたが、平安初期の淳和《じゅんな》天皇（大伴親王）の諱《いみな》を避けて「伴」と表記されるようになった。天平八年（七三六）年度薩摩国正税帳には出水《いずみ》郡の主政《しゅせい》・主帳《しゅちょう》に大伴部姓者が見えており（『大日本古文書』二―二〇）、伴氏は古代豪族の系譜を引く存在と目される。大隅・薩摩地域はまた、相撲《すまい》人を輩出したことでも知られ、伝説的な野見宿禰《のみのすくね》を除くと、確実な相撲の初見記事は大隅隼人《はやと》と阿多《あた》隼人の取り組みである（『日本書紀』天武十一年（六八二）七月甲午条）。『日本三代実録』仁和二年（八八六）五月二十八日条には大学博士御船氏主《みふねのうじぬし》と助教苅田種継《かんだのたねつぐ》の御前での丁々発止の論議を相《すま》撲《い》最手《ほて》の左近衛阿刀根継《あとのねつぐ》と右近衛伴氏長《うじなが》に比しており、氏主は氏長に見立てられているので、伴氏長の方が名手であったと考えられる。『新猿楽記《しんさるがくき》』六君夫条には、高名な相撲人であるその人物は母方は「薩摩氏長の曾孫」と描かれており、この薩摩氏長が伴氏長で、薩摩出身の伝説的な相撲人とされていたことが知られる。（3）

信明の所領は父信房の時に、忠景、薩摩平氏の阿《あ》多権守《たごんのかみ》平忠景に押領されたと記されている。（4）この出来事は『山槐記』永暦元年（一一六〇）七月八日条に「薩摩国の相撲訴へ申しし忠景・忠《ただ》

伴氏長……………伴信房――信明――女
　　　　　　　　　　　　　　　＝
　　　　　　　　　　　　　大蔵種章（明）

図29－2　薩摩伴氏の略系図

永《なが》の妨げを停止すべき事」とあるものと目され、忠永は忠景の兄弟で、頴娃《えい》地域などを拠点としており、本史料の中略部分にも「忠景・舎弟忠永、件《くだん》の所領押領の間」と見えている。『山槐記』の記主藤原忠親《ただちか》は時に左近衛中将で、左方相撲人を統括する立場にあった。「薩摩国の相撲」は信明の父信房に比定され、相撲人である信房は近衛府とのつながりによって、在庁官人の上首者である薩摩平氏の武力と対峙しようとしたのである。伴氏が譜第の相撲人あったことも判明し、伝統的在地豪族であることとともに、そうした武芸を評価されて島津庄の別当に起用されたのであろう。

近衛府への訴えの成果ははかばしくはなかったが、こうした事例は他にも知られる。同じく薩摩国の相撲人で、牛屎《うしくそ》郡司を相承する大秦元光《おおはたもとみつ》が、安元元年（一一七五）に先祖相伝所領田地押妨を右近衛府に訴えている。時の右近衛大将は平重盛《しげもり》で、二度に亘り右近衛府牒《ふちょう》・政所下文《まんどころくだしぶみ》が発給されているが（『平安遺文』三七〇五・三七八七号）、濫行はなかなか止まなかった。押妨側のうちの国吉《くによし》という者は檜前《ひのくま》姓篠原氏に比定され（『篠原系図』の国能）、建久《けんきゅう》八年（一一九七）薩摩国図田帳《ずでんちょう》には牛屎院三百六十町のうち、永松名《ながまつみょう》二百四十町は院司《いんし》元光の知行《ちぎょう》、光武名《みつたけみょう》五十町が九郎大夫国吉の知行と記されているので、元光に次ぐ勢威を有していたことが看取される。(5)

相撲人の武芸や近衛府とのつながりを示すとともに、薩南の地でも中世につながる所領争い、武力による対立が顕在化していたことを窺わせる事例として注目したい。伴信明の訴訟も、忠景・忠永に続いて仁六郎大夫兼宗という競合者が登場し、弁済使という上位の立場から信明の別当＝地頭職を奪取しようとして、さらなる紛擾が続いていくのである。信明の女子は大宰府を中心に九州全体に勢力を有する大蔵氏《おおくらうじ》流武士団の大蔵種章《たねあき》と結婚しており、彼は建久八年薩摩国図田帳の段階で阿多権守平忠景の久吉名《ひさよし》を領有していた「在庁種明」に比定され、文治三年（一一八七）には薩摩国山田村地頭職の裁許を留守所に申請しているので（『鎌倉遺文』二五〇号）、伴氏は様々な手段を講じて伝来所領を死守しようとしたことがわかる。

註

（1）元木泰雄『藤原忠実』（吉川弘文館、二〇〇〇年）。
（2）拙著『古代日中関係の展開』（敬文舎、二〇一八年）、拙稿「唐物・南島産品と小野宮流・御堂流―大宰府およびその管内の動向をめぐって―」（『遣唐使と古代対外関係の行方』吉川弘文館、二〇二二年）など。
（3）拙稿「真上勝岡異見」（『東洋大学文学部紀要』史学科篇四四、二〇一九年）。
（4）江平望「阿多忠景について」（『古代文化』五五の三、二〇〇三年）、野口実「鎮西における平氏系武士団の系譜的考察」（『中世東国武士団の研究』高科書店、一九九四年）など。
（5）五味克夫「薩摩国御家人牛屎・篠原氏について」（『鹿児島大学法文学部紀要文学論集』三、一九六七年）。

30 伊福部臣資経——流人源頼朝を支援した余慶

伊福部臣資経《いおきべのおみすけつね》は因幡国《いなばのくに》の人、国府所在の法美《ほうみ》郡、隣接する邑美《おおみ》郡などの譜第郡領氏族の一員で、伊福部臣氏は国衙官人への転換を果たし、平安末期においても因幡国の国郡機構運営の要枢の位置を占めていた。伊福部臣氏はまた、古代氏族の系図として知られる『因幡国伊福部臣古志《こし》』を伝えており、その歴史を知る興味深い材料となっている。[1]

伊福部臣氏の動向を探る史料としては、因幡守に就任した平時範《ときのり》（一〇五四～一一〇九）が任国下向の様子を記した『時範記《ときのりき》』承徳《じょうとく》三年（一〇九九）二月九日～四月三日条も重要である。[2]これは受領の赴任と任国での行事を知ることができる稀有の材料で、伊福部臣氏では『古志』にも掲載のある久経《ひさつね》という人物が登場する。久経は在庁官人の上首者を示す「介」の肩書を有し、因幡国一宮である宇倍《うべ》神社の社司であった。つまり政・祭両面で因幡国を代表する在地豪族なのである。

『古志』では久経の譜文は「一神主兼惣官、中安田《なかあんだ》大夫《たいふ》と号す／仮名《けみょう》は宮吉、案主所兄部《あんずどころこのこうべ》に補す」と記されている。一神主は筆頭神職を示し、惣官は在庁官人の上首者、案主所は国衙の職務を分掌する「所」の一つで、文書などに関わる部署と目され、兄部はその責任者である。「安田（あんだ）」は国衙西方の地名で、「宮吉」の仮名とともに、国衙領を分有する存在であったことを物語る。

『吾妻鏡』元暦元年（一一八四）三月十日条

今日、因幡国住人長田《ながた》兵衛尉実経《さねつね》〈後日、広経《ひろつね》と改む〉を召され、二品《にほん》の御書を賜りて云く、「右の人、平家に同心せるの間、罪科すべきと雖も、父資経〈高庭介《たかばのすけ》〉、藤七資家《とうしちすけいえ》を以て伊豆国に送る事、子々孫々に至るまで更に忘れ難し。仍りて本知行の所相違有るべからず」てへり。去る永暦御旅行の時、累代芳契《ほうけい》の輩、或いは夭亡し、或いは以て変々の上、左遷の身として、敢へて従ふの人無し。而れども実経《さねつね》（資経か）、親族資家を副へ奉れり。思しめし忘れざるの故なり。

治承・寿永内乱で源氏方が平家を追い詰めていく過程での出来事である。「二品」は源頼朝で、因幡国住人長田兵衛尉実経（広経）という者を召し出し、平家随従者として処断すべきではあるが、本領を安堵することを伝達している。「永暦御旅行」は平治の乱（一一五九年）で頼朝が伊豆に配流になったことを指し、源氏家人は戦死した者も多く、また平家の眼を憚って、流人となった頼朝から離反する人びともいた。そうしたなかで、実経の父資経は一族の藤七資家という者を伊豆に送って、頼朝の身辺に随従させたといい、この不遇の際の配慮に報いる措置であると説明されている。

資経は『古志』には見えないが、相撲人としての供節《ぐせつ》が知られ、『醍醐《だいご》雑事記《ぞうじき》』巻八の保元三

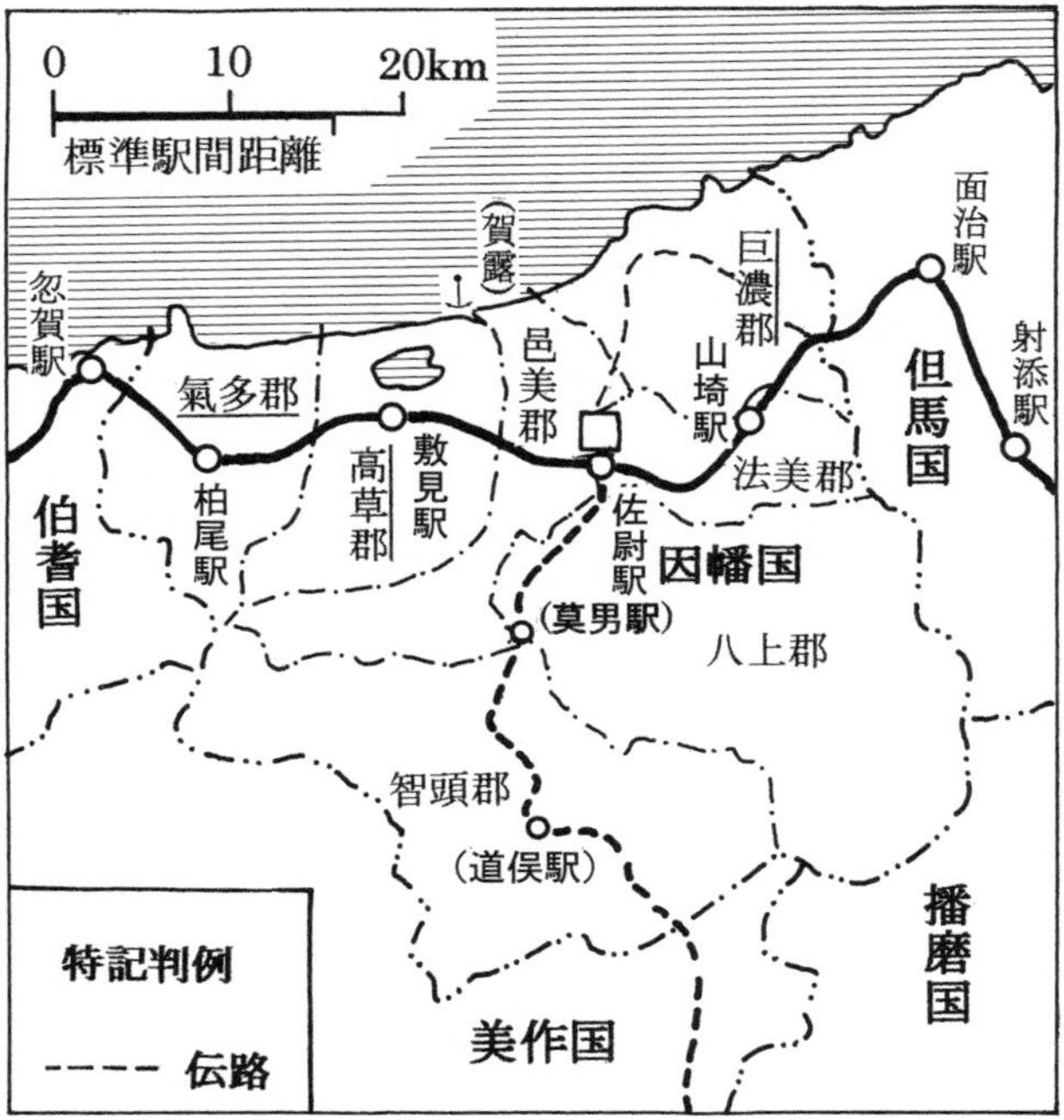

図30－1　因幡国の概略図（木下良『事典日本古代の道と駅』〔吉川弘文館、2009年〕229頁）

年（一一五八）の相撲では「十七番〈左家綱《いえつな》、足利大夫、上野国住人。右助恒《すけつね》、高羽《たかば》四郎大夫、因幡国住人〉」とあり、最手《ほて》であった。裸になり犢鼻褌《とくびこん》一つで対戦する相撲人は、やや卑賤視されたためか、藤原→藤井、源→原、平→平群などと改称することになっており、伊福部臣氏は服《はとり》と称した。対戦相手の家綱は藤井家綱、秀郷流藤原氏の武士である。資経は助経・助恒・助常とも記され、天永二年（一一一一）に経方《つねかた》（常方、恒方）の子で白丁《はくてい》として供節を始めている。保元三年の後も承安四年（一一七四）に右方最手としての供節が知られ、天永《てんえい》二年を十五歳とすると、保元三年には六十二歳、承安四年は七十八歳となる。上述のように、最手は実際には相撲をとらないので、存

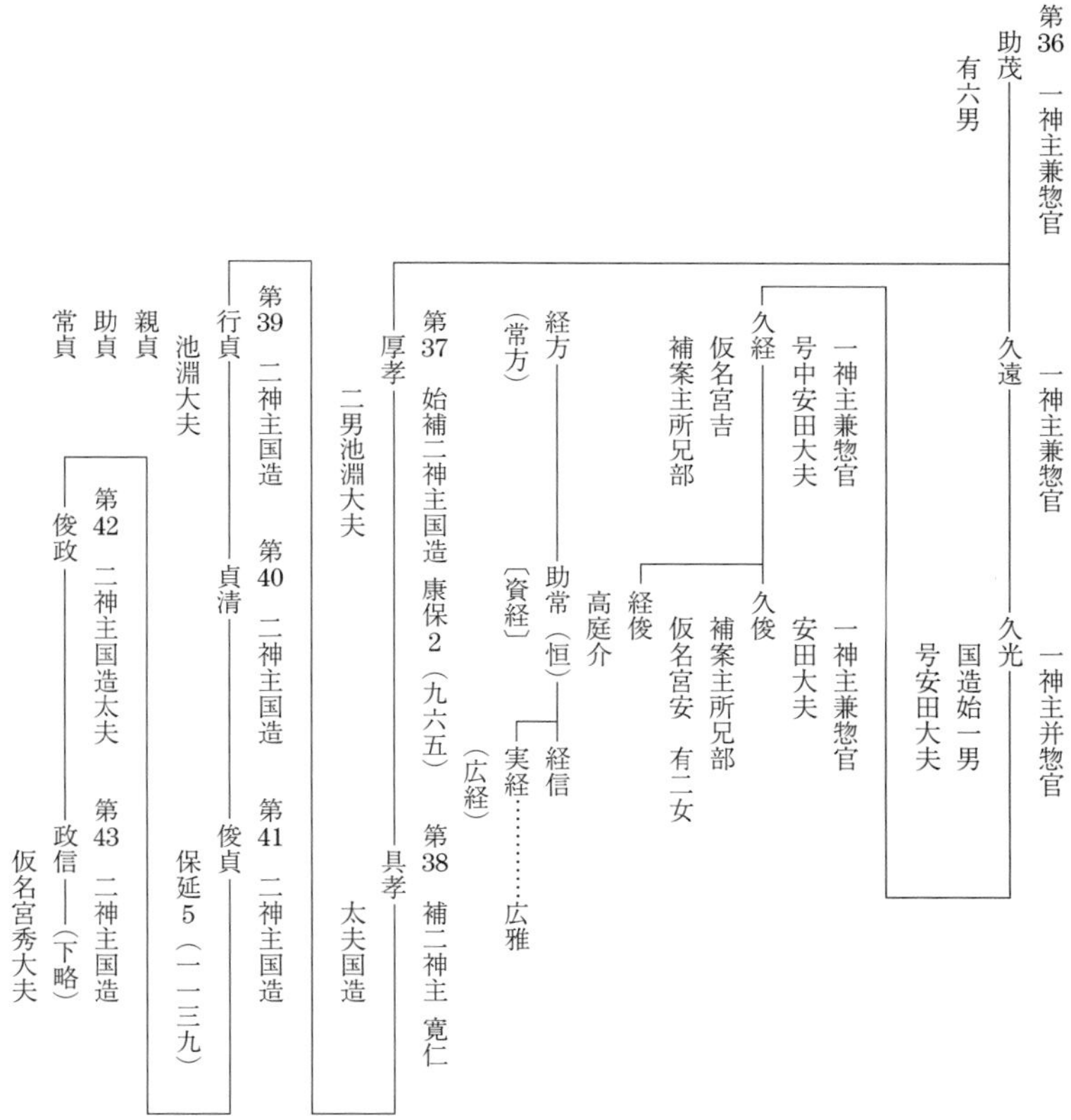

図30－2 因幡国伊福部臣氏の推定復原系図

命であれば、形だけの顔見世参加も可能であったと考えられる。

資経は「高羽《たかば》四《し》郎大夫《ろうたいふ》」と称され、伊福部臣氏の本来の本拠地から西隣する高草《たかくさ》郡に進出して、ここに拠点を築いていたようである。活躍年代からいえば、資経の父経方が久経と同世代、資経は久経の子久俊《ひさとし》と平行する世代となる。久俊と同世代の人物で「俊」を通字とする経俊《つねとし》という者がおり、『中右記』の記主藤原宗忠《むねただ》の子宗成《むねなり》が因幡守の任期を終えて上京する際に、「国人右近大夫経俊《つねとし》」以下三十人ほどが京都まで同行してくれたとある（保安元年（一一二〇）二月二十九日条）。「右近大夫」は右方相撲人として右近衛に擬され、供節を重ねることで五位を得たことを窺わせ、経俊は相撲人であったと考えられる。つまり在庁官人・一神主として国衙に勢威を有する久俊と、相撲人として武力を保持し、中央とのつながりを有する経俊、この両輪によって伊福部臣氏の安定した在地支配が維持されたのである。

経方―資経の系譜も同様の役割を果たした存在と思われるが、資経は高庭介を称しており、在庁官人の上首者として国衙機構に参画していた。『時範記』承徳三年三月十八日条には常方《つねかた》という者が馬三疋を国守平時範に献上しており、この三疋という数は介久経の四疋に次ぐもので、常方は資経の父経方に比定されるので、父の代には国衙有力者の一員であったと考えられる。西日本では在庁官人が武士化するといわれるが[3]、東国や九州とは異なる武士のルーツとして注目したい。資経と頼朝の関係の端緒は不明であるが、頼朝は保元四年（一一五九＝平治元）に右近衛将《しょう》監《げん》になっており（『公卿補任』文治元年（一一八五）条尻付）、やはり右近衛府を介したつながりが生じていたと推定される。

『吾妻鏡』建長六年（一二五四）閏五月一日条には、宮将軍宗尊《むねたか》親王の下、北条時頼《ほうじょうときより》が鎌倉武士の武芸鍛錬不足を慷慨し、武芸の振興を提言する場面が見える。大がかりな弓馬の試会は後日として、まずは相撲の勝負をとなるが、御家人たちは逐電《ちくでん》する始末で、この当時の鎌倉武士のていたらくである。遁避《とんぴ》する者は永久に召し仕わないと告げたところ、ようやく十余人が手合《てあい》に及んだという。この時に勝負の判定を務めたのが長田兵衛太郎《ながたのひょうえたろう》という者で、彼は「相撲譜代」であると記されている。この人物は資経―実経の子孫と目され、武士の都においても伊福部臣氏が武芸の基本的体術である相撲の第一人者として注目されていたことが知られる。(4)これが鎌倉時代以降も存続する古代豪族の一つの源泉となったのである。

註

（1）佐伯有清「『因幡国伊福部臣古志』の研究」（『新撰姓氏録の研究』索引・論考篇、吉川弘文館、一九八四年）など。
（2）拙著『平安時代の国司の赴任『時範記』をよむ』（臨川書店、二〇一六年）。『時範記』逸文の集成は、木本好信・中丸貴史・樋口健太郎編『時範記』（岩田書院、二〇一八年）を参照。
（3）元木泰雄『武士の成立』（吉川弘文館、一九九四年）、拙著『古代豪族と武士の誕生』（吉川弘文館、二〇一三年）など。
（4）拙稿「『因幡国伊福部臣古志』と因幡国の相撲人小考」（『在庁官人と武士の生成』吉川弘文館、二〇一三年）。

おわりに

本書では古代史を彩るさまざまな在地豪族の活動に言及した。基調としては拙著『古代豪族と武士の誕生』（吉川弘文館、二〇一三年）でまとめた地方支配の歴史的変遷に関する理解があるが、その制度的把握をふまえて、人物という別の視点から正しい意味での「総合的、俯瞰的」な探究を試みたものとお考えいただきたい。

一般にも知られている人物だけでなく、古代史研究者でもあまり目にとめない人物にも言及している。なかには地元での活動ではなく、主に中央での活躍を述べた事例もあるが、中央を支える地方、人材供給の意味合いも含めて、地方豪族出身であることを強調した次第である。

本書で取り上げることができなかった魅力ある人物も多く、またなお歴史の狭間に埋もれた事例も少なくないと思われる。そうして人物の「発掘」を課題として、むすびにかえたい。

人名索引

（太字は項目として取り上げている地方豪族30）

た行

な行

は行

ま行

森 公章 もり・きみゆき

一九五八年生まれ。東洋大学文学部教授。東京大学大学院人文科学研究科博士課程単位取得退学。博士（文学）。専門は日本古代史。著書『遣唐使と古代対外関係の行方』（吉川弘文館）、『天神様の正体 菅原道真の生涯』（吉川弘文館）、『武者から武士へ』（吉川弘文館）、『平安時代の国司の赴任』（臨川書店）など多数。

筑摩選書 0265

地《ち》方《ほう》豪《ごう》族《ぞく》の世《せ》界《かい》
古《こ》代《だい》日《に》本《ほん》をつくった30人《にん》

二〇二三年一〇月一五日　初版第一刷発行

著　者　森《もり》　公章《きみゆき》

発行者　喜入冬子

発行所　株式会社筑摩書房
東京都台東区蔵前二-五-三　郵便番号 一一一-八七五五
電話番号　〇三-五六八七-二六〇一（代表）

装幀者　神田昇和

印刷 製本　中央精版印刷株式会社

ISBN978-4-480-01788-8 C0321

筑摩選書
0007

日本人の信仰心

前田英樹

日本人は無宗教だと言われる。だが、列島の文化・民俗には古来、純粋で普遍的な信仰の命が見てとれる。大和心の古層を掘りおこし、「日本」を根底からとらえなおす。

筑摩選書
0023

天皇陵古墳への招待

森浩一

いまだ発掘が許されない天皇陵古墳。本書では、天皇陵古墳をめぐる考古学の歩みを振り返りつつ、古墳の地理的位置・形状、文献資料を駆使し総合的に考察する。

筑摩選書
0035

生老病死の図像学
仏教説話画を読む

加須屋誠

仏教の教理を絵で伝える説話画をイコノロジーの手法で読み解くと、中世日本人の死生観が浮かび上がる。生活史・民俗史をも視野に入れた日本美術史の画期的論考。

筑摩選書
0036

伊勢神宮と古代王権
神宮・斎宮・天皇がおりなした六百年

榎村寛之

神宮をめぐり、交錯する天皇家と地域勢力の野望。王権は何を夢見、神宮は何を期待したのか？　王権の変遷に翻弄され変容していった伊勢神宮という存在の謎に迫る。

筑摩選書
0096

万葉語誌

多田一臣 編

『万葉集』に現れる重要語を一五〇語掲げて解説する《読む辞典》。現象的・表面的理解とは一線を画しつつ、各語に内在する古代的な論理や世界観を掘り起こす。

筑摩選書
0121

芭蕉の風雅
あるいは虚と実について

長谷川櫂

芭蕉の真骨頂は歌仙の捌きにこそある。芭蕉にとって歌仙とは、現実の世界から飛翔し風雅の世界にあそぶことであった。「七部集」を読みなおし、蕉風の核心に迫る。

筑摩選書
0139

宣教師ザビエルと被差別民

沖浦和光

ザビエルの日本およびアジア各地での布教活動の跡をたどりながら、キリシタン渡来が被差別民にもたらしたものが何だったのかを解明する。

筑摩選書
0143

アナキスト民俗学
尊皇の官僚・柳田国男

絓 秀実
木藤亮太

国民的知識人、柳田国男。その思想の底流にはクロポトキンのアナーキズムが流れ込んでいた！ 尊皇の官僚にして民俗学の創始者・柳田国男の思想を徹底検証する！

筑摩選書
0149

文明としての徳川日本
一六〇三—一八五三年

芳賀 徹

「徳川の平和」はどのような文化的達成を成し遂げたのか。琳派から本草学、蕪村、芭蕉を経て白石や玄白、源内、崋山まで、比較文化史の第一人者が縦横に物語る。

筑摩選書
0178

親鸞「六つの顔」はなぜ生まれたのか

大澤絢子

多くの日本人を魅了してきた親鸞には「妻帯した僧」など、六つの「顔」がある。なぜ、いかにしてそれらの「顔」が形成されたのかを明らかにした労作の誕生！

筑摩選書
0181

天皇と戸籍
「日本」を映す鏡

遠藤正敬

日本人たることを〝証明〟する戸籍、戸籍をもたない天皇家。いずれも「血統」等の原理に支えられてきた。両者の関係をあぶり出し、「日本」を問い直す渾身作！

筑摩選書
0184

明治史研究の最前線

小林和幸 編著

政治史、外交史、経済史、思想史、宗教史など、多様な分野の先端研究者31名の力を結集し明治史研究の最先端を解説。近代史に関心のある全ての人必携の研究案内。

筑摩選書
0187

明智光秀と細川ガラシャ
戦国を生きた父娘の虚像と実像

井上章一　呉座勇一　フレデリック・クレインス　郭南燕

なぜ光秀は信長を殺したか。なぜ謀反人の娘が聡明な美女と伝わったのか。欧州のキリスト教事情や近代日本でイメージが変容した過程などから、父娘の実像に迫る。

筑摩選書
0188

徳川の幕末
人材と政局

松浦玲

幕末維新の政局中、徳川幕府は常に大きな存在であった。それぞれの幕臣たちが、歴史のどの場面で、どのような役割を果たしたのか。綿密な考証に基づいて描く。

筑摩選書
0203

震災と死者
東日本大震災・関東大震災・濃尾地震

北原糸子

震災で遺体はどうなったのか。東日本大震災、関東大震災、濃尾地震を例に行政、寺院、メディアなどの死者への対応を、南方熊楠賞受賞の災害史の泰斗が検証する。

筑摩選書
0204

『往生要集』入門
人間の悲惨と絶望を超える道

阿満利麿

浄土仏教の源流となる穢土と浄土から成る世界観は、源信が打ち立て法然・親鸞に受け継がれた。絶望に満ちた人生を生ききる手引を柔らかに案内する決定版入門書。

筑摩選書
0210

日本回帰と文化人
昭和戦前期の理想と悲劇

長山靖生

横光利一、太宰治、保田与重郎、三木清、京都学派……。彼らは絶望的な戦争へと突き進む日本に何を見たか。多様な作品を読み解き、その暗部に光を当てる意欲作。

筑摩選書
0226

鉄の日本史
邪馬台国から八幡製鐵所開所まで

松井和幸

大陸から伝わった鉄器文化は日本列島内でたたら吹製鉄という独自の進化を遂げた。技術と自然が織りなす二千年の発展過程を刀剣など類まれな鉄製品とともに繙く。

筑摩選書
0231

「天下の大勢」の政治思想史
頼山陽から丸山眞男への航跡

濱野靖一郎

丸山眞男が言う日本人の「勢い」の意識とは何か。頼山陽、阿部正弘、堀田正睦、勝海舟、木戸孝允、徳富蘇峰の天下の大勢をめぐる思想から日本近代史を読み直す。

筑摩選書
0232

日清・日露戦史の真実
『坂の上の雲』と日本人の歴史観

渡辺延志

『日清戦史』草稿の不都合な事実はなぜ隠蔽されたか。『日露戦史』でもなされた戦史改竄が遺した禍根を考察し、『坂の上の雲』で形成された日本人の歴史観を問い直す。

筑摩選書
0233

越境する出雲学
浮かび上がるもうひとつの日本

岡本雅享

出雲という地名や神社が列島各地にあるのはなぜか。全国の郷土史を渉猟し、人の移動や伝承の広がりを丹念に跡付けることで、この国のもう一つの輪郭を描き出す。

筑摩選書
0245

平和憲法をつくった男 鈴木義男

仁昌寺正一

日本国憲法第9条に平和の文言を加え、25条の生存権を追加することで憲法に生命を吹き込んだ法律家・政治家「ギダンさん」。その生涯をたどるはじめての本格評伝。

筑摩選書
0247

東京10大学の150年史

小林和幸 編著

筑波大、東大、慶應、青山学院、立教、学習院、明治、早稲田、中央、法政の十大学の歴史を振り返り、各大学の特徴とその歩みを日本近代史のなかに位置づける。

筑摩選書
0250

丸山眞男と加藤周一
知識人の自己形成

山辺春彦 鷲巣力／東京女子大学丸山眞男記念比較思想研究センター 東京女子大学丸山眞男記念比較思想研究センター 監修

戦後日本を代表する知識人はいかにして生まれたのか？出生から敗戦まで、豊富な資料とともに二人の自己形成過程を比較対照し、その思想の起源と本質に迫る。

筑摩選書
0253

悟りと葬式
弔いはなぜ仏教になったか

大竹 晋

悟りのための仏教が、なぜ弔いを行っているのだろうか。各地の仏教を探り、布施、葬式、戒名、慰霊、追善、起塔などからアジア各地に共通する背景を解明する。

筑摩選書
0254

日本政教関係史
宗教と政治の一五〇年

小川原正道

統一教会問題でも注目を集めている政治と宗教の関係の変遷を、近現代の様々な事例をもとに検証。信教の自由と政教分離の間で揺れ動く政教問題の本質に迫る。

筑摩選書
0255

日本人無宗教説
その歴史から見えるもの

藤原聖子 編著

「日本人は無宗教だ」とする言説の明治以来の系譜をたどり、各時代の日本人のアイデンティティ意識の変遷を解明する。宗教意識を裏側から見る日本近現代宗教史。

筑摩選書
0258

風土のなかの神々
神話から歴史の時空を行く

桑子敏雄

高千穂・日向・出雲の景観問題解決に奔走した著者が神話の舞台を歩き、記紀編纂の場である飛鳥の遺跡に立って、古代の人々が神々に託した真意を明らかにする。

筑摩選書
0260

南北朝正閏問題
歴史をめぐる明治末の政争

千葉 功

南北朝時代の南朝・北朝のどちらが正統かをめぐる明治末の大論争は深刻かつ複雑な政治的・社会的事件だった。現代の歴史問題の原点となった事件の真相を解明する。

筑摩選書
0262

関東大震災と民衆犯罪
立件された二四件の記録から

佐藤冬樹

関東大地震直後、自警団による朝鮮人らに対する襲撃事件が続発する。のちに立件された事件記録・資料をもとに、自警団の知られざる実態が百年を経て明らかになる。